Abrir la visión

El Legado de Toni Serra *) Abu Ali

Coordinadores y editores
**Palmar Álvarez-Blanco y
Gabriel Villota Toyos**
Ilustraciones
Miguel Brieva

Memorias (in) surgentes

Abrir la visión. El Legado de Toni Serra *) Abu Ali
Primera edición, noviembre de 2025
ISBN: 978-84-129190-2-8
Coordinadores y editores del volumen:
Palmar Álvarez-Blanco y Gabriel Villota Toyos

Edición general: La Vorágine
Maquetación y diseño: Emmanuel Gimeno
Ilustraciones: Miguel Brieva
Fotografías: Toni Serra *) Abu Ali

A Zoubida, Ali, Yasmina y Adam de parte de la *sisterhood* a la que dio vida Toni; porque «aquello que cuidamos con amor cuida también de nosotros» (Toni Serra *) Abu Ali).

Introducción

El libro que tienes en las manos contiene el regalo del legado de Toni Serra *) Abu Ali (Manresa, 17 Septiembre 1960 – Barcelona, 21 Noviembre 2019). Poeta, vídeo ensayista y filósofo, Toni Serra*) Abu Ali fue también habitante de entre mundos. Tras su muerte, los coordinadores y editores del volumen, Palmar Álvarez-Blanco y Gabriel Villota Toyos, decidimos escribir un planto al amigo que al mismo tiempo fuera homenaje al maestro y reivindicación del artista. Pensamos que no es necesario conocer la obra de Toni Serra *) Abu Ali para aprehender las capas de profundidad que iluminaron su recorrido. De hecho, en tiempos marcados por una crisis climática urgente, la militarización global amenazante, un genocidio televisado, la imposición de autocracias violentas, y el desarrollo impune de nuevas formas de colonización capitalistas incentivadas por la escasez de recursos, creimos que las palabras aquí reunidas quizá pudieran funcionar como bálsamo e incentivo.

Toni Serra *) Abu Ali fue y seguirá siendo un artesano de la imagen audiovisual en movimiento. Entendió como pocos la potencia del vídeo como vehículo de reflexión y de entendimiento de la realidad visible e invisible; descubrió en la cámara una herramienta para la apertura de una visión limitada por una óptica no integradora de la intuición y la ensoñación. Como creador e investigador, Toni Serra *) Abu Ali cultivó por igual los campos de lo político, lo poético y lo estético. En su quehacer supo amigar la doble voluntad de, por un lado, desvelar el entramado violento del sistema capitalista y de su aparato mediático represor —representado en la industria del ocio y del espectáculo— y, por otro, explorar el misterio de la vida y de la existencia alumbrando la posibilidad de un horizonte emancipado de cualquier intento delimitador. Su historia es también la de un

Toni Serra que fue progresivamente encontrándose con Abu Ali en un proceso dialogado de mundos enfrentados por sistema.

Tras una etapa de aprendizaje colectivo en Nueva York, Serra regresó a Barcelona para implicarse tanto en la realización de sus propias cintas de vídeo como en diversas actividades creativas, divulgativas y educativas: la edición de revistas y fanzines (como *De calor*), la creación de plataformas independientes de creadores (como *La 12 Visual*), y la difusión y exhibición de obras propias y ajenas. En los noventa inicia junto a otras personas el Encuentro OVNI, un proceso y archivo de unos 30 años de trayectoria. Hoy OVNI representa uno de los legados más importantes del vídeo experimental e independiente, tanto dentro como fuera del Estado español. Zoubida El Bouzidi cuenta en el capítulo dedicado a su biografía que el encuentro de Serra con el norte de Marruecos significó un giro radical en él. En Marruecos, Toni comienza a encontrar respuesta a un estado latente de crisis vinculado al desengaño del sistema capitalista occidental. La búsqueda de otros sistemas de organización y gestión de la vida en común lo encamina hacia una labor espiritual vinculada al sufismo y al islam. Este hecho desembocó en una decisión consciente y voluntaria de vivir al margen del sistema capitalista —en la medida de sus posibilidades—, estableciéndose en el Magreb, lugar desde donde continuará viviendo y desarrollando su trabajo hasta el momento de su fallecimiento.

La afiliación de realidades aparentemente desconectadas u opuestas vertebra su particular concepción del trabajo de archivo, así como el de la creación como hecho colectivo, o su labor curatorial en relación al campo de la arqueología mediática. El arte nunca fue para él una carrera, una profesión o una estrategia con fines de lucro. El desapego con el que él mismo vivió su trayectoria artística es prueba manifiesta de una actitud hospitalaria que consideraba el arte como entrega.

La mirada de Toni comunica un espíritu de protesta que nunca dejó de soñar; uno que se dolía por lo que preocupaba en primera persona del plural y que agradecía mientras buscaba formas de ofrecer cobijo y consuelo. Las visiones de Toni Serra *) Abu Ali son pequeños fragmentos de sí mismo y de una búsqueda interior que al ser humano no le es ajena. El conjunto de todas las aproximaciones reunidas en este volumen ratifica que no solo estamos ante un autor de referencia en el campo del videoarte español, sino también ante una de las figuras que, junto a otros compañeros de su generación, contribuyó de forma decisiva a plantear el papel del creador como *productor*, en el sentido benjaminiano del término; es decir, trabajando más allá de una concepción tradicional de la autoría artística.

El libro se compone de una introducción seguida de tres estaciones o tramos. Para la composición de este volumen hemos querido cruzar el relato biográfico testimonial con diversas aproximaciones a sus distintas facetas creativas. También hemos sumado textos del propio Toni Serra *) Abu Ali y con ellos hemos ido cosiendo las distintas secciones de su caminar. La mayor parte de estos textos proceden de notas elaboradas por el propio Toni Serra *) Abu Ali para anunciar las temáticas de los distintos encuentros OVNI. Cierran el volumen algunos textos de carácter más académico que iluminan la relación de Toni Serra *) Abu Ali con el ámbito de la investigación y de la educación. La última palabra se la hemos dejado al propio Toni Serra *) Abu Ali y a su texto matricial: *Abrir la visión*.

Finalmente, cada una de las personas participantes fue convocada en calidad de compañera, amiga o colaboradora. Se les ofreció total libertad para escribir sus textos, con la salvedad de una indicación: que los mismos constituyeran un eslabón dentro del legado que buscábamos poder narrar. El dibujante Miguel Brieva prefirió acompañar el recorrido ilustrando las distintas secciones. La Editorial La Vorágine con Paco Nadal regaló la publicación y Emmanuel Gimeno se hizo cargo de su maquetación. Componer este recorrido ha permitido cumplir la promesa hecha al amigo y esperamos que su lectura sea un modo de volver a estar a su lado.

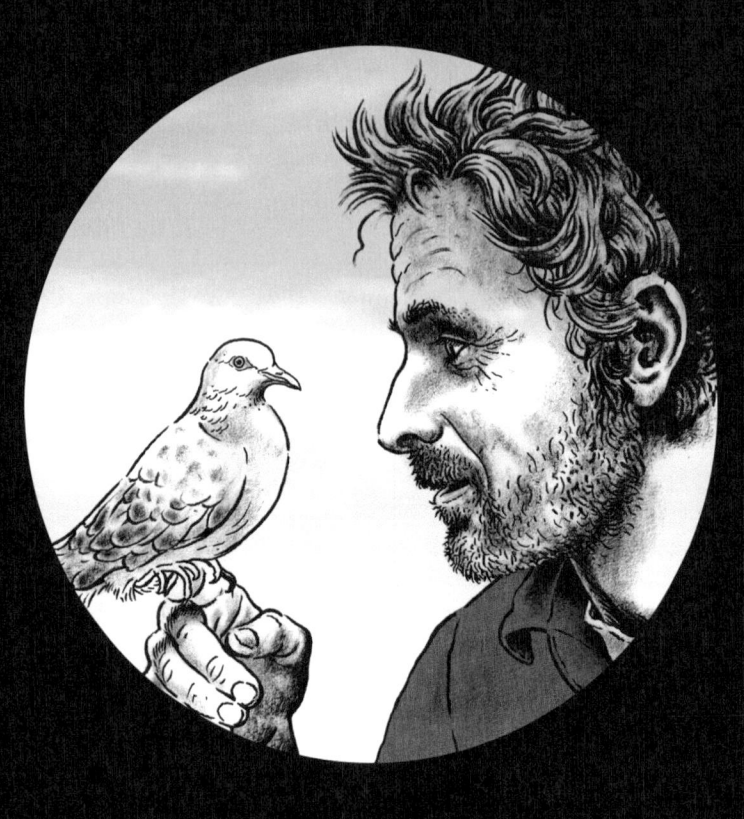

I. Biografía de un visionario

Retrato de Toni Serra *) Abu Ali

Por Zoubida El Bouzidi[1] en conversación
con Palmar Álvarez-Blanco

Un año después de que Toni Serra *) Abu Ali emprendiera su viaje de retorno, visité a Zoubida en Tarragona con el propósito de componer entre ambas una posible biografía. Cuando Toni vino a Estados Unidos a trabajar conmigo en un par de talleres que ofrecimos en mi universidad les explicó a mis estudiantes que su acercamiento al ámbito de la visión y de la introspección procedía de un trabajo interior hecho en el camino y acompañado siempre de Zoubida, su pareja. No hay nada que Toni Serra *) Abu Ali escribiera, pensara o produjera que no hubiera sido antes dicho, pensado o meditado con y desde Zoubida. Zoubida fue parte de cada tramo de su viaje interior. A ella le dedicaba su primer y su último pensamiento del día; con ella era que dialogaba cada vez que reflexionaba sobre alguna cuestión en profundidad.

Regresé a Zoubida porque Toni ya no estaba. Pensé que en mi encuentro con su mirada encontraría a Toni y así fue. Sentarme con Zoubida en aquella cocina del piso de Tarragona nos propició un camino de regreso a Toni; nos iluminó su saber hacer, su modo de mirar y nos condujo a su corazón.

Nuestra conversación invocó su presencia a través de un hermoso ejercicio de rememoración. Este relato da cuenta de aquella íntima conversación. Al transcribirla he querido respetar el registro temporal de lo testimoniado a la espera de que con cada lectura se actualice la presencia de quien ha sido para muchas personas un amigo, un

---

1 Zoubida El Bouzidi nació en Marrakech donde realizó sus estudios. A la edad de 24 años conoció a Toni y se casaron el 7 de julio de 1999. Desde ese momento fue su compañera de vida.

hermano, un maestro, un profeta. Toni fue un ser venido de otros mundos para contarnos que lo mejor del ser humano está siempre por llegar y que lo peor es algo de lo que no hemos de avergonzarnos. Toda estrella tiene su lugar en el firmamento, solo hay que aprender a distinguir su estela. Bienvenidas a la vida de Toni y al relato de su peregrinaje. A partir de aquí escuchamos la voz de Zoubida.

Los orígenes familiares

Toni me explicó que nació en Manresa y que su madre lo tuvo con 42 años, cuando eran mayores. Tenía un hermano y una hermana, él era el más pequeño de todos. Su madre tenía 42 y su padre debía tener 44 cuando lo tienen. Ella se llamaba Enriqueta y él, Miguel. Yo no los llegué a conocer porque cuando conocí a Toni ambos estaban muertos.

Pienso que fue un hijo que recibió mucho amor porque la pareja ha tenido sus desencuentros por la Guerra Civil, porque en la familia una parte era catalana y otra castellana y al nacer Toni se concentran en su hijo y eran más felices. Tuvieron un hijo mayor —Ignacio— y una hija mediana —Enriqueta—. Toni tenía 11 años menos que su hermana y 14 menos que su hermano, así que no vivieron mucho juntos, de hecho, al poco de nacer, su hermano Ignacio se marchó. Toni tenía 4 años cuando se marchó Ignacio y teniendo nueve se marchó su hermana porque se casó. Toni no volvió a contactar con su hermano hasta que no tuvo 17 años.

Esto es curioso, porque nosotros tenemos tres hijos y yo he tenido al último, Adam, con una edad parecida a la de la mamá de Toni.

Estudios y primeros trabajos en Barcelona

Toni se educa en Manresa. Desde pequeño estudió allí y vivió allí hasta que empezó la universidad en Barcelona, donde estudió Historia del Arte y Filosofía. Cuando terminó la carrera se instaló en Barcelona. Al inicio iba a Manresa los fines de semana mientras compartía piso con amigos. Su madre muere cuando Toni tiene 14 años. A los 25 años muere su padre y ya no vuelve a Manresa. Cuando murió su padre, perdió el vínculo con Manresa y se instaló en Barcelona. Tenía los amigos allá y ya se quedó.

En Barcelona él ha trabajado primero dando clases de inglés una vez acabó la carrera. Luego trabajó en Metrònom[2] un tiempo y luego ha ido a Estados Unidos donde estuvo dos años en Nueva York para aprender vídeo y cine. Después de ese viaje empezó a trabajar como autónomo. Cuando él trabaja en Metrònom fue un momento de darse cuenta de que no quería trabajar todo el año y tener un mes de vacaciones. Y claro, siempre estaba la angustia de cómo sobrevivir porque antes tenía un salario fijo. En Metrònom trabaja con *performers* y con muchos artistas. Y ahí supongo que se ha debido interesar ya por todo el mundo del videoarte. Igual él grababa las cosas que pasaban en el museo. Igual ahí empiezo ya su carrera artística.

Primer viaje a Nueva York

En Nueva York está trabajando dos años y allí conoce a DeeDee Halleck[3] y sé que le impactó por su manera de trabajar y de observar.

Lo que le gustó de Estados Unidos era que, en contraste con España, no había gremios. A Toni le gustó la apertura. Me explicaba que era muy fácil aprender en ese momento en EEUU porque la gente compartía trabajos y aprendizajes.

De Nueva York regresa a Barcelona y a los 4 años se va a Marruecos y descubre que Barcelona no es el lugar donde quiere estar. Cuando regresó de Nueva York daba clases de diseño pero quería dedicarse a OVNI[4] así que dejó el trabajo en la escuela.

---

2 Metrònom es una sala de exposiciones de arte contemporáneo sin ánimo de lucro, un centro experimental y una plataforma de producción para artistas emergentes que nació en 1989. [Nota de la editorial]

3 DeeDee Halleck es una activista de los medios, conocida, entre otras cosas, por ser la fundadora de *Paper Tiger Television* y cofundadora de *Deep Dish Television*, la primera red de televisión comunitaria de base en EEUU. [Nota de la editorial]

4 La primera programación de OVNI (Observatorio de Video No Identificado) se presentó en 1996 en el Centro de Cultura Contemporánea de Barcelona (CCCB). [Nota de la editorial]

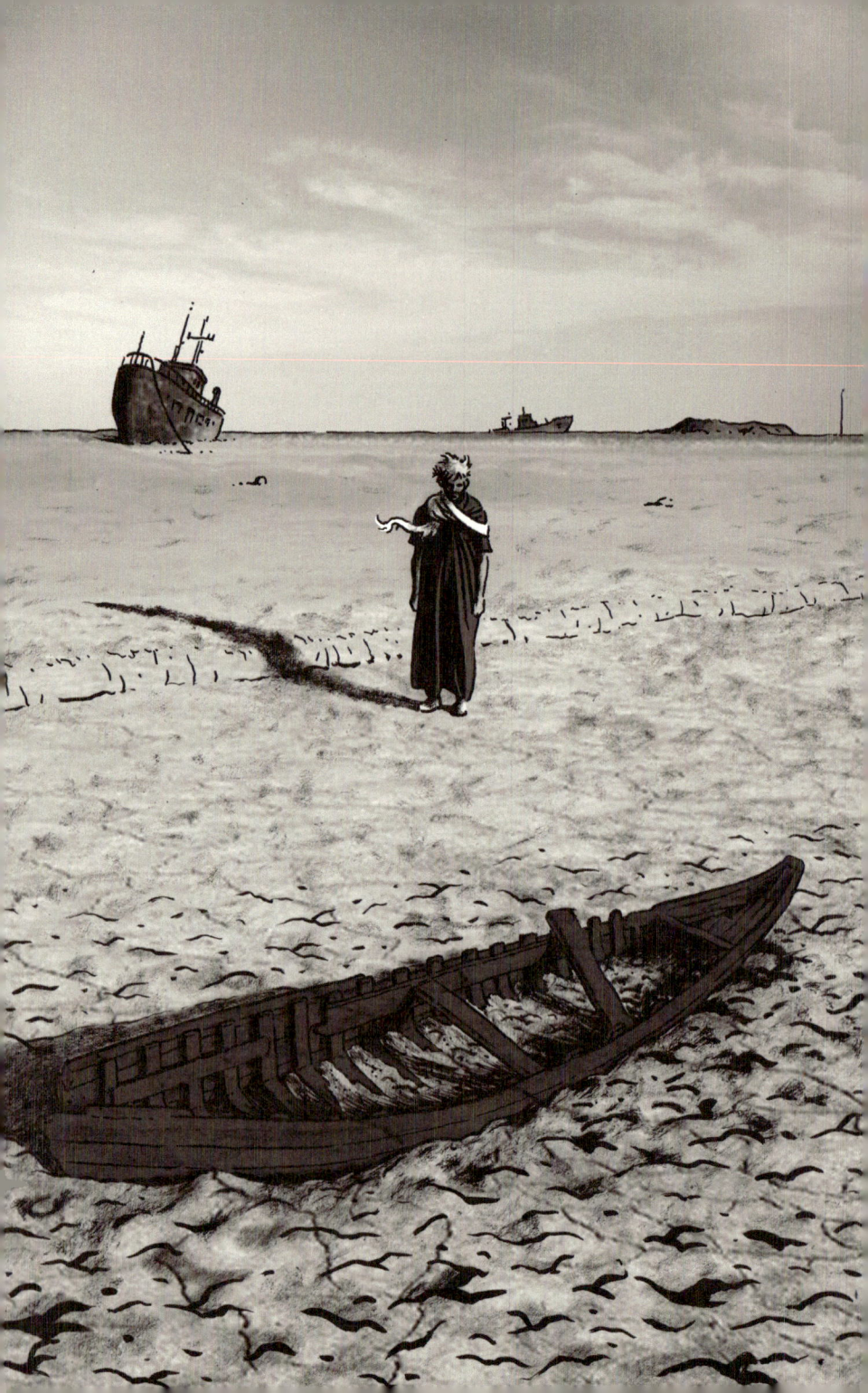

Llegada a Marruecos y encuentro con la familia de Zoubida

A Marruecos iba para grabar en Tánger con un amigo pintor con quien hacía juntos cosas y con algunas otras personas. Siempre decía que dudó entre Cuba y Marruecos. Y vino a Marruecos para suerte mía porque si hubiera ido a Cuba no lo habría conocido. En el año 1997 vuelve a Marruecos solo y es cuando nos conocemos. Mi hermana tiene una casa de huéspedes en Marrakech. Y claro, entonces no había teléfono móvil. Había un teléfono y era el nuestro. En el campo no había luz ni nada. El vino en esa ocasión porque tenía una proyección de sus vídeos en Casablanca. Pasaba el vídeo de *Wahab* [*El que da*] y por eso bajó a Marrakech.

Antes de ir a Marruecos fue a visitar a su hermano mayor y ahí encuentra a mi cuñado, que tiene esta casa de huéspedes. Entonces mi cuñado le dice «si vas a hacer un viaje a Marruecos es muy bueno que conozcas a la familia». Él le da nuestro contacto y entonces cuando Toni llama quedamos con él para llevarlo a nuestra casa porque no es fácil llegar. Y así empezó todo.

Toni se quedó en esa casa de huéspedes en el campo y yo estaba en la ciudad, pero coincidimos tres o cuatro veces. En ese viaje él pasó en Marrakech más de un mes. Quería ir a Tánger a grabar el vídeo *Perro Corazón* pero yo cada tarde le decía que compraríamos el billete al día siguiente. Yo encontraba excusas para detener su marcha y él se dejó estar hasta que se tuvo que ir.

Fue a Rabat para algo con el Instituto Cervantes y a Casablanca para algo con los vídeos. Él había venido a Marrakech a descansar y tenía que ir a Tánger a grabar. Quería ir al desierto también a grabar a Mohammed Chukri[5]. Pero este proceso tardó mucho en llegar.

Cuando decidió quedarse en Marruecos más tiempo Toni estaba atravesando una crisis personal. Él venía de lo que llamaba «exilio digital». La Pompeu Fabra les había dado una beca que consistía en que les dejaban los equipos para que ellos hicieran lo que quisieran. Eran tres amigos: Joan, Palmeiro y Toni. Entonces, de repente, se quedaron atrapados un año y

---

5 Mohammed Chukri (1935-2003) es considerado como uno de los grandes autores de Marruecos del siglo XX. Es reconocido por sus libros de carácter autobiográfico y por su labor de traducción al árabe de grandes poetas españoles. [Nota de la editorial]

medio en esa beca, incluidos todos los fines de semana, y es cuando descubre que estar encerrado trabajando todo el tiempo no era para él. Quería descansar de todo ese mundo. Fíjate que cuando llegó a Marruecos estaba muy blanco porque en su año de trabajo intensivo nunca le daba el sol. Nunca he visto a alguien tan blanco como él.

Entonces, tenía programado ir a Rabat, ir al norte para luego perderse en el desierto. Estaba buscando algo que tú puedes hacer... estaba buscando aprender a respirar.

Cuando vino a casa él tuvo mucha relación con mi cuñado, Abdelmumin, y con mi madre. Fueron dos personas que le impactaron mucho. Mi madre, porque era una persona muy callada, pero observadora y siempre estaba atenta para deparar cuidados. Si tienes el té vacío, ella te lo llena. Si ve que no tienes un cojín, te lo pone detrás. Su comunicación es con los ojos porque mi madre entiende el castellano, pero no lo habla. Abdelmumin es otra persona que le impacta porque era una persona muy abierta que siempre incorpora varias cosas a la vez.

Toni se enamoró de toda la familia. Le atraía mucho el comportamiento de mi madre. Su presencia. Todas nuestras costumbres, la hospitalidad, el cuidado al invitado, el cuidado de la gente mayor. Y claro, todo esto tiene que ver con la religión musulmana y con un comportamiento que se trabaja a diario. La persona intenta estar impecable y trabajarse sus defectos. Le impresiona esta forma de estar y cuando vino me pidió algún libro para leer sobre ello.

Yo le di *El lenguaje de los pájaros*[6] y a partir de ahí él comienza su búsqueda interior, va leyendo y buscando. También le gustaba mucho visitar esas tiendas que ya habrán desaparecido en Marrakech, donde había gente con tres o cuatro cosas en la tienda pero que estaba muy tranquila porque no había este afán de ganar

---

6 *El lenguaje de los pájaros* es una obra fundamental del sufismo persa y uno de los hitos de la literatura universal. Compuesta por Farid ud-Din Attar en el siglo XII, esta obra narra la asamblea que promueve entre las aves la aparición de una pluma desprendida del ave Simurg y la subsiguiente travesía que emprenden varias de ellas en busca de aquélla, metáfora del viaje espiritual hasta llegar a la unión con la divinidad. [Nota de la editorial]

dinero. La gente hacía una actividad que les daba para vivir y esto a Toni le gustaba mucho.

Estamos hablando, claro, de hace 27 años. El Marrakech de ese momento no tiene nada que ver con el de ahora. Es un cambio hacia afuera y hacia dentro de la familia. De repente llegó la ley del ganar dinero, los codazos, la ambición. El olvido de la religión. Toni y yo hablamos mucho, horas y horas. Cuando ese mes terminó, Toni se tuvo que ir a Tánger para regresar después de otro mes. Fue a grabar a Mohammed Chukri y allí se encuentra a Ira Cohen[7], un poeta que viene a conocer a Chukri. Entonces se encuentran varias tardes y Toni interioriza sus conversaciones. No tardó mucho en volver a Marrakech.

Al volver a Marrakech empezamos a caminar cada tarde para seguir nuestras conversaciones. Caminábamos mucho. Luego íbamos a una tetería y nos quedábamos horas hablando. Nos íbamos siempre a casa antes de la puesta del sol.

Como esto es hace tiempo no recuerdo todo, las etapas se van borrando. Sé que pasamos mucho tiempo caminando y hablando. En un viaje que hizo a Casablanca conoció a una chica italiana llamada Simonetta. Entonces, cuando volvió de Tánger decidió con ella hacer el viaje al desierto, porque yo, como no estábamos casados, no podía ir con él.

El viaje al desierto fue un viaje para Toni muy potente. Fueron al desierto en una caminata de diez días. Cada día caminaban hasta llegar a otro punto. Me habría gustado hacerlo con él, pero no podía ser, claro. Y luego con Simonetta hay otros viajes que hicieron juntos. Iban a bodas o a fiestas porque los habían invitado y Toni grababa esas escenas. Luego, hace un viaje a Canarias y le van saliendo trabajos, y entre trabajos va volviendo a Marrakech. También fue en esa época a Nueva York, para ver a sus amigos. Iba y volvía. Grabó mucho en Marrakech: grababa a la familia hablando de sus sueños, conversaciones con mi cuñado, escenas cotidianas, fiestas familiares... Grabó el vídeo de *Istishara*. De esta época tenemos muchas grabaciones.

---

7 Ira Cohen (1935-2011) fue un poeta, editor, fotógrafo y cineasta estadounidense que, entre lugares, vivió en Marruecos. [Nota de la editorial]

«Un encuentro intenso»

La etapa en la que Toni y yo nos comprometemos se llamará «un encuentro intenso» porque es como si nos conociéramos de toda la vida. Toni me dice que cuando vino a Marruecos le sonaba todo. Las calles, la Medina, «es como si fuera mi casa», me decía... todo le parece como fragmentos de películas y me explica que tiene la sensación de que me conocía desde antes.

Era Ramadán, mi hermana solía venir a pasarla con nosotros en la ciudad y entonces Toni vino a casa con mi cuñado. Ese día yo estaba en el Hman (baño turco de vapor) y no lo pude ver. Fue el día de la fiesta de Ramadán que Toni volvió para comer con la familia. Era en un salón grande donde todo el mundo se tumba. Recuerdo que entre nosotros había una mesa y que nos mirábamos y que cuando vino el día de la fiesta yo acababa de lavarme el pelo y lo tenía suelto. Recuerdo que él tenía un poco de barba y que al saludarnos mi pelo se enganchó en la barba como si fuera un velcro. Fue a partir de aquí que comenzamos a hablar y a pasear y cuando nos explicamos nuestras cosas.

Ese tiempo que estuvo yendo y viniendo y yendo y viniendo. Ya éramos novios. Todo era orgánico e iba muy lento. Era un proceso. Éramos amigos y hablábamos mucho. Lo otro no nos preocupaba, ya vendría. Recuerdo otra vez, fue al poco de conocernos en una fiesta, que busqué a Toni y lo encontré mirando a las estrellas. Estaba un poco triste, decía, mirando al firmamento, me explicaba que cada estrella tenía su lugar y que él pedía tener un lugar; ese mismo día me habló de la importancia de cuidar del jardín interior.

Al año, nos casamos. Nos casamos acá en España, porque allá es muy complicado cuando te quieres casar con un extranjero; es, literalmente, un calvario. Pero antes de casarnos fui un mes a Barcelona porque Toni me dijo: «Yo he venido aquí y te he conocido en tu mundo, ahora quiero que tú me conozcas en mi mundo». Solo pude ir un mes porque sacar un visado era también terrible.

A los pocos días de salir, me dijo: «¿Te casarías conmigo?». Yo le dije que sí. Y le pregunté: «¿Y tú te casarías conmigo?». Y dijo: «sí». Y para mí ya estábamos casados, pero nos dimos cuenta de que

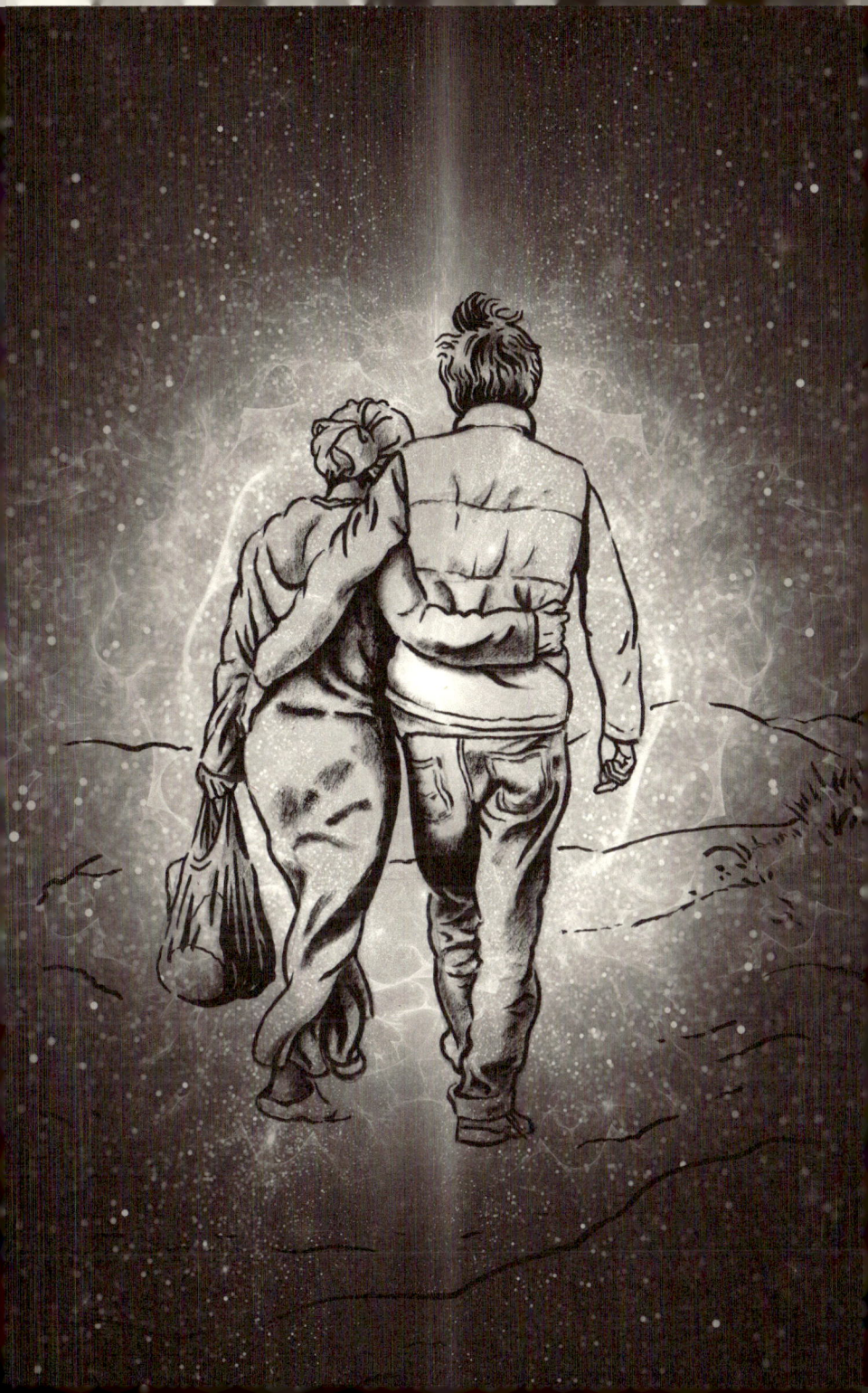

tener el papel nos facilitaba la vida. Me permitía viajar con él por Marruecos y venir con él a España. Ese papel nos dio más libertad. Así que nos casamos en Barcelona. Nos conocimos en enero, vine a Barcelona en noviembre y nos casamos en julio. Hace ahora 27 años. Y nos quedamos a vivir en Barcelona porque Toni tenía aquí trabajo y OVNI comenzaba a caminar.

Desde entonces, él me lo consultaba todo. Yo vengo de una familia de diez hermanos y pasaba desapercibida. En toda familia numerosa hay personas que tienen carácter fuerte, pero yo no era así. Nunca buscaba ser el centro. Era tímida, retraída, supongo que esa era mi manera de ser. Y, de repente, Toni me consultaba todo y yo le decía: «pero ¿de verdad me preguntas?». Pensaba... «Yo no sé... no tengo tu formación». Y Toni me respondía: «tienes una mirada limpia». Cuando le enviaban preguntas me contaba para pensar juntos y cuando llegaba de un sitio me explicaba y yo sin conocer a esa gente las acababa conociendo. Por ejemplo, en el homenaje que le hicieron en Barcelona de repente habló conmigo un pintor —Marco Nores— y sin habernos visto antes yo ya lo conocía y conocía sus cuadros. Toni y yo siempre hemos estado juntos. Nos costaba separarnos. Recuerdo que, a veces, cuando había que ir al CCCB yo le acompañaba y luego él me acompañaba a mi para volver a casa y ese ritual lo hacíamos varias veces porque no queríamos separarnos.

Conviviendo entre culturas, encuentro con el Islam

Para mí no era un impedimento que Toni fuera de otra cultura porque había entre nosotros un lazo profundo y él era muy abierto. Para él tampoco era un problema. En nuestro barrio hay un santo súper bonito y a Toni le gustaba mucho ir al santuario. Claro, para ir al santo tienes que hacer unas abluciones y así fue que Toni fue entrando en mi mundo, poco a poco. Fue como en nuestra relación, un acercamiento mutuo, poco a poco.

Toni estaba buscando... porque no estaba contento con la vida que hacía en Barcelona. Él se encuentra con todo esto y le atrae el comportamiento de la gente hospitalaria, abierta, reflexiva de allí. Lo mismo le sucedía con el islam: quería saber más y empiezó a hacer lecturas de los libros que le pasaba a mi cuñado. Recuerdo que un día vino mi hermano mayor y le dijo: «ven vamos a la mezquita, vamos a hacer la oración». Y allí comienza a hacer las abluciones y va con ellos. Así fue como empezó a ir a la mezquita. Y creo que todo fue llegando poco a poco. Es como algo que no es premeditado. Cuando Toni se declaró musulmán se le dio un nombre, pero para mí siempre ha sido Toni. Para su profesor sirio de árabe él era Abu Ali. Se quedó con el nombre de Abu Ali y decía que era hermoso porque eso denotaba que era el padre de Ali, que su centro estaba en otro lugar. De la misma forma, orgánicamente, Toni comienza a estudiar el árabe porque en casa hablábamos árabe, bereber y español, todo a veces mezclado. En Barcelona tuvo un profesor sirio muy bueno y aprendió mucho. Hasta el punto de que ya podía entender y leer. Escribía muy bonito.

Se sentía muy a gusto en todo mi mundo. Le fascinaba la hospitalidad de la familia. Mi madre siempre ha sido la madre de cualquiera y eso Toni lo sabía apreciar. Mucha gente se quedaba en nuestra casa y se les cuidaba como al resto de la familia. Podría decir que mi casa realmente era un matriarcado y eso a Toni le enseñó muchas cosas. También pasaba por casa gente de diferentes religiones, lugares, y se hablaba de todo y con todos. La solidaridad no encontraba reparos en las diferencias y Toni sentía que eso era lo que estaba buscando. La casa siempre estaba abierta y eso nos enriquecía a todos porque se hacían rituales de muchos lugares.

Me acuerdo, por ejemplo, el primer Ramadán que vivimos juntos. Yo iba a hacer el ayuno y le dije: «mira, Toni, voy a hacer ayuno; si tú quieres, lo haces». Lo hizo y, a partir de entonces, no dejó de hacerlo. Le encantaba el mes de ayuno, porque además en ese tiempo, en las mezquitas, se hacen más plegarias y más lecturas. Y él se apuntaba a todo cada día.

Entonces fue que descubrió la oración de la postración, un ritual que pone el corazón más alto que la cabeza, decía él. Descubrió ahí el ejercicio de la humildad. Claro, yo nunca había pensado así la oración, fue él quien me enseñó a pensarla de ese modo. Tú te postras y te pones en una situación de humildad y de vulnerabilidad porque te pueden cortar la cabeza y no estás protegido, pero a la vez es un momento de unión. Estas explicaciones me las daba él y, de hecho, creo que yo descubro mi propio mundo con él, a través de sus metáforas y contemplaciones porque él lee mucho y observa todo el tiempo. Yo he vivido en esta cultura toda la vida y claro, no la cuestiono, pero él, al venir de otra cultura, comienza a buscar, a leer, a interesarse por cosas que yo nunca había pensado. Su entrada en el Islam fue muy orgánica también. Él empezó a hacer las oraciones y yo con él. Los dos las hacíamos juntos.

Es como que él comienza a profundizar en los rituales, en las formas de estar o de vivir la cotidianeidad; entonces, todo comienza a adquirir relevancia y explicaciones. Profundizamos en el significado de la oración, por ejemplo, o toda esta esfera que es tan importante para él de pensar lo invisible, lo que no se muestra. Por ejemplo, le gustaba que en Marruecos desde fuera solo ves las paredes de las casas, nada más, pero entras y todo cambia. Allí las casas se construyen hacia adentro. Dice que es al contrario de la cultura occidental donde la tendencia es a mostrar lo que se tiene. También te digo que ahora está cambiando nuestra cultura.

En Marruecos la vida ocurre hacia adentro para no crear envidias y no ponerte en riesgo. Las casas por fuera son todas iguales. No sabes el grado de riqueza de la persona hasta que entras a su casa. No se mostraba. Y esto le gustaba porque a la vez es una protección.

En el islam hay dos yihads, la de fuera, en la que luchas por los derechos y la justicia social, y otra interior, en la que luchas para ser impecable. Luchamos con todo lo que tenemos dentro. Y esto le gustaba mucho a Toni; el hecho de que la yihad mayor, la grande, como le llaman, es la interior. Se trata de luchar para ser ecuánime.

Es como con el uso de los velos. Tú proteges tu intimidad. No todo está expuesto hacia afuera. No es bueno atraer la envidia o provocarla. Es importante tener cierta protección de la intimidad y a Toni todo esto le atraía mucho. El crecer hacia adentro era lo importante para él y ahí comenzó su viaje interior y nació esta metáfora.

Otra cosa importante en el islam, por ejemplo, es que está prohibido lo que es dañino. Cuando te dicen algo en el islam que es prohibido no es por un tema de control sino porque es dañino para ti o para los demás y por eso está prohibido. No hay nadie que te pueda decir: «Tú tienes que hacer o no hacer», y esto también le gustaba mucho a Toni, el hecho de que no hay un intermediario.

Él, que había sido ateo con la cultura cristiana, encuentra la espiritualidad con el islam.

Le gustaba mucho todo lo que leía y las oraciones, era increíble el sentido que les daba él. Esa idea por ejemplo de que la oración es un momento en que el corazón está más alto que la cabeza para que mande el corazón: es una forma de atacar el ego que desaparece porque estás en un momento de vulnerabilidad. Hay un jalifa que se llamaba Ali —de ahí viene el nombre de nuestro hijo— que murió porque le tocaron la cabeza con una espada envenenada. Lo hirieron de muerte cuando más vulnerable estaba.

Y claro, todos estos significados los aprendí con él.

Otra cosa que le fascinó es que en nuestra casa todo es bereber y musulmán. En nuestra familia se hablan ambas lenguas. Por ejemplo, cuando vienen invitados en las familias árabes, se dan dulces con té, mientras que los bereberes gustan más de la comida salada. En casa, Toni decía que eran los cinco platos. Hay una mezcla de los árabes y los bereberes de tanto tiempo que no sabría diferenciar qué es bereber y qué es musulmán. Entonces lo que ha conocido Toni es el mundo árabe bereber del islam. Y este sincretismo es interesante por lo que tiene de fortaleza, de hecho. Los franceses, al colonizar Marruecos, intentaron separar a los bereberes de los árabes, porque dividiendo a la población pensaban vencerla. Pero gracias al islam no pudieron hacerlo. Así, como nos hemos mezclado por siglos, no hay forma de separar y tampoco es importante. Y también hay la influencia africana en Marruecos y gracias al islam no hay racismo. Hay gente negra, hay gente blanca de la montaña en el norte, de ojos azules y verdes. La gente del desierto son gente más oscura. Pero gracias al islam todos somos iguales y al mismo tiempo todos nos reconocemos como mezcla.

Toni veía este sincretismo como parte de una totalidad, de un todo. Por ejemplo, él iba al Hman y lo que le gustaba de este espacio es que no hubiera separación. Veías niños, personas mayores, adolescentes, gente de diferentes lugares, todos mezclados. En el sistema occidental se separa a las personas en grupos y la lucha deja de ser común. En el mundo occidental se categoriza a las personas, se las encierra en un estereotipo. De hecho, Toni no decía que era musulmán para que no lo encerraran en un modelo.

También aprendió mucho de nuestra hospitalidad y del cuidado de las personas o del viajero. En el islam hay toda una manera de ser hospitalaria y pacífica por causa del yihad interior. La gente vive tratando de cultivar un comportamiento ecuánime, hospitalario, cuidadoso. Nosotros, Toni y yo, pensábamos que como seres humanos vivimos infiernos y vivimos momentos de paraíso. Y también creíamos —creemos— que cuando hacemos algo es porque es bueno hacerlo para los demás y para ti misma.

Toni leía el Corán traducido con interpretaciones y hacía muchas lecturas. Luego leía a los místicos como Ibn Arabi[8] que ofrece otra visión de la unidad. Sé que a través de sus observaciones, relaciones, experiencias y lecturas, Toni encuentró una manera de vivir el Islam aterrizada en la humanidad. Es un camino de comportamiento que te ayuda a estar mejor como persona, vas limando el ego, decía él, y a la vez aprendes a estar feliz en la humildad. Esto se traduce en una felicidad contenida. Éramos muy felices. Además, en el campo necesitábamos muy poco.

«La práctica»

En Marruecos Toni tenía tiempo para «la práctica», que él llamaba; se refería a poder hacer esos trabajos que se necesitan para la contemplación. Cada día salía a caminar cerca de casa y ahí enfrente estaban las montañas. Pasaba horas caminando, otras veces leía. Para poder hacer el trabajo que hace Toni se necesita una vida interior.

Toni siempre hablaba de la importancia de detenernos a observar porque muchas veces la mente no te deja. En la medida en que fue haciéndose musulmán, decía que mejoró su manera de

---

8 Ibn ʿArabī (Murcia, 1165-Damasco, 1240) Místico sufí, filósofo, poeta, viajero y sabio musulmán andalusí. [Nota de la editorial]

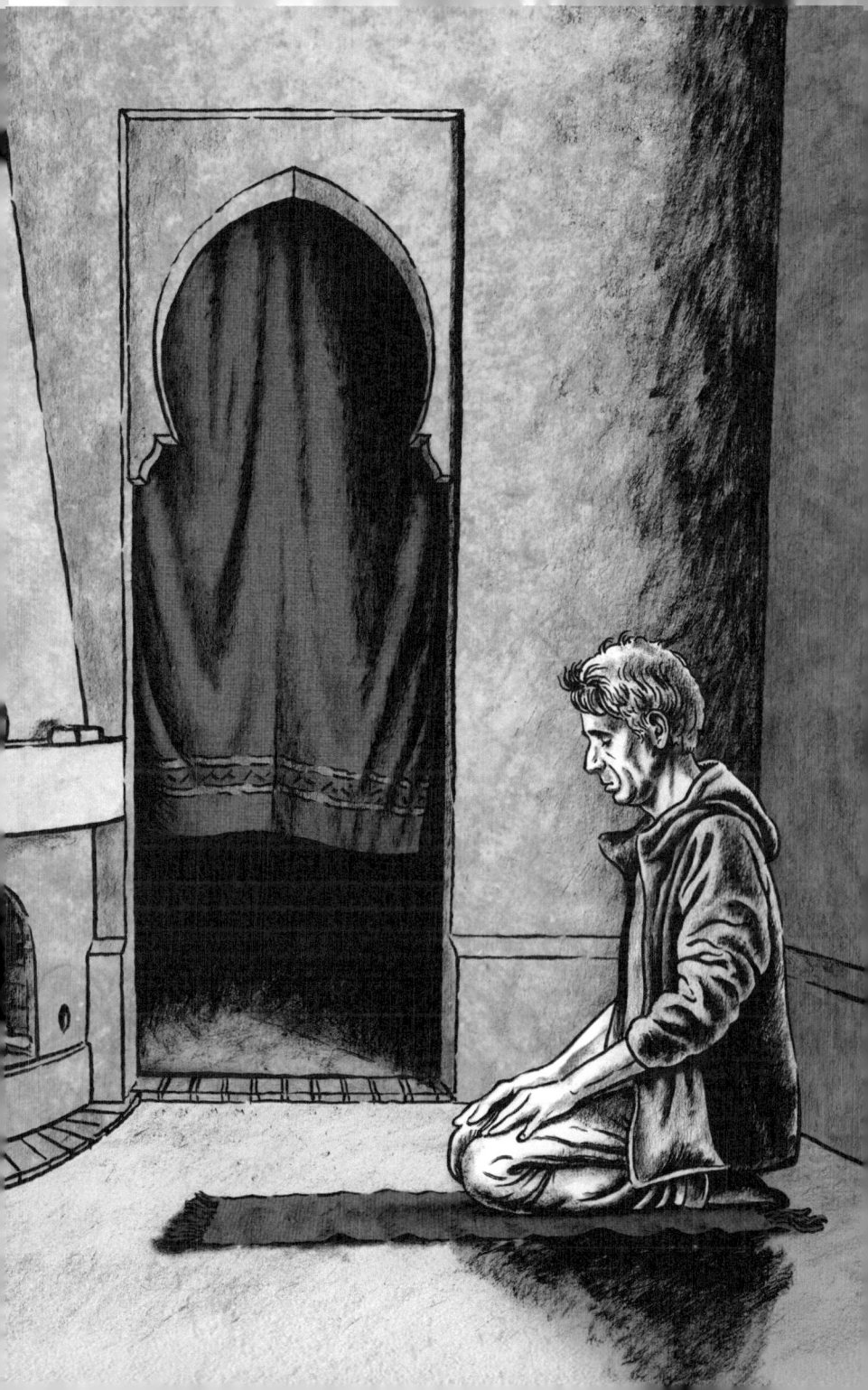

grabar porque era más bien un ejercicio de no grabar lo que tú quieres grabar. Cuando grabas siguiendo tu intención tienes estructurado lo que quieres grabar. En Fez él aprendió a dejarse estar. En lugar de grabar lo que se proponía, Toni dejaba que ocurriera la vida ante su mirada y si aparecía un pájaro lo seguía y si él lo llevaba, él lo seguía.

Comenzó a ver lo que antes no podía ver porque abandonó la necesidad de extraer. Se deshizo de esa necesidad occidental de capturarlo todo. De repente hay un cántico. De repente es el vuelo del pájaro. Simplemente se dejaba estar en la contemplación de la vida que ocurría ante su mirada.

El aprendizaje de esta práctica tiene mucho que ver con que en Fez iba cada jueves a hacer Dikr (recuerdo). En estos encuentros se conectó con el mundo sufí a través de sus muchas lecturas. Cuando haces el Dikr recitas letanías o mantras y en este ejercicio tú vas vaciando la mente, no piensas; lo que ocurre es que tú trasciendes las repeticiones y entras en un estado de contemplación. El Dikr te permite entrar en la quietud mental. A través de estas prácticas, él me dijo que mejoró mucho su trabajo grabando. También me ha dicho que el trabajo de Irán no apareció porque fuera él sino por todo lo que aprendió en este camino interior.

Su manera de trabajar nace entonces de esta práctica de contemplación interior porque en el momento en el que empieza a observarse hacia adentro y a limarse el ego, todo ese esfuerzo que hace personal se refleja en su manera de proyectar todo lo demás. Por eso, en la obra de Toni hay tantas imágenes de quietud y de contemplación. Por ejemplo, hay una Surat del Corán que a mí me gusta mucho y que dice: «te he abierto el pecho y me has limpiado». Toni construyó un vídeo de un pozo que es un corazón del que se extrae el agua. Cuando yo vi ese trabajo entendí la similitud con ese verso y me dije «Toni ha plasmado esta Surat poéticamente», su trabajo extrae el agua de la vida del corazón.

Otro trabajo que me encanta de Toni —por lo simbólico de lo que te estoy explicando— es uno de cuando todavía no nos habíamos conocido. Se llama *Wahab*. Lo grabó en Tánger. Para mí es como de sus mejores piezas. En la imagen vemos un cruce de un papelillo bailando en el aire al son de uno de mis cantantes favoritos, Mohammed Abdel Wahab[9]. Es la danza de lo efímero; él siempre decía eso de «somos papelillos tirados al aire». Otra dimensión importante de la práctica de Toni es la de la música. Toni no solo disfrutaba de aprender a tocar la flauta turca que le regaló nuestra vecina, le gustaba mucho escuchar música y creía en su capacidad curativa. Yo te diría que la música es esencial en su vida y en su obra. Recuerdo que algo que le impresionó mucho fue conocer en Marruecos la música de Gnawa[10] que es de influencia africana. Es una música que a través de ciertos ritmos, colores, te lleva a un estado de trance por el que accedes a un estadio de libertad. Esta música se escucha en fiestas organizadas por videntes y en noches abiertas a las que puede entrar cualquiera. En realidad son rituales por los que una persona baila tapada por una sábana que protege su intimidad. Bajo esa sábana y con esos ritmos, la persona se libera y lo que sea que exprese o como sea que se exprese, todo eso no será juzgado por nadie. Realmente, es como un tratamiento curativo a través de la música porque no juegan ningún papel los juicios ni los prejuicios. Las sábanas son de diferentes colores porque cada color se relaciona con ciertas canciones, ciertos ritmos y con diferentes identidades. Es un espacio de sincretismo entre el animismo africano y el islam.

Toni empezó a grabar estas fiestas y le encantaba porque realmente aprendes a soltar a través del baile. En ese trance salen las identidades de las personas y te liberas de todas tus tensiones y por eso es curativo. El trance ocurre gracias a los sonidos bajos o profundos de esa música; son sonidos que se conectan con el corazón y a través de la invocación del ánima.

---

9 Mohamed Abdel Wahab (El Cairo, 1902-1991) fue uno de los cantantes egipcios más conocidos en el siglo XX. También fue compositor y actor. [Nota de la editorial]

10 Gnawa designa un conjunto de producciones musicales, representaciones, prácticas de confraternización y rituales terapéuticos que mezclan lo profano con lo sagrado. Este elemento del patrimonio cultural vivo es, ante todo, una música de cofradías sufíes con letras de carácter religioso que invocan a los antepasados y los espíritus. Se trata de una práctica cultural que data por lo menos del siglo XVI y en sus inicios fue exclusiva de grupos y personas víctimas de la esclavitud y la trata de esclavos, pero hoy en día se considera parte integrante de la cultura e identidad polifacéticas de Marruecos. [Nota de la editorial. *Fuente: UNESCO*]

Me preguntabas antes si Toni aprendió de veras a tocar la flauta turca. En realidad practicaba muchísimo porque es muy difícil sacarle sonido, pero estuvo ahí hasta lograr hacer una melodía. Yasmina grabó a Toni tocándola. Era una melodía muy bonita, pero cuando Adam era bebé y Toni tocaba esta melodía, Adam lloraba desconsolado así que Toni tenía que parar de tocar. Creo que todo lo que te he contado está totalmente vinculado a esa práctica interior que se comunica con el exterior a través de su obra. No es posible comprender los trabajos de Toni sin entender este viaje.

Nace OVNI
OVNI era una parte esencial de Toni. Cuando yo conocí a los OVNI era un grupo de amigos que se juntaban y hacían una muestra de videoarte. Al poco de comenzar les dieron un sitio para trabajar y unas ayudas para llevar a cabo la actividad. Entonces teníamos que estar en Barcelona porque estaba naciendo OVNI allí. Poco a poco a Toni se le ocurrió la idea de crear los archivos. Tenía una visión que compartía con el resto de las personas del grupo. Se buscaba contemplar y meditar como forma de producir internamente, siempre desde el amor al ser humano.

Creo que OVNI es un acto de amor porque lo que Toni había aprendido lo volcó en ese proceso para compartirlo con las demás personas. Todo lo que sabe, lo que ha descubierto, lo que le ha sanado, lo pone en común, lo muestra. Es un aprendizaje que quiere compartir porque él se sentía con la necesidad de devolverlo. Reconocía la generosidad que se había compartido con él y quería compartir lo aprendido como un acto de expresar su agradecimiento.

Nunca le interesó promocionar su propio nombre sino crear materiales y un espacio donde poner en común lo que se le transmitió y lo aprendido para el beneficio de otras personas. OVNI es un poco la continuación de esa escuela que él encontró en sus visitas al santo cerca de la mezquita donde rezada el Dikr. Los OVNIS se parecen mucho a esos momentos de contemplación que a él le llevaron a ese viaje interior que luego dio todos los frutos que ha ido dejando en forma de legado. De hecho, porque era una persona desinteresada y generosa, el halago a su obra le generaba tensión, como un conflicto interno... porque el halago, que te señalen o distingan puede levantar envidia y puede poner en peligro ese trabajo interior de limar el ego.

Todo se hacía con ayudas públicas y por eso OVNI es gratuito porque el dinero con que está hecho es público. También decía que al recibir el material, mirarlo, seleccionarlo, él estaba aprendiendo. OVNI era un aprendizaje para el grupo pero no dejaba de ser un trabajo que muchas veces no se remuneraba pero que hacían igual.

Nosotros, en casa, habíamos optado porque yo no trabajara fuera para poder cuidar a los niños y eso significó que elegimos vivir económicamente al límite, sin caprichos, pero estábamos contentos y eso era lo más importante para nosotros.

La casa del Duar Msuar

A los tres años de estar en Barcelona tuvimos a Ali, entonces cuando Toni no tenía trabajo volvíamos a Marruecos. En esa época vivíamos entre Marruecos y Barcelona; en Marruecos estábamos en casa de la familia en Marrakech. Nos encantaba el barrio porque es de veras precioso. Teníamos en la casa una habitación y siempre que podíamos íbamos al campo, donde mi cuñado. Allí dábamos paseos muy largos. Y en una de las zonas que más nos gustaba es donde compramos el espacio para hacernos la casa que tenemos ahora. De hecho, compramos ese terreno cuando nació Ali.

La casa la construimos nosotros mismos con ayuda de la familia y ahora que lo pienso, lo hicimos de la misma forma que Toni construyó OVNI. Primero la imaginamos dibujándola con yeso y estando con mi hermano. De lo que dibujamos se proyectó lo que luego se pudo construir. Siempre hacia dentro. Toda la construcción de esa casa se hizo manualmente. Todo, incluso los andamios. Vivimos todo el proceso de construcción que duró unos dos años y pico.

Te diría que esa casa es el resultado de un sueño común de los dos y que de ese sueño y de este amor nace esa casa. Como la casa la hicimos desde la armonía y el amor, quienes han venido a la casa han sentido ambas cosas. Es una parte importante de nuestra vida juntos levantar esa casa. Fue duro pero disfrutamos mucho haciéndola.

Mientras la íbamos haciendo con los obreros que nos ayudaban, nos estábamos quedando en la casa de la familia en Marrakech y cada día íbamos al campo y volvíamos a la ciudad. Era cansado, claro, pero teníamos tanta ilusión de tener un lugar nuestro que no nos importaba tener lo básico e ir construyendo la casa poco a poco. Al comienzo no había electricidad ni agua en la casa. Teníamos que llevar la comida diaria ya hecha de casa y la compartimos con los obreros. Recuerdo dividir todo en raciones muy pequeñas. Nosotros dos comíamos la mitad. Ali la otra mitad. Toni me dijo un día que en las fotos de esa época nos salen los ojos siempre luminosos. Y es que no nos pesaba el esfuerzo. Estábamos tan contentos...

Le pedimos al carpintero que hiciera una inscripción en la parte superior de las puertas con la palabra «salud». Esa casa es de veras un sitio de contemplación, de sanación, de curación.

Cuando Toni tenía que trabajar en el OVNI volvíamos a Barcelona y cuando acababa volvíamos a Marrakech. En Marrakech Toni aprovechaba para pasear en el campo, hacer lecturas y grabar. Se preparaba para el siguiente OVNI. Entonces, básicamente, cuando Toni estaba en Marrakech se dedicaba a la familia, a la meditación y a la concentración. Le gustaba mucho pasear porque en aquel sitio no hay nada, es un lugar que te permite introspección; te permite entrar en ti porque no hay nada que te distraiga. Solo hay campo. No necesitas consumir porque no hay nada que consumir. No es como en Barcelona, que dice Toni que las cosas te hablan, como que hay un reclamo visual muy grande. En Marrakech íbamos al mercado una vez a la semana para comprar lo esencial.

Cada día se despertaba muy pronto y hacía yoga y meditación. Recuerdo que la primera vez que tuvimos una clase de yoga con mi cuñado, mi hermana y yo bromeamos con él porque no sabía ni cómo comenzar. Al final, Toni hacía mejor yoga que yo, porque se dedicaba a ello a conciencia. Él tenía esta capacidad de ser constante, disciplinado y trabajador en todo lo que emprendía.

También le gustaba el trabajo de campo. Le encantaba pastorear y ayudar a todos los vecinos en sus tareas. Al ir a la mezquita la gente le tenía mucho respeto y era muy cercano con la gente. Toni era diferente a la otra gente europea que vive allí. Ellos salen pero no los ves. Salen con sus coches oscuros y tienen terrenos vallados y vigilantes en las puertas de sus casas. Con Toni, nosotros hacíamos vida con la gente de allá e íbamos con ellos al mercado en el vehículo colectivo porque no teníamos coche. Entonces, él era uno más del pueblo y de la familia; era alguien muy cercano a diferencia de otra gente europea que vive allá.

Nosotros siempre hicimos la vida de la gente de allá. Iba a la mezquita y la gente le tenía mucho afecto porque era una persona muy cercana. Era alguien muy querido, la verdad. Muy, muy, muy querido.

Ahora que recuerdo todo esto también pienso que al final estábamos viviendo a contracorriente en Marruecos. Todo se fue transformando y nosotros no íbamos al ritmo de la transformación capitalista. Queríamos cultivar la tierra, pero de forma sostenible y ecológica. Toni decía que estamos aquí, pero tenemos que dejar la tierra a los siguientes y por eso se trata de cultivar dejando poco impacto en la tierra. Cuanto menos destrozo dejas, mejor.

En muchas situaciones Toni hacía las veces de mensajero entre mundos. En Barcelona se dedicaba a hablar con la gente de la necesidad de contemplar, de iniciar un camino interior, de compartir todo lo que la búsqueda interior le fue enseñando; por otro lado, en Marrakech, trataba de explicarle a la gente las desastrosas consecuencias de la capitalización de la vida para que entendieran el valor y la riqueza de su forma de habitar y cohabitar.

Su trabajo nunca se vio afectado por vivir en el campo. Él compró un ordenador y una cámara muy buenos y tenía internet por módem. Era una conexión nefasta, pero él sabía que si se despertaba muy pronto tenía buena conexión y con eso podía trabajar. Si por alguna razón no tenía internet, pues cuando iba al pueblo a hacer la compra aprovechaba y utilizaba el internet allí.

Económicamente hablando tampoco fue un problema irnos de Barcelona. En el campo vivíamos tranquilos. La casa era nuestra. Teníamos cereal y aceite de nuestra cosecha. La vida es muy barata. Por ejemplo, la electricidad cuesta 20 € por tres meses. El agua cuesta unos 12 € al mes. Nos llegaba la economía doméstica para todo. Compramos verdura semanalmente, carne de mucha calidad sacrificada el mismo día. Todo era de alta calidad, pero muy asequible.

Él seguía haciendo en el campo su vida de lectura y de oraciones. Siempre se levantaba muy temprano y hacia las 9, que Yasmina se despertaba, dejaba de trabajar para tener tiempo con Yasmina, con Ali y conmigo. Por otro lado, en nuestra casa mantuvimos el espíritu de hospitalidad que existía en casa de mi madre. Nuestra casa es una casa abierta al que pasa por allí; siempre pensamos que los viajeros traen semillas y que cerrar la casa empobrece. Es una casa muy sencilla pero a la vez muy grande. Ves todo el contorno de las habitaciones; todo está expuesto a la mirada porque en el campo es fácil tener bichos venenosos y por eso todo está a la vista y, así, cada mañana limpiábamos la casa. Siendo una casa grande es al mismo tiempo muy sencilla. Ahora que lo estamos comentando pienso que esta casa es otro espacio de sincretismo porque es una mezcla de casa japonesa y persa.

Paternidad

Toni aprendió mucho de la paternidad, decía que al ser padre dejabas de ser tú, que tu centro está en otro ser. Pensaba que ser padre ayudaba mucho con ese trabajo de limado del ego. También descubrió que, una vez eres padre, lo eres no solo de tus hijos sino de cualquier niño o niña. En esta forma de pensar Toni era como mi madre, que adopta a cualquier persona que viene y mucha gente la llamaba madre sin serlo.

Sé que con la paternidad Toni empieza a fijarse mucho más en el mundo de los niños. Lo querían mucho los niños pequeños, porque claro, a un niño si le haces caso ya lo tienes ganado y Toni tenía mucha facilidad con los niños.

Al final, nos fuimos definitivamente de Barcelona por la gentrificación del barrio. Toni empezó a ganar mucho menos dinero con los recortes de la crisis, el alquiler subió mucho y era absurdo vivir allí. Ali tenía asma y Yasmina comenzó a ser asmática. Entonces Toni dijo: «la ciudad nos está echando» y por eso decidimos

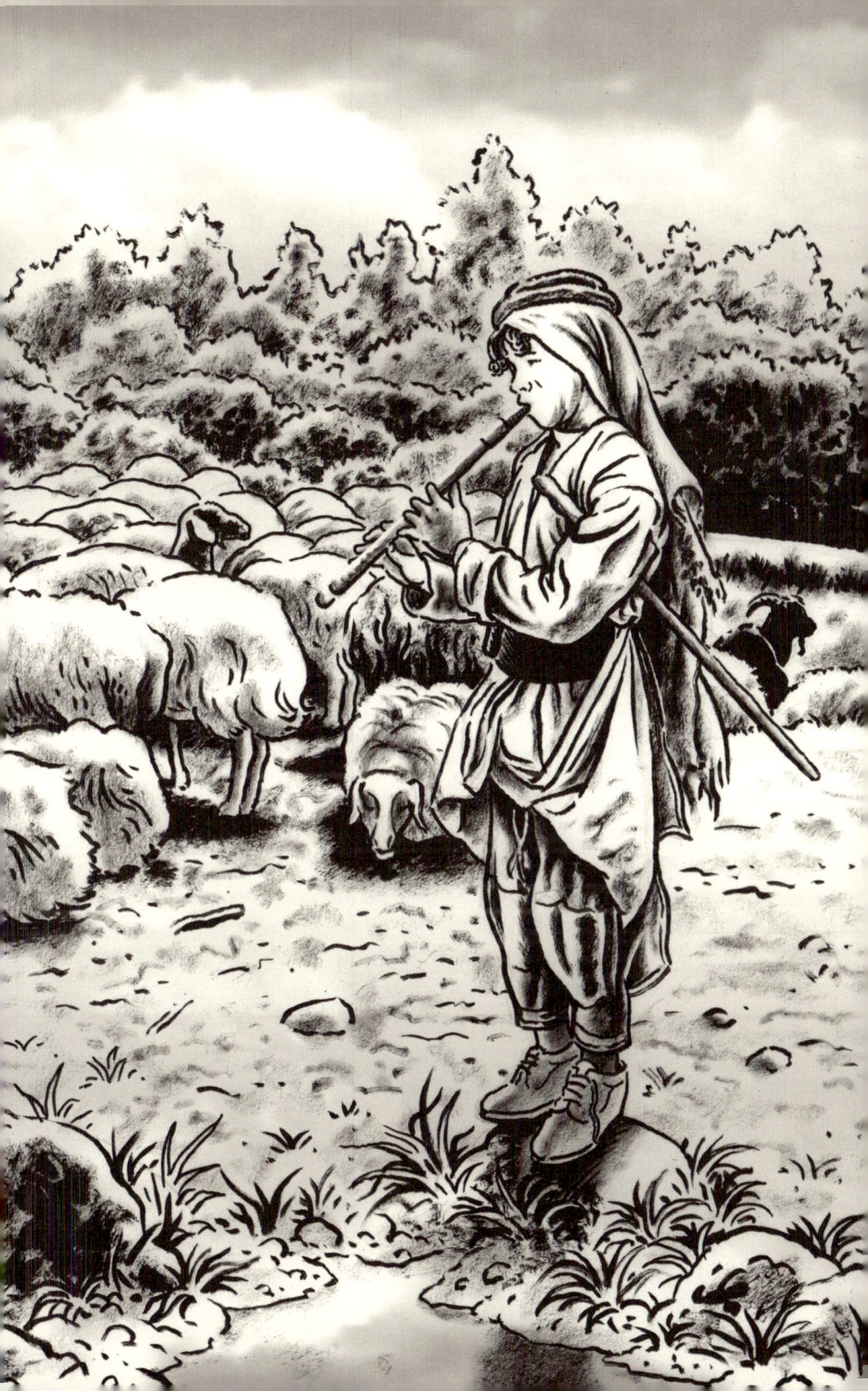

abandonar definitivamente Barcelona. Eso fue cuando Yasmina tenía un año, era el año 2012.

Irán y Minnesota

Es curioso cómo es la intención. Toni buscaba ir a Irán pero en el camino le salió ir a Estados Unidos contigo. ¿Sabes? Él no estaba muy seguro al principio, porque ir a Estados Unidos le pesaba por la situación política pero sintió que el camino era ir y fue. Del viaje me cuenta una cosa muy bonita. Estaba en el aeropuerto esperando y de repente escuchó una lectura del Corán, pero pensó «no puede ser». Y había una máquina de café y vio a dos personas de la limpieza que se habían apartado y estaban haciendo la oración. Y ¿qué dice él?: «La realidad está en todos los sitios. Impregna todos los sitios». Dice: «aquí donde menos me lo esperaba, está la realidad». De ese viaje a Minnesota trajo muy buenos recuerdos. Decía que le impresionó la sed de conocimiento que tenían los estudiantes. Y que no había visto en ningún sitio, esa sed que tenían de aprender. Volvía cargado de energía por todo lo que habíais hecho, porque todo el viaje fue inspirador. Y fue al regresar que le ha salido lo de Irán. Estoy contenta de que lo haya podido hacer, porque era algo que él tenía que hacer.

Toni siempre quiso hacer ese viaje. De hecho, lo intentó varias veces pero no terminaba de aparecer la oportunidad. De pronto, surgieron unas becas que solicitó justo dos días antes de vencer el plazo y al final esta resultó ser la forma de llegar. Yo ya estaba embarazada de Adam cuando le dieron la beca.

Conocía Irán a través de las lecturas, de la arquitectura y del paisaje. Estaba fascinado por la profundidad de la poesía y embebido en lecturas de poetas como Mahmud Shavistary[11] o de Farīd al-Dīn

---

11 Mahmoud Shabistari (1288-1340) es uno de los más célebres poetas persas del siglo XIII. Su trabajo más famoso es un texto místico llamado *Gulshan-i Raz* (*Es nuestra rosaleda*). Otros trabajos conocidos son *Saadat-nama* (*El Libro de la Felicidad*) y *Haqq al-Yaqin fi maʻrifat Rabb al-ʻalamin* (*La verdad de la certeza sobre el conocimiento del Señor de los mundos*). [Nota de la editorial]

ᶜAṭṭār[12]. En Irán Toni se encuentra con esta veneración a los poetas. Decía que la gente memoriza poesía y que los poetas tienen santuarios y que la gente devota de poetas se reúne para recitar poesía. Irán fue en realidad un viaje hacia la luz. Es curioso porque llevaba mucho tiempo estudiando los sentidos de la luz y de la oscuridad. A través de las lecturas del Corán empezó a preguntarse por la existencia de la luz en relación a la oscuridad. La oscuridad como ausencia de luz. En casa hay un montón de libros que leyó para documentarse bien antes de su viaje, hacía esto con cada uno de sus proyectos.

Yo ahora sé que Irán fue el viaje pendiente de su vida. Y digo que ha hecho el viaje de su vida, que era su sueño y se ha marchado porque este viaje fue lo que tenía que cumplir. Sabes, allí pasó una cosa sorprendente. En el viaje por el desierto se encontraron con un lago seco. Esto era un acontecimiento que pasaba cada mucho tiempo. Me contó que estaban viajando por el desierto y a la vuelta se encontraron con que el lago estaba seco. Entonces, él se despertó muy temprano y, sin avisar al guía, decidió que iba a caminar por dentro del lago seco. Dejó los zapatos y caminó dentro del lago como dos horas o algo así. Cuando el chico que le hacía de guía salió a su paso estaba muy asustado; le explicó que en ese lago seco hay sitios donde puedes caer y mueres. Toni ya estaba en contacto con la muerte allá. Tenía una misión a cumplir.

Irán llegó después del último OVNI: *Camino de retorno*. Ese OVNI ocurre gracias a ti también. Yo pienso que él se ha tenido que encontrar contigo y prepararse para su camino de retorno y no es casualidad que hablando contigo haya escogido ese tema. No ha sido casualidad, porque él tenía que hacer su ritual de paso en el OVNI porque después va a morir. Cuando estaba enfermo me dijo: «ahora estamos viviendo el camino de retorno de OVNI». Todo lo que me contó del OVNI lo viví con él.

---

12 Farid Uddin Attar, cuyo nombre real era Abu Hamed Mohamed B. Abu Bakr Ebrahim, nació en Nishapur (Jorasán, Irán) en 1145 y murió en el año 1221. Fue un célebre poeta y místico musulmán de los siglos XII y XIII, uno de los grandes maestros y poetas de la literatura sufí. [Nota de la editorial]

Cuando todavía no tenía síntomas llevaba tiempo diciéndome que se tenía que preparar. Mucho antes de estar enfermo, me explicaba que tenía la sensación de estar preparándose. Pero esto que te cuento es de hace cuatro o cinco años, antes incluso de OVNI e Irán. Entonces, Irán era el viaje pendiente. Cuando regresó no cenaba. Nos decía que no se sentía bien. Claro, él no sabía que estaba tan enfermo. Entonces vino Toni Cots, vino Bárbara para trabajar el sonido del material de Irán. Durante estas visitas él tenía que estar tumbado. Yo creo que se mantuvo hasta lo de Irán. Que aquel sueño lo mantuvo vivo porque fue acabar aquel viaje y se desvaneció.

Cuando él volvió de Irán, que ya estaba bastante enfermo, él pensaba que se sentía mal por la intoxicación que trajo del viaje. Volvimos al campo y estaban mis padres con nosotros. Y ahora pienso que fue curioso que estuvieran con nosotros mis padres porque así él se despidió de ellos. Él quería mucho a mi madre; la consideraba una santa porque su ego no estaba. Él hablaba mucho de su presencia, de la mirada de mi madre y esa fue la última vez que la vio.

Nos queda de ese viaje suyo un material que yo espero ver con calma y participar de lo que pensemos hacer con él. Como Toni me lo contaba todo y sé cómo trabajaba, lo que pensaba, cómo aprovechaba el material, también sé lo que estaba pensando hacer y sé que, con ayuda técnica, yo podría tratar de hacer algo con este legado. Creo que podría hacerlo bien porque trabajábamos juntos; tomábamos decisiones juntos sobre todo en su obra.

Último retorno a Barcelona

Cuando Toni se fue del Duar camino de Barcelona él sabía que estaba enfermo pero no que era cáncer. Barbara había quedado en hacerle una cita y también iba a ir al médico, pero al día siguiente de llegar a Barcelona se fue a urgencias. Le hicieron la ecografía y supieron que tenía metástasis. Él no me dijo nada. En medio de esto, había que hacer los papeles de Adam en el consulado. Al poco, me dijo que era cáncer de páncreas, nivel 4: «No te preocupes, yo te encuentro protegida. Vas a estar protegida. No sufro por los hijos porque sé que tú los vas a cuidar muy bien».

Entonces, yo fui a Barcelona sin ninguna preocupación porque sabía que él había hecho su proceso. Me lo confirmó su despedida; el hecho de que aceptó su final. Ni siquiera quiso ponerse parches de morfina porque quería guardar la máxima conciencia. No se los puso de hecho hasta casi el final, hasta los últimos días, porque ya no podía descansar por el dolor.

Toda la preparación de Toni, todo el camino interior de toda la vida, yo lo vi puesto en práctica en aquel momento. Todo su camino personal le sirvió para morir limpio, para morir sin ataduras. Aunque nos queríamos mucho y quería a los hijos y teníamos un bebé, hasta el final aceptó su destino. Para mí esa práctica que había ido haciendo, fue lo que le permitió este tránsito limpio.

Gracias a la hospitalidad de Rosa y Marc y al sistema médico sanitario que nos acompañó pudimos hacerle el acompañamiento en su casa. Toni llevó su proceso muy bien y mi admiración durante este proceso solo pudo crecer. Porque tú puedes escuchar hablar a una persona pero es que en Toni no había diferencia entre hablar y practicar. Lo que decía lo hacía, lo decía porque lo hacía. En Toni no había esta separación.

Cuando Toni murió me di cuenta de la profundidad de nuestras conversaciones; nuestra manera de hablar eran momentos profundos, muy bonitos. Ahora Toni está en lo invisible. Yo lo noto todo el rato.

El día de su muerte, él dijo: «Tengo que volver con al.lah. Para nosotros el cuerpo vuelve a la tierra, pero el aliento vital, lo que nos hace vivir, lo que nos anima vuelve con al.lah porque el alma no es mortal». Me dice que «sufrimos porque no sabemos a dónde vamos»; que en ese momento somos como no nacidos, si tú le explicas en el vientre a ese no nacido que va a ver luz, que va a ver árboles, etcétera, quizá prefiera quedarse donde está. La muerte es una forma de nacimiento. No sufrió por su muerte porque a lo largo de su vida trabajó las ataduras que tenemos con la vida; fue este trabajo lo que le facilitó poder irse.

Durante 3 o 4 meses enfermó y murió mucha gente de nuestro pueblo y yo he ido a visitarlos y luego a sus entierros. Ahora sé que ir a esos funerales fue mi forma de preparación. La muerte de Toni llegó y la acepté. Se puso fin a su sufrimiento. Fue un descanso.

Cumplió su camino; hizo un tránsito muy bonito, pudo despedirse de su familia y de sus amigos. Su último aliento fue muy bonito. Él le pidió a Rosa que le pusiera sonido de pájaros y me dijo «ya está», y se fue. Fue muy suave, muy bonito. Me quedé todo el día con él hasta que se llevaron su cuerpo. Ahora sé —por haber vivido con Toni su final— que la muerte puede ser un hermoso tránsito. Doy las gracias por ello.

Sobre la obra que dejaba no quería ya saber nada ni dejar instrucciones. El camino de Irán yo creo que es su camino espiritual. Fue un viaje iniciático para vaciarse. Hemos hecho una parte del camino juntos y ahora me toca caminar sola pero el camino que hemos hecho juntos es lo que me ha preparado para poder seguir.

El funeral fue también un momento muy especial por lo que expresaba. La comunidad Bayfal de Barcelona fue quien se ocupó de organizar la cena tras la muerte de Toni para todos los amigos y también para la gente que quiso acercarse. En esa reunión leyeron un correo que Toni les había enviado hablando de su propio final.

Como Toni era musulmán, la gente de la Derga Ncshabandi [centro sufí de Barcelona] fue quien se ocupó de todo el rito. Toni los conoció porque él iba a la Derga Ncshabandi de los jueves. Ellos vinieron a OVNI. El entró en contacto con Wadud, que es profesor y es quien lleva la Dirga. Toni llamó a Wadud y le dijo que al.lah tenía otro viaje para él y que no era a Irán y Wadud entendió en seguida. Toni le pidió que se ocupara de todo. Wadud venía a la casa de Marc y Rosa y pasaba tardes con él. Hay unas *surats* especiales para acompañar el alma y él se las leía mientras esperábamos al médico forense.

El día después de su muerte lavaron el cuerpo de acuerdo al ritual, lo pusieron en el sudario y Rosa y yo fuimos a verlo para despedirnos. De ahí lo pusieron en el ataúd y lo taparon para luego, ya frente a la gente congregada, hacer una oración. En la ceremonia, Wadud dio un discurso muy bonito. Y luego vino la comunidad BayFal[13] senegalesa y cantaron un poema precioso.

---

13 BayFall (o Baay Faal) es una rama heterodoxa y transgresora de la cofradía sufí Mouride en Senegal. [Nota de la Editorial]

Los restos de Toni están en el cementerio de Collserola en Barcelona, en la zona musulmana. En esa parte no hay nichos. Está enterrado con otras dos personas que sí tienen sus nombres pero en ese momento no pusimos el suyo en la lápida. Yo hoy sí quisiera poner algo del vídeo *Sol de medianoche*, que es el vídeo con el que se despidió; eso y quizá plantar un granado, que era su árbol favorito. Cuando depositaron el cuerpo en el cementerio era la hora de la caída del sol y había muchos pájaros cantando. Es bonito pensar que hasta el final le acompañó el canto de los pájaros. También llovió mucho y la comunidad musulmana vio aquello como una buena señal.

Me gustaría terminar este relato diciendo que la razón te limita y el corazón no; que ver la obra de Toni te abre otras puertas y visiones porque es la obra de un artesano que siempre ha estado buscando. Es dulce como la voz de los niños. Es la obra de quien tiene una mirada limpia.

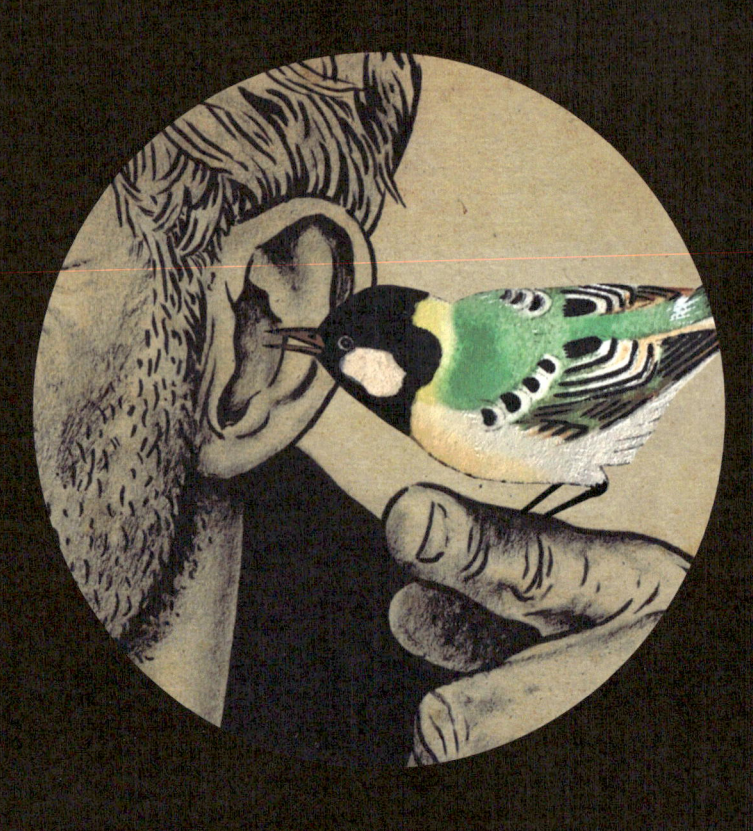

II. Etapas del camino

1. La imagen como velo

Toni Serra *) Abu Ali

Antoni Muntadas[14]

Es difícil referirse a alguien cuando ya no está sin caer en la sentimentalidad y la nostalgia. Toni era una excelente persona, entrañable, creo es una palabra justa. Honestidad, modestia y generosidad eran rasgos que le condujeron a una entrega, sentido de colaboración y participación que fueron señas de una identidad coherente que, a través de los años, se fueron desarrollando y extendiendo.

A Toni lo conocí en Barcelona en su periodo de Metrònom, para más tarde vernos y colaborar juntos en Nueva York.

Con Joan Leandre y Xavier Hurtado inventaron OVNI, una importante aventura de creación de un espacio audiovisual que redefinía el documental, supieron compartir su experiencia con otros, y convirtieron OVNI en una manifestación que dio a conocer y ayudar a realizar proyectos poéticos y radicales a su vez.

Su curiosidad y búsqueda le llevaron a una espiritualidad profunda, trasladándose al norte de África, creando una familia y comunidad.

Su práctica creativa no fue siempre reconocida y por ello el recibir el Nam June Paik Award le ayudó a ser conocido y apreciado por otros círculos.

---

14 Artista visual afincado en Estados Unidos. Su obra, de carácter multidisciplinar, analiza las instituciones sociales, los mecanismos de poder que las sostienen y la influencia que ejercen en la creación del imaginario colectivo. Recipiente de un importante número de premios nacionales e internacionales.

Toni Serra: Constructor de Comunidad

DeeDee Halleck[15]

A finales de los años ochenta del siglo XX, Toni Serra encontró la forma de subir por las escaleras desvencijadas hasta la oficina de *Paper Tiger* en el edificio de la War Resisters League (WRL) en la calle LaFayette. El edificio de la WRL había sido un refugio para organizaciones activistas sin fines de lucro desde la guerra de Vietnam, en los años 60. El edificio de oficinas de tres pisos era un amparo para los objetores de conciencia —aquellos que se negaron a servir en el ejército cuando fueron reclutados durante la Guerra de Vietnam, así como para quienes se negaron a pagar impuestos destinados a la guerra—.

El edificio albergó las primeras oficinas del Congreso Nacional Africano (ANC), formado por exiliados sudafricanos que exigían representación en la ONU en los años 60. En los años 80, acogió a un grupo que organizaba ayuda material para hospitales en Nicaragua mientras ese país estaba bajo el asedio de los contrarrevolucionarios financiados por EEUU. El edificio también fue sede de *Paper Tiger Television* y *Deep Dish Satellite Network*, dos organizaciones donde trabajé con un grupo increíble de artistas y académicos que tenían la ambiciosa y optimista misión de crear una televisión comunitaria alternativa en EEUU y, en última instancia, en el mundo, para contrarrestar los tambores de guerra y el racismo de las redes comerciales misóginas.

---

15 Artista audiovisual y activista de los medios de comunicación, fundadora de *Paper Tiger Television* y cofundadora de *Deep Dish Television*. Profesora emérita del Departamento de Comunicación de la Universidad de California en San Diego. Miembro del consejo del American Film Institute, de Women Make Movies y de la Instructional Telecommunications Foundation.

Muchos artistas y activistas de diferentes lugares pasaron por ese edificio. Quizás era el edificio más internacional de todo el Bajo Manhattan. Pero entre todos los internacionalistas, tal vez fueron los catalanes quienes más acudieron a *Paper Tiger*. El vecindario inmediato de Nueva York olía a El Raval de Barcelona. Un bar de tapas con el nombre de una sola letra, «ñ», se encontraba justo abajo en la calle Crosby y la zona era un centro del grafiti en Manhattan.

Así que, por supuesto, Toni estaba allí y siempre era un placer verlo. Toni entendió y apreció de inmediato los tipos de luchas que se estaban dando en nuestro peculiar centro activista. Cuando me invitaron a participar en uno de los eventos de OVNI en Barcelona, me sentí inmediatamente como en casa. De hecho, El Raval no era tan diferente de estar en casa.

Con OVNI, Toni, Xavi, Joan y sus colegas estaban construyendo una comunidad. Para lograrlo, sabían que debían conectar con otros grupos e individuos afines de muchos lugares diferentes. Desde EEUU llegaron *Autonomedia, Prometheus Radio, Big Noise Films, Tactical Media* —y muchos más— y, por supuesto, *Paper Tiger* y *Deep Dish*.

Toni tenía una manera especial de reunir a las personas, no solo a los pilares visionarios que construyeron el trabajo de OVNI en el Centro de Cultura Contemporánea de Barcelona (CCCB) — Simona Marchesi, Rosa Llop, Nuria Canal, Oriana González, Rabia Williams y muchos más—, sino también a los cientos de participantes en los eventos de cada propuesta.

OVNI no reunía solo a jóvenes *cool*. Quizás una de las cosas más singulares de OVNI era el respeto e incluso la reverencia por los maestros mayores —René Gautier, grabador de 90 años de la Guerra de Argelia; Peter Lambourne Wilson, poeta e historiador que acuñó el término Zona Temporalmente Autónoma; Michael Taussig, antropólogo liberado—. No se trataba de presentaciones formales, sino de conversaciones relajadas en la gran sala del CCCB. Sin la distancia de proscenio, se entablaban discusiones íntimas, profundas y reflexivas con los participantes de OVNI. No había límites de tiempo y a menudo se continuaba en cafés locales y bares de tapas.

Toni era un historiador consumado; entendía como pocos el arte de la arqueología mediática que consiste en la búsqueda y rescate de fragmentos olvidados o silenciados, sorprendentemente relevantes para iluminar problemas contemporáneos. Encontró clips de Malcolm X hablando sobre Palestina que nadie recordaba; de Allen Ginsberg tocando su armonio en la televisión pública de EEUU; de Angela Davis con un mensaje desde la cárcel; de Paul Goodman hablando sobre comunas, o de Herbert Marcuse rompiendo la puerta de vidrio del rectorado de la Universidad de California en San Diego.

Su programación introdujo a una generación de estudiantes de Barcelona a las películas de Jean Rouch y Pasolini; a las absurdidades de la televisión experimental de Ernie Kovacs; a las profundidades perversas de la cultura comercial en los archivos de Rick Prelinger y en la colección underground de Craig Baldwin.

Los eventos de OVNI se convirtieron en asambleas públicas que contaron con la participación de algunos de los creadores de medios más visionarios y productivos: Jacquie y Rick Rowley, Alex Rivera, Stephanie Black, Grupo Alavio, *Paper Tiger*, Mohammed Soueid, Rashid Mashari, la *Guerrilla News Network*, Mai Masri, Harun Farocki y muchos, muchos más. Las películas y presentaciones están archivadas, inicialmente en el CCCB y ahora alojadas en el Museo de Arte Contemporáneo de Barcelona (MACBA).

Toni sintió siempre la necesidad de vivir y trabajar colectivamente y construyó, dentro de la vida cultural de Barcelona, un camino y un enorme archivo de recursos que puede seguir revelando las posibilidades de una nueva realidad urgentemente necesaria.

Como visión como velo como manto como oscuridad

Caterina Borelli[16]

Años 90 - Nueva York
[edificios abandonados, bocas de incendio, *ghetto-blasters*, niños corriendo sueltos]
Todo el mundo venía al loft de la calle Harrison en Tribeca donde vivíamos. Venían a reunirse con Antonio[17], a mostrar su trabajo, a conectar, a entender dónde estaban, qué estaba pasando en la ciudad. Antonio siempre fue generoso con su tiempo y la casa estaba abierta. Venía mucha gente. Así conocí a Txuspo Poyo, Sicilia, Daniel García Andujar, Victoria Gil, Federico Guzmán, Antoni Abad y muchos otros. Toda una generación de artistas españoles que estaban en el comienzo de su carrera. También llegó Toni, con su novia de entonces, Mont [Marsá], artista gráfica: los dos, de pie y sonrientes frente a mí.
Recuerdo a Toni trabajando en la documentación de vídeo para *The Limousine project*[18]: es por la tarde, están en el loft, trabajando con imágenes en la pared. Creo que Antonio las está moviendo y Toni le está grabando. Yo acababa de terminar el Whitney ISP[19] y llevaba 10 años viviendo en la ciudad. Eran buenos

16 Artista y cineasta cuya obra se expande a la escritura y a la práctica relacionada con el archivo de imágenes. Desde su traslado de Nueva York a Roma ha desarrollado proyectos en medios mixtos. Cuenta con una amplia experiencia como productora de televisión y está a cargo del archivo de imágenes *MoroRoma*, una colección que abarca acontecimientos sociales y políticos desde principios del siglo XIX hasta mediados del XX.
17 Se refiere a Antoni Muntadas, artista internacional multimedia que residente en Nueva York desde 1971. [Nota de la editorial]
18 *The Limousine project.* Muntadas, 1991.
19 The Whitney Museum's Independent Study Program. [Nota de la editorial]

tiempos para los vídeos y mis obras se enseñaban en exposiciones colectivas. The Kitchen aún estaba en SOHO y aquel barrio era el centro del mundo del arte. Acababan de abrir algunas galerías en el East Village, mi territorio, donde vivía cuando me mudé, primero en la 6 con A, luego en una casa ocupada en la 7, entre C y D, y más tarde me instalé con una amiga en la 11 con C. Allí los traficantes utilizaban las escaleras del edificio para sus negocios y controlaban la puerta de la calle. Para entrar tenían que darte el OK. Me sentía segura. En 1986 me trasladé a Tribeca. Trabajaba como *freelance* para la televisión y viajaba bastante por trabajo y también con Antonio. Estábamos a punto de terminar el rodaje de su obra *Between the Frames*.

Toni vivía en Brooklyn, en Williamsburg, en el lado sur. Debía de ser a principios de los 90, nadie salvo un par de amigos vivía en Williamsburg, era un espacio muy distinto a como es ahora; había boricuas, dominicanos —salsa, merengue— y judíos jasídicos, sin chicanos. Ir allí era todo un viaje, aunque estuviera a unas pocas paradas de Manhattan. Su vídeo *Los Sures* se rodó allí. Viéndolo ahora, en 2024, se lee como una arqueología de la ciudad; el paisaje es similar al que encontré en Manhattan cuando llegué allí en 1980. Edificios abandonados, bocas de incendio salpicando las calles en verano para dar algo de alivio a la humedad: un calor insoportable. Solares vacíos, basura por todas partes, el metro cayéndose a pedazos, los *ghetto blasters*, *boom boxes*, niños pequeños corriendo solos y la calle paralela al río todavía accesible a todo el mundo para pescar y practicar *cruising*.

En *Los Sures* Toni muestra muy bien el espíritu de comunidad en la pobreza; una pobreza miserable que nosotros, jóvenes europeos, no podíamos calibrar y menos aceptar en la nación que era la mayor superpotencia mundial. Fiestas veraniegas en las que todas las tiendas estaban abandonadas; solo había algunas *bodegas*, algún restaurante chino, o alguna licorería atrincherada tras barrotes de hierro. En esas mismas *bodegas* que llamábamos *candy stores* podías comprar bolsitas de hierba por cinco o diez dólares, «*nickel and dime bags*», cada una con su logo y nombre: «un viaje de ida y vuelta al espacio»; «los pitufos», «el as»...

Recuerdo la apertura de su expresión. Buscaba algo más, otro nivel de mirada y de comprensión. Su mirada era transversal, no directa, yo la entendía y la compartía con él. Luego lo vi en Barcelona, en uno de mis viajes de verano de paso por la ciudad. Vino con su pareja, Zoubida, quería que la conociera. Puede que aún no estuvieran casados. Ella era tímida. Estaba feliz, radiante. Y me dijo: «Siempre pensé que eras especial porque no te teñías el pelo y quiero que Zoubida te conozca». Es una tontería recordarlo, pero es interesante que ese comentario se me haya quedado grabado y pensar que para él ese aspecto de mí era revelador e importante. En aquellos años yo ya había empezado a trabajar en Yemen y en su nueva investigación encontré similitudes con lo que yo estaba viviendo y que iba mucho más allá de una mera curiosidad por la cultura árabe y el islam. El anhelo de algo más: un paralelo, no una diferencia; una búsqueda en uno mismo, otra forma de relacionarse con la realidad, quizás también de un nuevo comienzo. Para él, todo evolucionó hacia un lugar de pertenencia espiritual relacionado con el misticismo. Yo entendí completamente esta dialéctica político-poética y no la encontré en nadie más con quien tuviera contacto en ese momento.

35 años después - Roma

[intuición, percepción, visión, conciencia, visible, invisible]

Ahora es verano (2024) estoy pensando en Toni y trabajando en las dos páginas que me han pedido para esta publicación. Me alegró este encargo porque tengo muy buenos recuerdos de Toni aunque no sean de hechos concretos, sino de él, como esencia, como espíritu, como alma. Y volviendo a ver la obra que realizó después de Nueva York, eso es exactamente lo que encuentro: la búsqueda de conocimiento de un alma que deambula por capas de conciencia; que, guiada por la intuición y la percepción, se mueve en ese intermedio que son el sueño y los estados de conciencia. «El mundo intermedio de las imágenes», citándolo a él[20], de aquello que es

---

20 entrevista con Webislam 17/4/2013
https://al-barzaj.net/habia-que-irse-buscar-no-solo-un-cambio-de-lugar-fisico-sino-tambien-de-lugar-interno/

creado y definido por la luz, tanto visible como invisible —como una visión, como un velo, como una capa, como la oscuridad—. Me parece muy poderoso que Toni entendiera las imágenes como un intermedio; como una perfecta metáfora, no para describir lo que le interesaba, sino en realidad como la proyección de lo que él estaba percibiendo.

Mi amiga Cristina viene a Roma y se queda conmigo. Nos ponemos al día del trabajo de cada una. Hace años trabajamos juntas en la misma oficina de una cadena de televisión en Nueva York. Ahora, ella es profesora en Chicago y nuestros trabajos conectan en el interés sobre el colonialismo. Ha sido invitada a dar una conferencia y me habla de algo que le interesa desde hace tiempo. Se trata del concepto *al barzaj*, según me explica, el concepto de «intermedio» en los estudios islámicos. A menudo los emigrantes senegaleses utilizan esta palabra para describir el viaje hacia el norte a través del mar, me dice. Un pasaje entre la vida y la muerte como el de Caronte llevándote al otro lado —mi madre, describiendo el velatorio de un carpintero muy cercano a mi familia, cuenta que sorprendió a su esposa metiendo una moneda en el bolsillo del difunto y preguntando: «¿Será suficiente?»—. *Al Barzaj* a través del océano, senegalés pagando a los contrabandistas para que les lleven a las Islas Canarias. *Al Barzaj* desde sus familias a las nuevas vidas en Europa. Y esa palabra me suena y es *Al Barzaj* el nombre que Toni le puso a su web. «Cierra tus ojos y observa lo que ves»[21] escribe Toni en su página web, describiendo su actitud. Se cierra el círculo.

---

21 «Cierra tus ojos y observa lo que ves» _ «Close your eyes and observe what you see» _ Najm ud din Kubra. [Persia SXII]

En palabras de Toni Serra *) Abu Ali

Rizomas

Espacios Liberados | toni serra_ovni 2009

www.desorg.org

OVNI 2009 rizomas quiere poner en evidencia los contactos subterráneos y rizomáticos que comunican mundos y experiencias muy diversas. La imagen recordada[22] es la del rizoma o rizomas, tanto da, puesto que no le afecta el singular o el plural, es ambos a la vez. «Lemas, consejos: seguid a las plantas»[23]. En un mundo de cemento y asfalto, vemos plantas de diferentes especies habitar las grietas en los lugares más inverosímiles, recoger la lluvia y encontrar la tierra allí donde se la ha hecho desaparecer. En otras ocasiones son esas mismas plantas o las raíces de los árboles las que crean esas grietas y levantan el asfalto. Hemos visto también a los vegetales recubrir completamente edificios, abrir y destrozar muros; pero también los hemos visto sostener ruinas de antiguos saberes, ancianos templos en la selva, en una alianza extraña que parece perfeccionarlos. Como cuando la cobra vio al Buda meditar y decidió no picarlo, sino cubrirlo y resguardarlo de la lluvia. Imagen que renueva tal vez un pacto olvidado: despertar la continuidad sin fractura entre la naturaleza y el hombre, entre la naturaleza y el conocimiento; un continuo que sobrevuela las palabras para recordarnos la esencial unidad y la manifiesta multiplicidad de todas las cosas.

Son también las plantas las que nos muestran sistemas diversos. Junto a la organización centralizada y jerárquica de las raíces de los

---

22 Deleuze, Gilles; Guattari, Félix. *Mil mesetas. Capitalismo y esquizofrenia.* Valencia: Ed. Pre-textos, 2008.
23 Ídem.

árboles, raicillas de arbustos y matorrales, el rizoma de ciertas especies (el césped, la caña, el jengibre, manglares…) crea «un sistema sin centro, no jerárquico y no significante, sin General, sin memoria organizadora o automatismo central, definido únicamente por la circulación de estados»[24].

Proyectamos vídeos como visiones que relatan y entrecruzan esos estados y realidades, formando rizoma no solo en el espacio sino también en el tiempo, ya que los dos primeros principios del rizoma son: la conectividad y la heterogeneidad. Cualquiera de sus puntos puede ser conectado con cualquier otro. Eso no sucede con el árbol y la raíz, que siempre fijan un punto, un orden. Así, el «*all the power to the people*» de los Black Panthers resuena como un eco, violentamente ahogado, en la posibilidad de las comunidades de inmigrantes, en los *banlieues* del mundo. Las protestas contra la guerra del Vietnam y las derivas clandestinas que de ella nacieron lanzan líneas que fracturan el silencio triste, si no cómplice, sobre la ocupación de Palestina, Irak, Afganistán… o sobre las guerras «subcontratadas» por las grandes corporaciones en África[25].

El indígena forma rizoma con la tierra, las plantas, los animales, los saberes que emanan de sus condiciones de supervivencia y celebración, con las vigilias y los sueños. Para él esa multiplicidad es un sustantivo, no una acumulación: otro de los principios del rizoma. Sabe que la agresión a una de sus realidades es el preludio indisociable de otras violencias; por eso teje tramas de comunidad, de continuidad. Por eso, un indio yaqui nos cuenta que aquellos que cometieron genocidio sobre su pueblo fueron los mismos que

---

24 Imágenes que hacen referencia a los siguientes vídeos incluidos en OVNI 2009 rizomas:

Black Panthers Newsreels:
Off the Pigs. R. Lacatica, R.
Machover, P. Shinoff. EE. UU., 1960.
La Raison du Plus Fort. Patric Jean. Francia, 2003.
The Weather Underground. Sam Green, Bill Siegel. EE. UU., 2007.
Kabul Transit. David Edwards. EE. UU., 2006.
Occupation 101. Sufyan Omeish, Abdal.lah Omeish. Palestina, 2008.

25 Imágenes que hacen referencia a los siguientes vídeos incluidos en OVNI 2009 rizomas:
Rod Coronado: A Voice for Liberation. Mark Karbusicky. EE.UU., 2000.
Iskay Yachay: Los dos saberes. Rodrigo Otero et al. Perú, 2005.

exterminaron a los animales salvajes y domesticaron a otros, los que encerraron a los supervivientes de su pueblo en reservas. O esos indígenas del Perú que sueñan otras escuelas y su despertar las crea con urgencia, pues han visto cómo la enseñanza oficial forma a sus hijos como enemigos de su propia tradición, de su propio entorno. Nos advierten: no son puntos aislados en la exterioridad de lo «otro», sino líneas de alerta para nosotros mismos[26].

En Europa esta alerta procedió de un barrio: Exarquia (Atenas). Fue la muerte de Alexis, de 15 años de edad, por un disparo de la policía, lo que provocó una toma de conciencia y de espacios, la difusión de comunicados. A través de ellos, los adolescentes denunciaron con tristeza la sumisión de muchos de sus padres, el conformismo inculcado en las otras escuelas del consumo y la producción; la imposibilidad de pensar con ellos otra existencia:

Queremos un mundo mejor. Ayudadnos.

No somos ni «terroristas», ni «encapuchados», ni «conocidos-desconocidos».

Estos conocidos, desconocidos...

Tenemos ilusión, no matéis nuestra ilusión.

Tenemos ímpetu, no paréis nuestro ímpetu.

Acordaos de que una vez fuisteis jóvenes también.

Ahora corréis tras el dinero, solo os importa vuestra «apariencia», vuestro «escaparate».

Engordasteis, os habéis vuelto calvos. Olvidaréis.

Esperábamos que nos defendieseis.

Esperábamos que os interesaseis.

Que por una vez nos hicieseis sentirnos orgullosos.

En vano.

Vivís falsas vidas, habéis agachado la cabeza.

Os habéis bajado los pantalones y esperáis la muerte.

No tenéis imaginación.

No os enamoráis.

No sois creativos.

Solo compráis y vendéis.

26 Comunicado de los estudiantes encerrados en la escuela politécnica. En el vídeo: *The Potenciality of Storming Heaven*. Grecia, 2009.

Materia por todas partes.
Amor en ninguna.
Verdad en ninguna[27].

Raíces oscuras, cárceles delante de fábricas, mapas e imaginarios en los que no existimos como vida, barrios destruidos, inmigrantes de tercera generación —¿para siempre inmigrantes?—, hospitales bombardeados, cientos de aves muertas junto a un lago, rizomas cortados.

Pero, a diferencia de los cortes que logran aislar a otras estructuras, el rizoma puede ser roto e interrumpido en cualquier parte. Se puede romper o interrumpir un rizoma sin causar ningún daño[28], porque el rizoma mismo está compuesto de rupturas; puede seguir funcionando o incluso prosperar a pesar de las «rupturas». Nacen así otros mapas nómadas, inspirados en los gatos errantes, en las zonas de inutilidad de las ciudades: allí donde los solares abandonados dan espacio a comunidades de gatos y espacio de ensoñación a la gente que los alimenta, humanos miembros adoptivos de tribus felinas; en los micro desiertos, selvas, ruinas urbanas. Allí donde las okupaciones de edificios abandonados se hibridan, se entretejen con otras memorias lejanas, despreciadas por la especulación. Espacios liberados, que vuelven a la vida, que fracturan la Totalidad[29].

¿Qué es la Totalidad? Es la gran cantidad de toxinas y substancias químicas que se acumulan en tus células grasas. Es el ir de compras cuando estás deprimido. Es tu sentarte delante de la televisión o el ordenador en un día bello. Es el sentir que estás anhelando algo. Es la jaqueca que no se irá. Es la hemorragia en tus intestinos causada por años de consumo de analgésicos y calmantes. Las drogas que

27 Ídem nota 1.

28 Imágenes que hacen referencia a los siguientes vídeos incluidos en OVNI 2009 rizomas:

Chats Errants. Zone Temporaire du Inutilité. Yael André. Bélgica,2007.
Necessaire(s) Territoire(s). Benoit Perraud. Francia, 2006.
Existir es resistir. Matias Lecocq. Venezuela, 2008.
Under Construction. Zhenchen Liu. China, 2007.

29 Fragmentos de Tucker, Kevin. *What is the Totality?* Enviado por John Zerzan.

has tomado por necesidad de escapar. El bulldozer que destruyó los bosques que podías haber conocido. La mole del rascacielos que te hace sentir siempre débil y sin poder alguno. Es tu cárcel; a veces con rejas, otras sin ellas. Tus miedos. Es aquello que te ha catalogado. Es el dolor en tu espalda. Tu adrenalina. Las lágrimas que recorren tu cara después de una película triste. Tu deseo de un romance feliz. Las especies que se extinguen. El mundo que se muere. El aire polucionado. El granjero que se envenena con aquellos pesticidas que le prometían una vida mejor. Es el sentimiento de superioridad que impulsa a destruir todo lo otro[30].

Una Totalidad siempre lanzada a la conquista de lo otro. Y, como resultado, una sociedad basada en la competencia, en la mercantilización y la expansión global, una sociedad que no contempla otra lógica que la del crecimiento[31]. Una sociedad formada por masas de individuos solitarios.

El pensamiento dominante se reconoce en esa forma de poder abocado a lo externo. Pero esta exterioridad no significa que se ejerza únicamente en las formas y en las superficies, sino que motiva y fuerza a que todo interior —anónimo, oculto, insignificante— fluya hacia la superficie, se reduzca a ella, se muestre, se publicite y sea al cabo solo esa exterioridad. Solamente así es posible establecer su completa cartografía, agrupar y producir sus identidades... adjudicarle sus expertos y destinarle sus mercancías. Ese poder abocado al exterior lleva forzosamente a la dominación y al sometimiento de lo otro, sean seres, territorios o conocimientos; pero también a su permanente producción a través de la exhibición de imágenes y actitudes, constante creación de escenarios políticos, sexuales, personales, escenarios incluso de la exclusión que por la fuerza del espectáculo devienen realidades ficticias (no por ello menos reales) destinadas a administrar los placeres y los miedos, dictar lo visible y lo invisible, decretar lo que es y lo que no. Así, lo que queda afuera o bien no existe o pronto dejará de existir, sean seres, paisajes o conocimientos.

---

30 Ídem nota 8.
31 Tema de la intervención en OVNI 2009 rizomas, del colectivo sobre decrecimiento.

El poder invita a vivir y morir por él, tanto en el esfuerzo de conservarlo, como en el de alcanzarlo o tomarlo. Pero se olvida que el poder no se ocupa; por definición no es pasivo sino activo: él es el que posee. Los poseídos viven el espejismo de detentar o luchar por un poder, cuando en realidad están siendo consumidos por él.

Existen otras naturalezas del poder ajenas al dominio: poderes horizontales, que ocurren fuera de la cartografía habitual del poder; poderes que emanan de la contemplación, del conocimiento, del cuidado y la atención a los demás, de lo comunitario, de lo que es considerado humilde e insignificante, de lo anónimo: «La frugalidad y la austeridad son anónimas; lo que es anónimo se considera humilde e insignificante. La abundancia es famosa; lo que es famoso es honrado y favorecido. La pobreza es anónima; lo anónimo es despreciado y considerado vergonzoso. Lo masculino es famoso; lo famoso es distinguido. Lo femenino es anónimo; lo que es anónimo es ocultado. La carencia es anónima; a lo que es anónimo se le otorga una humilde condición. Pero lo que no tiene nombre es la madre de todo lo que tiene nombre...»[32].

Un giro copernicano en los valores: reconocer y alcanzar la libertad de lo que no se muestra, de lo que no se reduce a lo exterior, a las formas y los nombres. Reconocer en la carencia, en el estado de necesidad, nuestra verdadera condición en tanto que seres separados. Valorar lo femenino como lo primero. Amar lo austero. Adoptar lo anónimo. Quizás ahí habite un poder otro; un poder que sepa de la dominación como debilidad, de la riqueza como pobreza y de la gloria como humillación de lo que verdaderamente nos importa.

Frente al recrudecimiento de las identidades que fragmentan el mapa del mundo global y frente al estricto proceso de identificación y de privatización que sufrimos hoy como individuos, ser anónimo puede ser una puerta abierta a la libertad. (...) Aprender el anonimato puede ser, en muchas ocasiones, una nueva vía de resistencia colectiva[33].

---

32 Went-Tzu. *La comprensión de los misterios del Tao. Lao Tse.* Madrid: Edaf, 1995.

33 Espai en Blanc. *La Fuerza del anonimato.* Barcelona, 2009.

Michel Foucault[34], para escándalo de muchos, trazaba un parentesco siniestro entre los antiguos mecanismos de confesión y la moderna libertad de expresión; en el marco de un poder que mutaba del no al sí, de la represión a la motivación. Un poder que desea conocernos detalladamente para ejercerse, para publicitarnos y, en última instancia, para producirnos. Pero venimos de una cultura, una cultura de la resistencia incluso, en la que se sobrevalora la expresión, la exteriorización, la exhibición, en la que se lucha por ese espacio, por ese afuera, por esa etiqueta. Nos cuesta entender que esto no sea prioritario para otros o que, incluso, renuncien a ello. De hecho llegamos a exigir a esos «otros» que apliquen esa misma «liberación», que se hagan visibles. Nos cuesta entender a otras culturas y experiencias que se mueven en líneas opuestas o tangenciales, en las que el espacio interior es considerado núcleo, único espacio real, sin dualidad, sin corte hacia afuera, sin afuera, sin «otros». ¿Exteriorizar la libertad o interiorizarla? Si no hay un esfuerzo de liberación interior de los mecanismos de poder y de los microfascismos que nos habitan, cualquier exteriorización comportará tristemente su efectiva reproducción social. Un espacio interiormente liberado emana sin corte, un arroyo mana de la montaña, ya no exhibe, ya no muestra, es un continuo de diferencias y reflejos, un rizoma líquido. En él, afortunadamente, ya no hay espacio ni corte para la representación y los representantes.

Ramana Maharashi[35] comentaba que la voluntad de alcanzar la liberación es en sí un obstáculo, ya que renuncia al aquí y al ahora y posterga esa realidad a un futuro no presente; y es también un esfuerzo en vano, puesto que la libertad es de hecho nuestra verdadera naturaleza. Se trataría más bien de despojarnos y no de partir hacia nuevas conquistas y descubrimientos... El verdadero obstáculo está en identificarnos con lo que no somos: con lo que deseamos ser o con lo que nos han impedido u obligado a ser. A

---

34 En varios textos. Especialmente en: Foucault, Michel. *La Voluntad del Saber.* Madrid: Ed. SXXI, 2006.

35 Maharshi, Ramana. *Sé lo que eres.* Palma de Mallorca: Olañeta, 2005.
Harter, Dennins J. *The Sage of Arunachala. The Kife and Times of sri Ramana Maharshi.* India, 1992.

partir de ahí se construye un mundo que nos encierra en categorías, en géneros, en clases, en razas, en edades, en grupos de preferencias... *targets* perfectos del *telemarketing* y del control político... De ahí la triste letanía de nacionalidades, etiquetas sexuales, sociales, etcétera, con las que nos identificamos o nos identifican; tanto da, tarde o temprano entran en colisión entre ellas o con nosotros mismos. Y allí estaríamos, presos en la trampa de una realidad pequeña y separada, exiliados de la verdad, entendida no como un horizonte estrecho sino como ausencia de límites[36].

---

36 Bataille, George. *The Cruel Practice of Art*. Obras Completas, 1949. Aquí el misticismo ateológico de Bataille coincide con la noción islámica de *El Haqq*, la verdad, la realidad

Revelar la película master

En palabras de Toni Serra *) Abu Ali

Resistencias

Abu Ali | OVNI2005

En diferentes lugares y culturas se va imponiendo la palabra *resistencia*, añadiéndose a otros que no han dejado de practicarla. Resistencia es un término que conlleva una negación, obstaculizar un proceso, una fuerza, pero también salvaguardar una afirmación: otros modos de hacer, de pensar, de vivir. Las minorías o las mayorías marginalizadas en su propia tierra, la practican de diferentes formas activas o pasivas.

En torno a esta práctica se reúnen hoy en día pueblos y culturas muy diversas, algunas sin contacto entre sí, pero que empiezan a conocerse, a oírse hablar unos de otros, en esta lucha.

Estas *resistencias* de diversos orígenes y lenguas se ejercen contra la imposición de un pensamiento único y hegemónico, una sola forma de entender la historia y el progreso. A menudo se le llama *Occidente*, un concepto vaporoso, simbólico, que al inicio definía a Europa y, más concretamente, a las antiguas potencias europeas —*potencias occidentales* se las llamó—, y luego, por extensión del sistema económico, a los Estados Unidos de Norteamérica e incluso a sus aliados del Extremo y Medio Oriente. Finalmente, Occidente parece responder más a un sistema económico y a su derivado cultural que no al término geográfico.

Lo que sí parece cierto es que el imaginario Occidental necesitó construirse en oposición a otra invención aún más inexacta y extensa: Oriente. Un concepto nacido a raíz de la expansión de las *potencias coloniales,* aplicado indistintamente a una extensión que iba del Maghreb al Extremo Oriente. Y que se añadía como objeto de deseo a los ya sometidos territorios s*alvajes,* *pueblos indígenas,* o al evanescente *el dorado,* etcétera.

En primer lugar, hay que reconocer que la construcción de ese Occidente se hizo también sobre la negación de sus diversidades y heterodoxias, sobre la negación violenta de su propia historia(s) y requirió de la invención de una genealogía fantástica y excluyente en la que se sucedían sin oposición: la antigüedad clásica, el imperio romano, la cristiandad, el racionalismo, la Ilustración, el positivismo, el capitalismo... reinterpretados todos como estereotipos dulces, sin aristas ni violencias, listos para el consumo de identidades. Así, lo *clásico* se redibuja como orígen aristocrático dominando ya sobre el proto oriente del *enemigo persa*; el imperio romano, como fuerza cruel pero unificadora; la cristiandad, a veces fanática e hipócrita, pero al fin y al cabo civilizadora; la Ilustración, liberadora y humanista a pesar de sus despotismos y de su visión colonizadora del conocimiento. Y, como culminación: una noción de progreso incesante, lineal, acrítico en el que el capitalismo ejerce como definitivo garante de la libertad. La progresiva hegemonía tecnológica se añade a esta sucesión y viene a probar su razón de ser y poder.

Esta escenografía genealógica se sostiene en la llamada sociedad del consumo global. Cuyo núcleo duro se ha ido concentrando en el entramado de intereses de las grandes corporaciones petroleras, farmacéuticas y de la industria militar, las cuales proyectan un mundo espectacular a través de los *mass media.* Un mecanismo de colonización de los deseos y los miedos, mediante imágenes y eslóganes, pero, por encima de todo, un dispositivo de reversibilidad, en el que no solo el éxito y el triunfo sino también la tragedia y el desastre, incluso los propios, se rentabilizan inmediatamente en tanto que espectáculo de consumo. En esta *elastic reality* —realidad plástica— perviven sin embargo dogmas inamovibles; entre ellos, la noción de una *economía única* basada en el crecimiento permanente agresivo y el de la euforia tecnológica. Incluso las voces moderadas que claman por modelos de sostenibilidad no pretenden renunciar a este modelo radical de entender la economía: pueden modular el grado de agresividad pero no el crecimiento. La sociedad de consumo global lo es porque consume hasta su extinción no solo productos sino también recursos naturales, personas y comunidades.

Esta economía expansiva, que se quiere objetiva y al margen de toda ideología, genera un estado de conflicto permanente con múltiples frentes: entre ellos obviamente el de la intervención militar, la represión, la ocupación. Pero también en el campo de la alimentación: los productos locales cada vez tienen un papel más minoritario (sea marginal o elitista) y los productos globales procesados, precocinados, etcétera, tienen cada vez una mayor presencia y accesibilidad en el libre (?) mercado. Literalmente, se impone el concepto de agricultura intensiva e industrializada, en el que todos los procesos —semillas genéticamente modificadas, fertilizantes, pesticidas, etcétera— forman un solo paquete. Los recursos naturales del planeta son entendidos bajo el prisma de la propiedad privada y la explotación, ya no hablamos solo de las materias primas o las energéticas sino también del agua, en la que van convergiendo las grandes inversiones especuladoras. La medicina —tanto la de acceso público como la del privado— está infiltrada por los intereses de las grandes corporaciones farmacéuticas, no solo en el imperio apenas discutido de la medicina química, sino también en el propio concepto de lo que es la salud pública, combatiendo, descalificando o ignorando las prácticas preventivas y su necesaria relación con la educación. Finalmente, el propio sistema educativo parece tener como horizonte utópico adaptarse ergonómicamente a las necesidades del *mercado*; la introducción en su núcleo de contenidos o prácticas ya no críticas sino extrañas a esas necesidades, constituye un ruido, un obstáculo

Los *mass media*, los llamados medios de comunicación, se alimentan en su mayor parte de noticias pre-cocinadas por las pocas y grandes agencias informativas. En su conjunto practican un *reseteado* contínuo de los acontecimientos, presentándolos como una sucesión de absurdos. Propagan entre la población la idea de un Occidente híper privilegiado en contraste a un *mundo subdesarrollado* y siempre sufriente, cuyo único interés posible radica en ser destino turístico (y, efectivamente, *los turistas llegan allí donde no lo hacen los ejércitos*). Construyen así día a día la perspectiva única de lo que es pobreza y riqueza. La tan mediática imagen tercermundista del niño soldado participando en unas guerras incomprensibles, que tantas conciencias hiere, jamás encuentra su paralelo en la tan común imagen del niño occidental entregado a horas de videojuegos violentos, algunos de cuyos *bestsellers* son versiones de entretenimiento de programas de entrenamiento militar.

Pero también en todos estos campos persiste y se extiende la resistencia —no necesariamente ideológica ni consciente— con prácticas muy diferentes ya que responden a contextos propios, culturas y tradiciones muy distantes entre sí. Hablemos pues mejor de **resistencias**. Algunas provienen del pensamiento crítico occidental, restos de ideologías liberadoras después del naufragio, prácticas alternativas, refundaciones y nuevos cruces... Otras provienen del rizoma indígena que se extiende desigual por el mundo y que sabe que la continua agresión a la tierra y a la naturaleza es un proceso autodestructivo, destruimos nuestros recursos pero también, conocimiento. Otras resistencias radicales provienen de culturas como la islámica— ahora demonizada, casi siempre desconocida y que ha sufrido en los últimos diez años casi 10 millones de víctimas, sin que apenas se hayan levantado voces en Occidente—, y de muchas otras actitudes, religiones y prácticas cada vez más necesitadas de conocerse y de respetarse mutuamente. Un diálogo clave para la aceptación de nuestra diversidad de saberes y haceres, para la autocrítica de los aspectos totalitarios, excluyentes, que habitan en casi todas las culturas. En este sentido, Europa, y por extensión Occidente, a pesar del monumental papel que se ha auto-otorgado en la historia de la humanidad y en la construcción de la libertad y de los derechos humanos, no ofrece un historial de tolerancia racial, religiosa, o nacional precisamente modélicos. De hecho, a veces, es inferior al desarrollado por otras culturas cercanas. Paradójicamente, incluso una parte del actual pensamiento y activismo crítico, reproduce y expande con demasiada facilidad criterios y actitudes etnocéntricas.

Todas estas resistencias, de las que recogemos una mínima parte, dibujan también un mapa de posibles referencias y diálogos cada vez más necesarios entre estas diferentes tradiciones y heterodoxias. Una posibilidad de pensar, construir otros mundos, descubrir los ya existentes ocultados por pantallas de ignorancias y prejuicios, por imágenes estereotipadas del otro. Y tal como una vieja mujer protestaba en argentina «el otro soy yo», su estereotipación sería la nuestra.

En el siglo XIII, Muhiyuddin Ibn Arabi escribió: «La libertad nos une, la unión nos libera», una afirmación que tiene muchos estratos de lectura. Tomemos ahora uno: La libertad nos une en tanto que mujeres, hombres y comunidades libres, y esa unión nos libera.

El antídoto de Hassan

Joan Leandre[37]

Era una noche de solsticio de invierno, quizás de 1998, o, dicho de forma más contundente, seguro que fue a finales de siglo. Compartimos algunas más (no)Navidades, pero aquella, por así decirlo, fue especial y la recuerdo bien. Era una de esas sesiones-encuentro clásicas entre amigos, como de repaso de aventuras juntos en una especie de exorcismo en dueto de solitarios. Todo un poco ingrávido, todavía sospechoso de cualquier certeza. Sin forzar el ambiente entre humos y cervezas, pasamos horas en silencio, cruzando pocas palabras porque cada uno trataba de mantenerse a flote como podía en su deriva particular. Solo imaginaciones. No podría certificar tal cosa, pero creo que con la intuición por delante una fuerza innombrable arrastró las olas viniendo en contra. Solo luces y celebrar la (no)Nochebuena que para cada cual fue la más vertiginosa.

Silencios, otra vez lentas sospechas. Aquella era ya de nuevo una época de una cierta exposición y claro, como siempre ocurría, inconscientemente nos abandonamos a ella. Nos gustaba a los dos, compartíamos también trucos para asegurar la flotación. Él manejaba y yo me dejaba guiar ya que me gustaba mirar hacía atrás; de forma natural existía entre nosotros un cierto balance. Luego, en momentos de coincidencia, hacíamos una pausa de igual a igual para en mitad del viaje, celebrar entre risas las memorias de esto y aquello.

---

37 Autor e intérprete de medios y cofundador del *Observatorio de Vídeo No Identificado*. Centra su trabajo en la observación desde la práctica y la organización en un amplio espectro de medios y técnicas. Cuestiona variables desde la periferia desde un enfoque y proceso de trabajo de larga duración centrado en interpretaciones y permutaciones vinculadas a aspectos clave de la contemporaneidad. Actualmente desarrolla diversas actividades de investigación con el proyecto de imagen en movimiento *Time After Distance* y el proyecto web Época de Contexto en www.kubasik.biz.

El anhelo del Olvido llegaría luego, pero, de pronto, solo vinieron aires de un largo paseo juntos en Brooklyn en el que se mezclaron a tiempo real los kilómetros con la elevación verdadera de un recorrido-sueño. Era algo así como un (no)existir arquetipo, sumergido en una especie de gradiente que iba de un extremo a otro y que nos acababa situando siempre en ese punto de oscilación o de equilibrismo sonámbulo. Fragilidad, era algo en lo que él siempre insistía y se paraba en ello y no había manera de sacarlo. Existía una cierta atracción por el desamparo sobre aquellos momentos extraños de duda y vértigo que compartimos en los 90. Vivíamos en una especie de larga noche y los días no parecían tales. Nos reíamos otra vez a carcajadas, de nuevo inmersos en la combinatoria imprevista de un método analógico sin nombre o siguiendo a ciegas la sombra de un aparecido en aquellas largas sesiones de edición mecánica; conduciendo las máquinas-tanque de baja banda para juntar secuencias robadas de la tele, copiadas en cintas dudosas y polvorientas. O el corazón-cerebro navegando la aventura: *Wahab* aparecía y desaparecía entre las sombras de Interzona, archivero de caminos polvorientos que tejía sinapsis con trozos de telebasura rescatados del vertedero analógico. Su risa de trueno rodaba entre estancias vacías mientras montábamos quimeras de Shanghai *low-res*, páginas web falsas que nos escupían verdades como dientes rotos. Todo llegaría. En los interludios, cuando el proyector de tres lentes tosía estática, compartíamos eclipse: esa frágil ceremonia de almas que insisten en mirar directamente al sol sin quemarse. Él hablaba entre voces de equilibrios funámbulos al caminar sobre la cuerda floja de la vigilia, mientras abajo se abrían valles de olvido. Yo trazaba mapas mentales en una internet que ya no existía o en la desorganización convertida en fantasma y en inconsistencia. Entre interrupciones y continuidades, en la pausa que precede al vértigo, nos sorprendíamos reflejados en espejos opuestos: él navegando su misterio como barco de papel, yo esquivando raíces como minas enterradas. Exiliados orbitando un vacío compartido, construyendo diques con cajas de obsoletas VHS y conspirativas enciclopedias de teorías-ladrillo especulando descripciones de burócratas del tiempo.

Andábamos como almas brotando en campos de fuego para atravesar más tarde terrenos dados a la desorientación y centros desplazados a medio camino, quizás más allá de las tierras occidentales para acabar llegando a un lugar de caminos muertos. Tras la huida, dejamos atrás a Doc Benway, el antídoto de Hassan funcionó. Decidimos volver a mirarnos horizontalmente y al mismo nivel: una y otra vez regresando de nuevo del viaje repetido al Shanghai imaginario de tan baja resolución. Y lejos quedaba esa noche de (no)Navidad en la que, al menos, en el plano material todavía nos encontrábamos. Eran tan solo proyecciones en la mente-máquina, *cut-ups* de lo interior: visiones de mesas de edición y sesiones de desmontaje (no)estratégico cubiertas de hierba blanda y líquida a la vez, análogos abstractos, pérdidas, alegrías, reuniones con burócratas vendedores de tiempo ordenado y una razón para seguir escribiendo. (No)literatura, palabras fáciles, clichés, aceptar nuestro límite. Había querido perder el rumbo, se aventuró en una deriva enriquecedora buscando compañía. Y el espacio entre título y créditos se disolvió. Sucedió cuando en la calle-noche la actividad paraba y desde dentro del salón se oía el silencio. Compartimos un reconocimiento. Me alegro de aquellos momentos de aventura cada uno en sendas paralelas; desde ambos puntos de vista se veía al otro en el sendero elevado, en la pared opuesta de un valle vertiginoso. En esa quietud maravillosa jugábamos con el azar del eco que rebotaba entre los altos muros, transitando hacia quién sabe dónde.

The Real Satisfaction

Xavi Hurtado[38]

Mirar atrás y encontrar al personaje atemporal que habitaba en Toni. No le gustaban las líneas de tiempo. Como decía; ...the real satisfaction nos banye en sus aguas a través de su recuerdo... No sé cómo poner en un mismo contenedor a todos sus nombres. Desde el período en el que lo conocí a finales de los años 80 hasta el momento que se marchó en el 2019. Toreó cualquier identidad que tuviera intenciones de poseerlo. También pienso que nuestra generación ha tenido que jugar con una identidad abierta de manera instrumental a causa de disidencias filosóficas e ideológicas en momentos de condiciones históricas de gran volatilidad.

Quisiera compartir algunos ratos e ideas que me unieron a Toni, reflejando algunos rasgos de sus personas. Todo de una manera egoísta para entender, porque aún intento hacer vídeos, y también para darle las gracias y enviarle un gran abrazo al hermanito del alma Abu Ali, Alhambdulillah! Asimismo, este texto es disculpa por algunos malos ratos a la sombra del corazón.

Los paseos con él fueron instantes de vibración a la par que hermosos. Me acompañan como un abrigo y están anclados en mi tiempo existencial como los saberes que me han hecho evolucionar y que han ayudado a mejorar la versión de mí mismo.

---

38 Realizador de video independiente. Estudió arte en la Universidad de Barcelona e hizo un máster en arte en la Nueva York University (USA). Fue profesor en universidades de Bogotá, Colombia. Hoy en día trabaja como profesor de la Universidad de Barcelona y en la Universidad de Vic. Ha trabajado con comunidades indígenas diversas en Leticia (Colombia), en Ecuador y en el Cauca (Colombia). Actualmente ha empezado un trabajo en La Casamance (Senegal) con una comunidad Joola. Su trabajo se ha enseñado en diversas instituciones de España, Colombia, EEUU, Canadá y Europa.

Uso solo extractos de correos electrónicos personales por su larga extensión; espero me perdone. No corrijo los acentos pues su ausencia y las *faltas* son intencionadas.

---

agent abu_ali<abu-ali@desorg.org> Tue 11/26/2002 3:26 PM

...SI... somos uno... un continuo indescifrable e inseparable organo palpitante y unico... dentro las estrellas y los astros y los humedales stroboscopicos en el pecho... supongo por eso podemos oir nuestros recpectivos jadeos... no solo por las palabras...

hace unos dias:

aqui el tiempo vital marrackchi lento y zumbon... va dejando espacios en el alma... tiempo para ver... pasan los dias en una bienamada mezcla de cotidaneidad y epica al estilo gaspar friedrich... ya sabes esos tipos suspendidos sobre el vertice de alguna roca observando un paisaje inconmensurable... hay que anyadirle una tetera y una alfombra y el placer de la vida...tiempo para ver... las proyecciones de la mente y los deseos... tiempo para ver y no para salir corriendo detras de ellos... pasan se van... vuelven... y uno por ahi...

dias de leer... humildes estiramientos yogicos... explorando escaneando descubriendo cuidando trascendiendo un poquito el cuerpo vehiculo... respiraciones por aqui... mas lectura... ayunoRamadan.... derivas... algun traspies... risas...

suenyos... probando tambien con los ritos locales... enamorandonos con zoubida.... aprendiendo de ali...aaah y que gran libro... el Yoga Vashista... realmente psicoactivo... es un tocho que se lee a trocitos... da para anyos...

ahora mismo:

si la gran bola del ramadan va rodando sobre los muslims... y los practicantes del gran tantra de la mano izquierda

homogeneizando alma y cuerpo... en una sola y fina capa de papel de fumar que se fue...

...rogando por la real satisfacion de todos los hermanos y seres... y disponiendome a viajar en pelotas... aumente el ayuno animado de nuevo por el sheikh darqawi[39]... y bajo el impacto de gran colocon que da el mentado vashista... la concentracion en el hathayoga... a yudando a la hadush en la casa... Desde el primer dia empece con Lacksen... el padre de zoubida un ritual diario en la mezquita llamado Traughj... que como su sonido indica es un trallazo en la base del craneo consitente en 20 postraciones y abandonos y lecturas telepaticas del coran... por las que voy viajando...

...hoy justo empiezan los diez ultimos dias.... considerados como el centro... cuentan en una de las noches se abre un pasaje entre los mundos... alli estoy manito chavi con mi ticket de aire exhalado... me encuentro curiosamente bien... como ligero..nada cansado... profundizare en el ayuno y en consecuencia en el placer de la poca comida inmensamente saboreada y celebrada... en las conversaciones nocturnas con zoubida... en los ojitos de ali... en el agradecimiento a la hadush...en las ofrendas a sidi samarous... a lala takarkoust.. a los amigos... dejando que el latido mantrico del «la ilaha ila llah»... vaya abriendo sus conexiones... efectivamente no hay nada mas que allah..que uno... alli donde miremos... pero como decia el sheikh... una vez he visto la unidad en la multiplicidad ya no temo ver la multiplicidad en la unidad...

Este fragmento de correo manifiesta el tono de las conversaciones en la terraza de su casa en Codols. Años 2000-2004.

Vayamos al vídeo independiente (aunque preferiría llamarlo «no identificado»). En este contexto se dan en paralelo el camino de encontrar propuestas propias y afines en el vídeo independiente y el camino de la indagación personal sobre quiénes somos. Quizás una experimentalidad en la indagación interior es indisociable de la búsqueda de visiones poderosas que fortalezcan y abran el conocimiento de uno mismo. La dificultad es conectar la visión con las imágenes. Un estado místico, poético, con una percepción más inmediata en la que no solo opera el gran aparato, el gran

---

39 Abu Abdullah Muhammad al-Arabi al-Darqawi (S. XIX). Cabeza de la Tariqua (hermandad) Shadhili. Autor de las cartas sobre el Dikr y la vida cotidiana. Que Toni nombró en algunos emails de entonces.

proyeccionista de la realidad, de la *película master*, sino también el vídeo independiente aunque con diferencias importantes que se pueden situar, quizás, en la grieta entre la poesía y el ensayo que encontró Toni.

Experimentar, entonces, es recorrer una senda de experiencialidad corporal. Se van incorporando saberes asociados y sobre todo se va llegando a lugares; pero con el cuerpo, no solo con el lenguaje y el pensamiento. Se dice que son lugares que se habitan y a los que se llega por la intuición, no solo por la palabra.

A Toni le gustaba Bataille. Solía decir que el conocimiento no es el acceso a lo desconocido sino el acceso de lo desconocido. La palabra razón es útil en el mapa pero hay que pisar el terreno, recorrerlo, habitarlo. Para eso es el mapa. En el terreno es donde opera el cuerpo y donde se abren puertas por donde entra lo otro. Para los animistas los cuerpos se forman en las relaciones.

El pensamiento está encarnado y la carne muere. Las ideas aunque el lenguaje escrito las aísle en un papel y las compartamos, también pertenecen a un ser que las vivió. Cuando éste marcha queda su rastro vital conceptualizado, una sombra de lo que fué. Que hay que volver a in-corporar y dejarlas volar otra vez. Los conceptos existen cuando un ser vivo los vive. En el sistema de pensamiento animista, la palabra es sagrada. Y se vuelca de mente a mente sin mediaciones.

Thu 7/21/2003 5:02 PM

..mmmmm... parole... parole... pero tengo decir always pleasurando de oir el nectar de tus palabras... even... yesss mshasho dicen incluso los sabios liberados pierden poderio cuando hablan... su verdadero pollo esta en el silence... no en el cotorreo... pero hoy me siento punto maruja en el market asi que ahi voy palabreando sobre la rueda del no decir naaa...

...en esta linea tengo que sincerarme y decirte que ayer fui infiel a mi marca de crema de pies... neutrogena (norwegian formule)... probe la «otra»... y fue exactamente como en los anuncios una especie de nuevo amanecer de 20 segundos en mi pecho... algo tosigeno con tanto polen primaveral... pero en general el body esta bien... mi toni tambien... algun dia debera abandonar este plano del relativo..aparcar el vehiculo y volar a otras alturas... pero by the moment... mueve la cola alegremente cada vez que le saludan o miran con carinyo... yess es asi de perro... de perrez... cuestion genética...

Unos sadhus (me gustaría pensarlos como indígenas), hace 3000 años (y probablemente desde hace mucho más), en los bosques del norte de la India, experimentando con sus cuerpos y sus mentes al límite, crean una base, que refleja el *Avadhût Gîtâ*, un pequeño libro de no fácil interpretación al que se va llegando poco a poco en el tiempo y a través de la experiencia meditativa. Es una lectura que está programada para volver a la vida del lector-meditador en un largo repeat *loop*.

Descentramiento, tránsito... es una puerta que se abre (por ejemplo con el Yagé o en un Dikr). Desapego de una falsa identificación con algo/uien, o la ruptura de una ilusión tejido realidad (llámese Maya, Samsara, *Matrix*.... o La película master). El lugar desaparece y queda el que lo habita. Dice el budismo; No hay camino porque ya estamos en casa.

Hay una pintura desde donde no se pueden pensar o imaginar otras pinturas. Toni menciona el realismo capitalista de Fisher; la imposibilidad de imaginarse un mundo mejor. Un cuadro mejor. Un cine o un vídeo mejor. Una triste enfermedad existencial.

Toni dice que la visión no está en las imágenes. Estas ya no representan mundos, sino que los niegan. El movimiento bolivariano en su buena época afirmaba que otro mundo es posible.

Escapar del ocularcentrismo perceptivo. Este eje único es también el punto desde donde se oculta, desde donde opera lo que no se puede decir o ver. Donde el episteme se muestra. Donde época y discursos se estremecen. Saliendo del punto central aparece un espacio intermedio que resuena y al que se llega a través de sueños. Sí, es posible otro mundo. La humanidad lo lleva visitando hace miles de años.

...en fin... por aqui cruzando a distancia pero con mojo las procelosas aguas del oceano samsarico... agarrados a los huevos del ser indeferenciado... la ilaha ila allah que mantrean los locales... no hay mas que el ser... la realidad... shiva...muchos nombres para el uno... el resto son proyecciones super 8 sobre su pantalla... la MCC... masa de consciencia cosmica... enjoy the movie but no te vayas a identificar con el banderas.. quiero decir... las nubes forman bellas o siniestras formas pasajeras sobre la montanya eterna... pero se van... total panorama vision sin dentro ni fuera... es alli donde esta nuestra rosaleda... dice el shabistari... no hay lugar para dos... no hay siquiera lugar alguno... semos pura ilusion... como en los boleros..

...cierto que el mantra local va mutando con el ronroneo del deseo de cash... proyectos... progreso... maquinas... technoslaves y otras memeces basadas en esa enfermedad mental llamda realidad objetiva... que se mal sostiene con las pinzasde la miseria en la abundancia... y las muchedumbres solitarias...

Cuando miramos por la puerta que abre el yoga vahista que comenta Toni, que abren sus Dikrs, el cielo abierto por el Ramadán, por el Yagé... entramos en Barzaj, el mundo intermedio. Intuimos con la capacidad visionaria que se nos ha regalado; la gran manifestación, Shiva Shakti,

ilaha ila allah, the real satisfaction...

...del mismo modo que una cantidad de agua vertida en el agua esta unida al agua inseparablemente, asi siento yo que materia y espiritu son uno...[40]

---

[40]*Advahut Gita*. Mahattma Dattatreya. Ed Jose Maria Olañeta. Barcelona, 1993. Las dos frases que uso en el texto están subrayadas en una edición del libro que Toni me regaló a mí y a varios amigos.

A 30 km de Marraquesh con el Atlas como el sinfín de un gran plató mental, el Agente Clarknova se va transformando en Abu Ali[41]. Entre Asanas y lecturas de Shabistari, Farid Uddin Attar, Ibn Arabi, Darquawi... Me arrepiento de no haber estado nunca en su palacio.

Tue 3/20/2007 20:38 PM

...la tela de maya ya no muestra el mismo potencial de enganche... estaremos ya en otro... mi antonio sigue por ahi... le preparo la comida.. limpio y cuido su munyeco celular

body... saco un poco de brillo... le duermo por las noches... hay noches que las acabo pronto... para ver el sol salir detras las montanyas... luego una slefa decebada... aceite... el pan de zoubida... doy las gracias...

chacho!...que me da el misticon!....

salama
tooo

En en Alto del Papal, a los Nasas que creen y que sueñan, se les aparece una laguna mujer a la que le pueden pedir un Don[42]. Desde el pensamiento amerindio, todos los seres (animales y vegetales) son humanos. Cada ser tiene una perspectiva distinta y las diferencias corporales de los seres se crean por las relaciones entre ellos. Todos son potencias formadas no esencialidades inherentes o absolutas[43]. Todo está vivo al mismo nivel que lo humano, todo está interrelacionado. Pienso en el no dualismo.

---

41 La máquina de escribir/escarabajo de *El Almuerzo desnudo* de W. Burroughs y el alter ego de Toni en los 90. En su caso es una cámara Sony/máquina de escribir/escarabajo.

42 Conversaciones con el intelectual Nasa Arsenio Pacho registradas por mí, en Botatierra, Tierra Adentro, Valle del Cauca, Colombia, 2011

43 Ideas del mutinaturalismo y perspectivismo (El Giro ontológico en antropología). Especialmente he leído a Alexandre Surrallés. (*Tierra adentro. Territorio indígena y Percepción del entorno*. Surrallés y García Hierro editores. Copenhagen, 2004). Y Phillipe Descola, *Más allá de naturaleza y cultura* (Amorrortu, Buenos Aires 2012) y *Les formes du visible: Une anthropologie de la figuration* (Seuil. France 2021).

Cómo explicar en un vídeo éstas ideas que suelen pasar de cabeza a cabeza. Cómo establecer una dialéctica con estos pensamientos ubicándolos en su propio contenedor ontológico, sin diseccionarlos, sin sacarlos de la vida, como hacemos con algunas ideas. Cómo hacemos con las filosofías que llegaron de Oriente, ideas in-corporadas a través de la práctica del yoga y la meditación. Philippe Descola estuvo en las reuniones de las ZAD (Zona a Defendre) y comentaba que habían grupos de personas que vivían como comunidades animistas, en su relación (interiorizada) con el territorio. Acción-pensamiento-acción. El disenso empieza en el interior del cuerpo.

(extracto de email) Fri 6/1/2007 17:15 PM

...oh barre la habitación de tu corazon
déjala preparada para que acoja al amado
cuando tu te vayas, él entrará
en ti, vacío de ti, te mostrará entonces sus bellezas...

Shabistari. afghanistan 1289) *

Hablamos de la realidad a través de acertijos. Ella es un contenedor sellado que el lenguaje olfatea. El cuerpo dice que puede traspasar su forma de verdad. La mente discursiva sola parece que no.

La realidad objetiva se empieza a parecer a un esperpento a partir de los 90 traspasada por un exceso obsceno. La inmensa acumulación de capital genera una reconfiguración de la máquina capitalista y una nueva reconquista del mundo. El expolio de paisajes cada vez más espectrales, interiores. La máquina que proyecta la Maya tiene poderes de penetración extractiva más profundos. Como dicen [Ramón] Grosfoguel y [Solvia Rivera] Cusicanqui; el proyeccionista que gestiona las sesiones de la verdad borra cualquier atisbo de cosmovisión que nos sea el naturalismo ilustrado, *La colonización ontológica* va aplanando el terreno como una apisonadora, dentro y fuera de la periferia.

Experimentalidad en el ser, Hakim Bey[44] habla del islam como anarquismo místico, el resultado de una búsqueda fuera de los raíles o saliendo y regresando a ratos. Con este espíritu ácrata que aunque ocurre en nuestro occidente, tiene sus raíces en la gruta más honda de la humanidad. Las creencias han de tener esta plasticidad, en el rizoma animista cuando pasan de canasto (mente) a canasto los relatos se transforman, se adaptan a las épocas. Toni decía, como Abdelmumen, que era musulmán experimental. Aunque no lo parezca, en el islam, en el budismo (Mahayana), en el hinduismo hay espacio para la experimentalidad. Comparten capítulo con la experiencia de la no dualidad y diría que, de una manera intuitiva, con el pluriverso indígena.

Experimentalidad en el ser y en el hacer vídeo independiente. Una acción de disenso en el interior de uno mismo. Reprogramar, desapegarse de un formato que ha demostrado que no sirve. No hay que añadir cosas sino quitar todo lo innecesario. Cuanto más profundo es el pozo, lo que sale de ahí adentro, mayor es la interrelación con lo de afuera. O lo que es lo mismo, con lo que está ahí afuera. Y el resto es una ilusión. Camino de espinos para llegar a una imagen de un pecho con un pozo y el islam a un lado colgando de su cabeza. *Last Nigth Dikr.*

Frente a la conciencia de unas condiciones externas históricas, disidencia interior. Situarse abriendo las compuertas del interior, dejando que entren las imágenes. No capturando sino siendo capturado, dice Toni.

El cuerpo de los indígenas Nasas en el Cauca es su territorio. Sus huecadas, altos, lagunas y bosques están en el interior de todos ellos. El cuerpo está abierto, no es una esencia sino una potencia. Una relación diaria con todo lo que le rodea. Y la reciprocidad relaciona el cuerpo-territorio con la existencia.

Territorio es la prolongación del ser, no su conquista. El territorio se defiende como la vida de uno.

Práctica en el vídeo independiente de un paisajismo inverso, dejar que el paisaje lo describa a uno.

44 *TAZ. Zona temporalmente autónoma.* Hakim Bey. Talasa ediciones. Madrid, 1996.

Con Fercho Nejepacki en Leticia (Colombia), esperando un transporte colectivo que podía tardar media hora o tres horas. Fercho saca un recipiente con ambil (tabaco), con un palito lo prueba y me ofrece. Yo sé que algo va a cambiar. En la Maloca, cuando se empieza a trabajar con el tabaco, ya no se está comunicando de uno a otro, sino que se está uno convirtiendo en vehículo de conocimiento. Se trasciende. Uno es un transmisor y observa lo que pasa a través de uno. Ya no hablamos desde nosotros, desde nuestra voluntad, más bien contemplamos lo que pasa por delante. El vídeo y uno a través de él como un transmisor.

Su hermano mayor, Ignacio, fue importante para él. Recuerdo una cinta que me mostró Toni de Ignacio cantando canciones del Santo Daime totalmente poseído. Cuando Ignacio partió de este mundo material, Toni me comentó que recordaba a su hermano mayor despidiéndose de la familia, en la puerta de casa con una maleta precaria. Iba a Madrid a buscar fortuna como cantautor. Mucho después y antes de marchar, Ignacio le dejó un legado. Un puñado de hojas de papel con canciones escritas a máquina. Se ve que llegó a tener un cierto éxito. Toni mostraba ese puñado de hojas de una manera significativa. Él pensaba lo mismo respecto a sus propias hojas de canciones, sus propios vídeo-ensayos.

Khalifa Diatta musulmán y Diola (polipracticismo dice la antropología) de la Casamence (Senegal), comentaba en Noviembre del año pasado;

...cuando el enemigo es muy grande y no podemos vencerlo, nos hacemos muy pequeñitos y esperamos...

Mensajes anónimos a la deriva flotando en el océano, para llegar a un futuro, es decir, al presente perfecto. Esta es la tarea del vídeo no identificado. Vídeos como rollos de papel que dejaban escondidos algunos monjes budistas para que el futuro o el pasado los descubran.

Barzaq. Espacio intermedio

...la imagen soñada de una cosa y la palabra para esta cosa son lo mismo. De alguna manera todo sueño es una forma de escritura y toda escritura es una forma de sueño...[45]

La pluma-cámara del Agente Clarknova – Toni Serra - Abu Ali-Perro Perez escribe ensayos y poemas en la realidad del sueño.

---

agent abu_ali<abu-ali@desorg.org> Tue 11/26/2002 3:26 PM

viajando por los suenyos

La percepcion del mundo objetivo es el estado de vigilia, la percepcion del ego es el estado onirico, la susbstancia mental en reposo es el estado de suenyo profundo, y la «consciencia pura» o cuarto estado es el «despertar» de todos ellos, considerados en su conjunto como un suenyo.

El estado que se prolonga se conoce como el estado de vigilia y el que cambia se conoce como el estado de suenyo. Mientras dura, el suenyo tiene las caracteristicas del estado de vigilia; y cuando se comprende su fugacidad, el estado de vigilia adquiere las caracteristicas del suenyo. De modo que ambos son iguales en cierto sentido.

mmm?... o...

La The Wala Rosalba Ramos desde Taravira comentaba (extracto del vídeo *Pitxi*):

...los sueños falsos no existen, solo existen personas que cargan una cultura muerta y en ella el sueño no transmite ningún mensaje mientras no perdamos nuestro pensamiento, mientras nuestro corazón este vivo los sueños tendrán significado para nosotros

---

45 *Shower of Stars. The Initiatic Dream in Sufism and Taoism.* Peter Lamborn Wilson. Autonomedia, Nueva York.

... [s]ólo existen personas que cargan una cultura muerta y en ella el sueño no transmite ningun mensaje...». Se me quedó grabada esa frase.

Recuperar la imaginación, el imaginario, la visión; recuperar el poder, el poder interior y exterior como comunidad. La imaginación empodera. Antiguamente, una persona imaginativa era vista con poderes. Hoy tener mucha imaginación es no ser realista, es despectivo, dicen en el bar.

En un viaje que hizo Toni a un santuario en el Atlas debajo de una gran roca me comentó que había visto a Khidr, el hombre verde del islam, el que llega al Corán a través de la naturaleza. Lo creo a ciegas.

El poder de representar el mundo a tu manera. Y también tu cuerpo y tu persona. Tu comunidad, tribu. Esa tribu que rondaba la terraza de su casa en el *Rawalistán* (El Raval).

Trabajar en vídeo es quizás recuperar el sueño, su visión sanadora, dibujar comunidad.

En el ser humano la identidad y la comunidad son prioridades junto con, quizás, la búsqueda del conocimiento. Están junto a la supervivencia y la reproducción en nuestro programa. Un programa que siempre se puede romper.

---

agent abu_ali< abu-ali@desorg.org > Sun 7/21/2002 6:02 PM

plof ahi estamos de nuevo en sistema suenyo... estoy de paso por bcn y voy a echarle un vistazo a mi casa.. .tiempo sin verla... a medida que me acerco se hace evidente que hay una fiesta... entro en la terraza o serie de terrazas y altiplanos de vegetacion corta y algo seca... alli estas tu y edu y otros ya sin nombres o rostros definidos... bolsitas de maria corren y dulcifican el aire... fragancia tostada... alegria calma... grupos grandes como de 30 o 40 personas forman circulos cogidos de las manos...como llamando convocando...t u y yo entramos en uno, alli estan los migos y familia del alma... el circulo no llega a cerrarse... solo unir las manos la cadena es recorrida por fuerzas casi incontrolables... el otro extremo de gente a veces cerca luego lejos... las manos ya casi se tocan y se separan... mas gentre entra...el circulo se cierra como en un dikr... un recuerdo... los cuellos se balancean hacia atras chupados por el cielo... contemplandolo en medio de grandes corrientes que nos traspasan... el cielo increible alli arriba alli al fondo alli fuera alli en una lente...las nubes forman figuras geometricas y deshilachados entre ellas... tomados totalmente emergidos en otra superficie en un banyo del arriba las manos se abren... nos abrazamos...que suerte compartir esto!...

Los maestros de la doctrina Advaita Vedanta, amigos de Toni, Nisargadatta Majarah y Ramana Maharshi (y más tradiciones no dualistas), comentan que no se puede buscar quién es uno (...o digamos un estado de éxtasis místico o poético) identificándonos con la conciencia que emana de la identidad con el cuerpo. De ahí sale el «¿quién soy yo?».

Thu 12/26/2002 2:18 PM

...allah o brahman o... el reino de lo continuo... que tan claramente revelan ciertos vegetales... La gota en el oceano...los universos como motas de polvo flotando en los haces de luz... maya el mundo de los objetos y sujetos y las clasificaciones inacabables no es creible por mucho que chuleé de apariencia... la mente esta ahi detras como gigantesco rotor de este mundo inexistente pedaleando para que la dinamo pueda alimentar la luz tenebrosa de su linterna... pero es mediodia en la conciencia!...

en fin...ya ves!

Hay que profundizar e ir a la verdad de la mente, la mente prístina o la luz clara, Prakāśa, Brahman / Altman... A través de la indagación se llega a la unión entre el sujeto que percibe y lo percibido. Los deberes empiezan contemplando la gran ilusión que proyecta la mente.

Esta es la teoría. Luego viene la puesta en práctica de ella con el cuerpo para acceder al render final.

¿Cómo se puede relacionar todo esto con el vídeo independiente...? La fusión del observador con lo observado (sujeto/objeto), el silencio, la suspensión del tiempo... parece que va en contra del funcionamiento del mismo dispositivo. El vídeo busca ser el transmisor de una nueva geografía no identificada, afín a las nuevas ficciones identitarias, a nuevos cuerpos y mentes. Nuevas cosmologías.

Observar el pluriverso con un artefacto que se ha diseñado para mostrar el universo, esta es una de las dificultades con las que nos encontramos. La tarea es buscar nuevas narraciones donde una colina pueda hablar del mar. Donde una ballena en las profundidades del océano pueda hablar con las cigüeñas en su imaginación de ser.

También se me ocurre que todos esos vídeos y palabras son para aprender a estar aquí y aprender a marchar de aquí.

Mon 5/24/2004 3:46 PM

aaaah... aaah... amasa la ganja consciente de la respiracion diafragma arriba abajo... contraccion del perineo..rellena suaves dedod con maria el xilum... el coño de parvati.. alzalo entre las manos..golpe a la frente... y a los labios... por ese extremo es su falo sutil... chupas... aspiras ... el esperma de shiva... nos fecunda... con su semen de luz... asciende por la columna vertebral atraves de un nadi... un conducto secreto mil veces mas delgado que un cabello... planta su semilla en pleno craneo... la flor de loto emerge en la coronilla... ouch!... bom shankar!... bom shankar!... bom shankar!...

se puede probar tambien con un simple vaso de agua...

ah malem!!!...bogota expresso sheikh nene...all the best

abu

Periferias

Catalina Serra[46]

El seminario llevaba por título «Pensar l'art, l'art pensant». Lo impartían Antoni Serra Pérez, Carles Ruiz Tossas y Marc Antoni Peris. Se iban turnando. El primer día, el 22 de febrero de 1984, lo abrió Toni con el siguiente programa: El lenguaje del desgarro (Hegel); duplicidad de la conciencia; duplicidad del lenguaje; formalización de la ausencia. La sesión introductoria la había hecho el día anterior Pere Salabert, el catedrático de semiótica del que Toni era ayudante en la Universidad de Barcelona. Lo sé porque a raíz de este artículo he buscado los materiales de la época, y los he encontrado. El programa e incluso los apuntes. Y también algunos artículos o ensayos académicos que escribí en aquella época.

El seminario es importante porque fue allí donde coincidimos un grupo de amigos que a lo largo de los años hemos mantenido la relación. Estrecha, constante, a veces intermitente, pero siempre fiel. Allí estaban Toni Serra, Rosa Llop, Gemma Freixas, Mercé Cantarellas... Fue un seminario importante porque éramos pocos, pero acabamos siendo amigos. Y también, porque allí están, en buena parte, muchos de los temas que han sido una constante en la obra de Toni Serra, tanto en su forma escrita como videográfica.

De aquella época, por ejemplo, es un texto, «Perifèries», que no lleva fecha, pero en el que él mismo señala que es «un escrito que es

---

46 Licenciada en Geografía e Historia por la Universidad de Barcelona. Ha trabajado en el campo del periodismo cultural, casi siempre en relación con el arte, la arquitectura y el diseño, en los diarios: *El día de Baleares*, Última Hora, la revista japonesa *Tostem View* (en colaboración con Toni Serra) y, desde 1990, en la delegación de Barcelona del diario *El País*, donde fue responsable del suplemento en catalán *Quadern* y jefa de la sección de Cultura entre el 2006 y el 2011. En mayo del 2011 se incorporó al diario *Ara* como subdirectora, cargo en el que ha coordinado el suplemento *Diumenge*, los diarios especiales, de artista y temáticos, y los dossiers del fin de semana. En la actualidad reside y trabaja en Barcelona.

la síntesis de un futuro trabajo mucho más extenso, el cual puede constituir la base de un proyecto de tesis doctoral». Debía ser, entonces, de 1982 o 1983, ya que la tesis la presentó en 1984 o 1985 y el tema fue el lenguaje del silencio. En este texto aparecen ya muchos de los autores que marcaron su etapa universitaria. Michel Focault, G.W.F. Hegel, F. Nietzsche, Ramon Valls, Samir Amin, R.N. Adams, Sigmund Freud, Jacques Lacan, J. Baudrillard, Antonin Artaud, Roland Barthes, Fassbinder, Bataille, Jean Genet...

El texto recorre los diversos significados del concepto de periferia, los significados ontológicos y urbanísticos, los significados artísticos y psicológicos. En el fondo, no deja de ser, como pienso que fue casi toda su obra, una crítica al poder, al poder central, al Poder con mayúsculas, al discurso dominante.

En las periferias, en todas, se mantiene el eco del poder porque es allí en donde es imposible disimular su fuerza y su injusticia aleatoria, pero también es donde aparece el espacio de la transgresión, de la sorpresa, de lo diferente, de lo otro. Este primer seminario —hubo tres— acababa con una sesión que tenía como conclusión: «La tradición nos dice: a más lenguaje, menos ausencia; a más ausencia, menos lenguaje. Nosotros proponemos la siguiente hipótesis: a más lenguaje, más ausencia; a más ausencia, más lenguaje del OTRO».

La alteridad, el otro, está en gran parte del discurso y la obra de Toni Serra desde siempre, desde el inicio. Pero lo buscó de muchas maneras y en sitios muy distantes. Y aunque, ahora, con la perspectiva del tiempo, entiendo finalmente que Toni era un artista y un filósofo, lo cierto es que en aquel momento, en aquellos años, el aprendizaje era vital, era discursivo, peripatético, amigable, intuitivo.

Era, fue, un hermano mayor, un hermano; alguien que avistaba el camino y advertía de lo que vendría aun sabiendo que, seguramente, no le harías demasiado caso. Pero no solo en aquellos primeros años universitarios me abrió caminos intelectuales. Seguramente, buena parte de la teoría sobre arte contemporáneo la aprendí de él y, sobre todo, gracias a él. Aprendí a estar alerta sobre el poder y las presiones que este puede llegar a ejercer. Toni también fue un compañero de viaje vital, siempre vigilante, siempre atento, siempre pendiente, aunque pareciera que iba tranquilo. «Ei, Catalina, una cosa, verás, creo que vais demasiado confiadas aquí por el Chino... Nosotros vigilamos, pero, en fin, estate al loro...». Noches de El Cangrejo, del Kentucky, de Les Enfants... Y años más tarde, seguía vigilante, atento. Informando de todo. Con Mont Marsà, su compañera entonces, me trajeron de Nueva York *The Ballad of Sexual Dependency*, de Nan Goldin, un libro que marcó una época. Con ellos, a principios de los noventa, viví y vibré con la transformación urbanística de la ciudad. Acabada de llegar de Mallorca y los primeros meses estuve en su casa, en la calle Legalitat de Gracia. Recuerdo que lo primero que hicieron cuando llegué de Mallorca para empezar a trabajar en Barcelona fue llevarme a atravesar el túnel de la Rovira recién inaugurado. Poco después fuimos los dos —los tres, ya que Mont hacía las fotos— corresponsales de una revista japonesa de diseño, *Tostem View*, que, pese a ser un trabajo alimenticio, nos hizo pasar buenos ratos y nos permitió colarles a los japoneses nuestras críticas veladas de la transformación olímpica.

Me perdí el año de *El Gibón* —un fanzine filosófico que escribían de forma anónima el colectivo de amigos— porque ya estaba trabajando. Viví desde cerca, pero a distancia, los años de Metrónom y de la revista *De calor*. La separación con Mont fue larga e intensa. Pero no había concesiones, nunca las hubo. Había que aceptarlo. Fueron años duros en la calle Avinyó, en una pequeña habitación que ahora sería infravivienda y entonces él lo vivía casi como un lujo. Tan austero y sobrio que era. Demasiado.

El vídeo ya formaba parte de su vida y en aquellos años, finales de los noventa, se sumergió en las entrañas del imperio, en los vídeos publicitarios y corporativos históricos de los Estados Unidos que acabaron integrando los Archivos de Babilonia. Él solía hacer referencia a ello. Fue un momento complicado para él. Aquello no era bueno para la salud mental de nadie y menos para la suya. Tiempos de tormenta psíquica y de experimentaciones y exploraciones. Amores, ayahuasca, viajes, amigos, lecturas... Y claro, La 12 Visual y después OVNI, realmente un proyecto extraterrestre que costaba, y lo sufrí como periodista, definir y presentar. ¿Era qué? Un colectivo de videoartistas. No, no exactamente, no iba de eso. Un colectivo de activistas. Tampoco. El vídeo era ensayo, era la excusa para poner sobre la mesa otros temas. Casi siempre periféricos. Casi siempre centrales, importantes. Lo ves con el tiempo.

En medio, el vídeo *Wahab*, un buen autorretrato de aquel momento inicial en el que navegaba por los subterráneos de la cultura barcelonesa y exploraba otras salidas en Tánger y más allá. Fue también un punto de inflexión. Llegaron los poetas persas, el sufismo, el islam y, sobre todo, llegó Marrakesh y Zoubida. Y se convirtió en el padre de Alí, en Abu Alí. Aquí empezó otra historia.

Pero, en el fondo, creo, aquellas periferias, las del inicio, siguieron resonando a través de Hakim Bey, de Fanon, de tantos y tantos escritores, artistas y amigos que poblaron estos años de encuentros de OVNI o de charlas y tardes de té en su terraza de la calle Codols. Con un poco de suerte, también de Duar Msuar. Allí, en los bordes, en la periferia, en los márgenes, era desde donde, pienso, le gustaba mirar el mundo.

Ciegos por las imágenes

Jorge Luis Marzo[47]

A Toni Serra lo traté mucho entre 1989 y 1996 y como a otræs muchæs, tuvo una gran influencia en mí. Supe de él cuando yo tenía 22 años, en octubre de 1987, recién licenciado. Toni tenía entonces 26. El monográfico sobre el sacrificio que él había dirigido y publicado ese año para la Sala Metrònom de Barcelona me impresionó. Cómo él, yo había hecho Historia del Arte, —¡cuántas veces hablaríamos de esto!—; ambos la habíamos sufrido en la Universidad de Barcelona a causa de un historicismo enquistado y de un vacuo formalismo: «Esto es historia del arte, no filosofía», decía el afamado profesor de Barroco.

En aquel monográfico, cosido con diversas miradas antropológicas, psiquiátricas, literarias, científicas, semióticas, cinematográficas, filosóficas, artísticas, se podía entrever otra forma de pensar (en) la imagen; un modo iconológico de investigación e interpretación que abría las puertas a otra posmodernidad alejada de los demiurgos genialistas del mercado, la marca y el brilli-brilli imperante en una década que muchæs abominábamos.

Los escritos de Aby Warburg eran desconocidos entonces en España, pero es evidente que el interés de Toni por la ritualidad transitaba en la misma dirección. La elección del sacrificio como

47 Historiador del arte, doctor en Estudios Culturales, y profesor en BAU, Centro Universitario de Artes y Diseño de Barcelona. Desde principios de los años 1990 ha desarrollado numerosos proyectos de investigación nacionales e internacionales, en formatos comisariales, audiovisuales y editoriales, a menudo en relación a las políticas de la imagen. Los más recientes son: *Tristes pupilas. Vida y muerte de las mascaronas de proa* (Sans Soleil, 2025); *La curva. Patologías gráficas* (Cátedra, 2024); *Biennal 2064* (Bòlit/Virreina/CCCC, 2023); *Actuar en la emergencia. Diseño y pandemia* (RAER, 2021-2024). Es co-autor del manual de referencia *Arte en España 1939-2015. Ideas, prácticas, políticas* (Cátedra, 2015).

hilo conductor de aquel número no podía ser más definidor: mirar las patologías de la imagen, sus márgenes, sus gestos descartados. Me fascinó.

En agosto de 1989, lo entrevisté para un largo artículo dominical que me habían pedido en el diario *Avui*[48]. Recuerdo a un tipo tímido de maneras suaves, de un hablar pausado, que no parecía estar muy seguro de nada y que temía dar respuestas cerradas. Sin embargo, desplegaba razonamientos de una gran sensibilidad micropolítica, muy atento a los cambios en la producción cultural del país, muy hábil a la hora de vislumbrar los senderos que se abrían en la maraña de paradojas. Esas formas suyas de estar, mirar, hablar y callar nunca lo abandonaron.

Muchos años después —sería hacia el 2012 o así—, cuando él ya llevaba tiempo cerca de Marrakech con el nombre de Abu Ali, quedamos a tomar un café en un bar de El Raval. Hacía mucho que no lo veía. Me encontré al mismo Toni de siempre, de ojos esquivos pero amables, de voz tranquila, de sonrisa suave y algo enigmática. Era un maestro a la hora de bajar los problemas a ironías concretas. Al hablar sobre la realidad de la vida en Marruecos me dijo entre risas una cosa que nunca olvidaré: «La lavadora, me gustaría tener una lavadora, es lo único que echo a faltar». Toni no se fue a Marruecos en busca de un exilio interior ni nada parecido, creo; se fue porque buscaba la poesía en la vida diaria, pero incluso en ese viaje las paradojas viven en los márgenes de los márgenes, como la lavadora. *Touché*.

Fue también en 1989 cuando Toni me llamó para proponerme la redacción del texto del catálogo que acompañaba una exposición de Carlos Pazos en la sala Metrònom. Por entonces, Toni ya era el coordinador de la sala, abierta en 1984 en el barrio del Born de Barcelona por el empresario textil Rafael Tous y su entonces esposa, Isabel de Pedro. Ambos eran grandes coleccionistas de arte conceptual. Metrònom siempre había hecho una fuerte defensa del conceptual catalán y Toni se sentía muy cerca de ellos. En aquellos años, cuando vivían en Gràcia, fue cuando empecé a frecuentarlo

---

48 Puede descargarse aquí: https://www.soymenos.net/metronom.pdf

más y a Mont Marsà, diseñadora y compañera suya. Y también fue cuando Toni empezó a interesarse en profundidad por el vídeo como método poético de análisis de algunas de las cuestiones que más le intrigaban: la alienación de los medios de comunicación de masas y la vida que se esconde tras el frío. En aquel proceso conocí a quienes eran algunos de sus más íntimæs colegas, entre periodistas, artistas y poetas.

En 1991, Toni viajó a Estados Unidos con una beca de la Generalitat. Estuvo residiendo un par de años en Nueva York, concretamente en Brooklyn. Allí conectó intensamente con la espiritualidad —social y políticamente cargada— de algunas comunidades marginales, especialmente afroamericanas; éstas a la postre, alimentarían su posterior abrazo a la poesía y a la filosofía sufíes una vez afincado en Marruecos, lugar que ya nunca abandonó.

De todas las cosas públicas que conocí de su estancia americana subrayaría dos: la primera, la importación a Barcelona de algunos modelos colectivos de creación y gestión comunitarias; la segunda, su vídeo *Pura fe* (1991), que nos dejó a todos flipados. Lo que parecía la verborrea de un charlatán iluminado fue convertido por Toni en un poema de una fuerza extraordinaria, mayúscula. Aquel trabajo era diferente al resto de la producción videográfica nacional que yo había visto. Muy diferente. Pero él también estaba mutando.

Coincidí con él allí gracias a una beca de investigación que también me habían concedido. De entre la gente que me presentó, recuerdo vivamente a una pareja, Tom Damrauer y Diane Bertolo, con la que estaba muy vinculada y que tuvo mucha influencia en él por aquel entonces. Me dio la sensación de que eran como dos ángeles protectores y, al mismo tiempo, acicates literarios, filosóficos y políticos. Era una época en la que le noté más agitado y a veces taciturno. Se le habían despertado allí pesadas dudas sobre el objetivo y el carácter de su trabajo y de su propia vida. Se hacía evidente que las cosas estaban cambiando dentro de él.

Ese mismo año, 1991, fui nombrado comisario de la programación anual de la Sala Montcada de la Fundació La Caixa. Uno de los proyectos que propuse era una serie de performances. Enseguida me dirigí a Toni con la idea de que, en vez de hacer un catálogo de papel, hiciéramos un vídeo-catálogo. Me dijo que sí, con la condición de tener total libertad creativa. Durante varias semanas compartimos algunos viajes, rodajes y mesas de edición. Disfruté y aprendí mucho, pero también Toni puso distancias, porque acaso (en el fondo) lo último que él quería hacer eran documentales para una institución bancaria. Si uno ve el resultado, titulado *7 performances* (1992), queda claro que no hay un reportaje menos institucional que aquel; una suerte de tristeza recorre todo el metraje. Al acabar, regresó a Nueva York.

Y de Nueva York regresó a Barcelona en 1993, si mal no recuerdo. Empezó a dar clases en IDEP, una escuela de diseño. Fue gracias a él que me llamaron a mí también. Nunca olvidaré una llamada de Toni instándome urgentemente a darme de alta en el Colegio Oficial de Filosofía, Letras y Ciencias de Cataluña, lo que me sorprendió mucho porque era el tipo de institución que no te imaginas en la vida de Toni. La razón era simple: acababan de abrir un sistema para que pagando una pequeña cuota te libraras de pagar autónomos. Muchæs nos acogimos en masa a esa cosa y con un simple certificado pudimos sortear durante años las caricias de Hacienda. Después, cuando ya te haces mayor, descubres que son años no cotizados y que no nos comeremos un rosco en la vejez, si esta llega.

En todo caso, Toni ya estaba metido en asuntos societarios. En 1992 se había formado en Barcelona el colectivo de videoartistas La 12 Visual del que Toni fue co-fundador, pero en 1993 se produjo una escisión —capitaneada por él mismo— que daría pie a la constitución de OVNI (Observatorio de Vídeo No Identificado). Este hecho le supuso la aparición de fuertes enemistades con algunos miembros del primer colectivo[49]. El videoartista Jacobo Sucari definió aquellas dinámicas creativas como «sujetas al espanto, no al amor». Efectivamente, se trataba de producciones videográficas sobre los medios y sus efectos distópicos en la

---

49 La 12 Visual tuvo como núcleo central a Eduardo Díaz, Xabela Vargas, José María Palmeiro, Nuria Canal, Joan Leandre, Toni Serra y Xavi Hurtado. Para un breve análisis de la trayectoria de *La 12 Visual* y *OVNI*, ver J.L. Marzo, P. Mayayo. 2015. *Arte en España (1939-2015). Ideas, prácticas, políticas*. Madrid: Cátedra, pp. 609-612.

configuración de un siniestro paisaje social, que adoptaban metodologías herederas de la antipsiquiatría, del situacionismo, de las experiencias drogoinducidas, de la literatura deudora del surrealismo, de los beatniks y de algunas plataformas de guerrilla televisiva de Estados Unidos.

Ir a visitar a los de OVNI, a Toni, Hurtado, Leandre, Canal, Palmeiro, era entrar en una nube de porros y viajes y el resultado fue extraordinario. Mediante la apropiación y des/re/montaje, los miembros de OVNI sacaron lo que no temo en llamar obras maestras. Por señalar una de Toni: *Wahab*, el baile de una simple bolsa de plástico al son del viento, que marcaba el camino que Toni emprendería poco después. Cuál no sería mi sorpresa cuando vi la película *American Beauty* (1999) y me encontré el homenaje que se le hacía, seguramente involuntario.

En 1993, junto al galerista Carles Poy decidimos sacar adelante una revista capaz de canalizar nuestras inquietudes intelectuales, creativas y activistas. Queríamos formar una dirección colegiada y enseguida propuse a Toni, no solo por su visión de las cosas sino también por su experiencia editorial en Metrònom. Aceptó encantado y se nos unieron Mont Marsà (diseñadora) y Jesús Renau (filólogo). Los cinco editamos el primer número de *De Calor* en diciembre. La influencia de Toni fue determinante en el perfil de aquel número inaugural: la portada, el reportaje sobre la cárcel Modelo, las ilustraciones de Martí, la participación de Jacobo Sucari y Xavier Sabater, todo ello ejemplo de su querencia por acceder al conocimiento desde el pensamiento marginal. De hecho, la portada fue una locura. En los quioscos ponían la revista en la sección pornográfica. Lo que nos reíamos en el bar Kentucky con eso. Sin embargo, precisamente por esa fulgurante oscuridad, se produjo el choque entre algunos miembros del equipo. Carles y Jesús abandonaron abruptamente el proyecto, pero se incorporó Tere Badia (historiadora del arte y gestora cultural) y mi pareja por aquellos días. Mont, Tere, Toni y yo sacamos otros dos números en

1994 y 1996[50]. El cuarto número tenía que tratar de la ventriloquía, sobre la que les di mucho la tabarra en aquellos días, pero las rupturas sentimentales y también nuestra negativa común a entrar en la rueda asfixiante y agotadora de buscar publicidad lo impidió.

Fue precisamente en el número 2 de *De Calor* (1994) donde Toni publicó un texto titulado «Test de empresa». En él, reprodujo el delirante cuestionario MMPI de la Universidad de Minnesota creado en 1943 y que aún se utilizaba para hacer evaluaciones en las entrevistas de trabajo. De esa investigación nacería su vídeo *Minnesota 1943* (1995), un trabajo que me dejó anonadado y que aún sigo poniendo en clase, treinta años después. No sé muy bien cómo explicarlo: ¿Cómo era posible desnudar de ese modo la suave piel de la publicidad y el consumo haciendo aflorar todas las patologías que se esconden debajo?

Hacia finales de 1996 dejamos de frecuentarnos tanto. Él, cada vez más en Marruecos, yo por aquí y por allá. Volví a coincidir con él más tarde, varias veces, por ejemplo, en 2002, cuando hizo la exposición *Fez. Ciudad interior* en el CCCB. Un trabajo impresionante. La única pega es que me enteré después que nos había «robado» el premio Ciutat de Barcelona de aquel año, a cuya lista final habíamos llegado con la muestra *El corazón de las tinieblas*, exhibida en la Virreina. El premio venía con una pasta que le ayudó mucho entonces, eso me consta. Cada vez que le daban un premio —y fueron varios e importantes— podía vivir en Marruecos durante muchos meses. Toni siempre fue frugal y asceta con el dinero y los premios le hacían un gran favor para no tener que agobiarse cuando no lo había.

Acabo. Siempre le tuve una envidia secreta, lo confieso, ¿y quién no? Tenía una fantástica capacidad de captar la atención de las personas con una simple palabra. Durante el café que tomamos en aquel bar de El Raval hacia 2012 me habló de un antiguo poeta sufí sirio llamado Mahmoud Shabistari. Y me recitó un verso que se me

---

50 Se pueden descargar aquí los tres números:
https://www.soymenos.net/de%20calor%201_low.pdf
https://www.soymenos.net/de%20calor%202%20low.pdf
https://www.soymenos.net/de%20calor%203%20low.pdf

grabó en el hipotálamo: «Están ciegos, solo ven imágenes». ¡Cuántas cosas no habré hecho o pensado con esa idea tan provocadora en la mente!

Bibliografía

J.L. Marzo, P. Mayayo. 2015. *Arte en España (1939-2015). Ideas, prácticas, políticas.* Madrid: Cátedra, pp. 609-612.

J.L. Marzo, «Entrevista a Toni Serra». Diario *Avui*, 27 de agosto de 1989.

Revista *Metrònom*, monográfico sobre el sacrificio, nº 1, Barcelona, octubre de 1987.

Revista *De Calor*, nº 1, Barcelona, diciembre de 1993.

Revista *De Calor*, nº 2, Barcelona, junio de 1994.

Revista *De Calor*, nº 3, Barcelona, mayo de 1996.

En palabras de Toni Serra *) Abu Ali

La gente invisible[51]. Melodías urbanas: disidencias, resistencias

toni serra 2006

El presente escrito no quiere describir una objetividad o una rigurosidad en el texto como intentar seguir el frágil hilo de unas situaciones, unas voces y unas subjetividades cada vez más silenciadas e intermitentes. El que esas otras visiones y preocupaciones presentes en la calle, y en la vida diaria de la ciudad, sean en gran parte ignoradas, o simplemente instrumentalizadas en el debate político, nos da ya pistas de la urgencia de la situación.

La mejor tienda del mundo
Barcelona está viviendo un momento muy particular y probablemente decisivo respecto a su futuro inmediato. Y una vez más, parece que la ciudad social entiende mejor la situación que la ciudad política, pero es ésta la que detenta el poder, la que decide cómo se invierte el dinero de todos, dónde y por qué. La verdad es que parece mucho más sensible a las voces procedentes de la concepción del mercado global y de la visión satélite que a las voces que proceden de la calle y de la vida cotidiana, realidad que a menudo demuestra ignorar, descubrir con retraso o que simplemente se le impone en situaciones ya catastróficas.

La ciudad padeció gravemente el franquismo y, en contra de todas las expectativas, el llamado período de transición democrática

---

51 Aunque el regreso a la Barcelona a la que se refiere este apartado y la Barcelona descrita en este texto de Toni no coinciden en el tiempo, los editores hemos considerado que lo descrito por Toni aquí es consecuencia, en buena medida, de la Barcelona que encuentra a su regreso de Nueva York a comienzos de los años noventa.

dibujó una realidad diaria bastante gris y desencantada. En resumen, podríamos decir que pasamos de la dictadura patriarcal al capitalismo de alta velocidad en un tiempo récord y lineal. Aunque en Barcelona este proceso fue matizado por la versión local de la socialdemocracia, los puntos clave y la dirección de esta verdadera transición han sido poco o nada cuestionados. De forma progresiva se ha aceptado dogmáticamente la bondad *per se* de la mercadotecnia convertida en ideología, y sus eslóganes han ido implantándose en el tejido vivo de la ciudad. Esto ha ocurrido con la ayuda de los sectores más conservadores que además ven la posibilidad de mantener —o recuperar— los pocos privilegios cedidos, con el atractivo concepto de la *competitividad permanente* no hay descanso. Así, se ha pasado de la timidez de «Barcelona, ponte guapa» al ya más atrevido «situar a Barcelona en el mercado internacional de las grandes ciudades competitivas», y al definitivamente eufórico «la mejor tienda del mundo».

Cuando, por fin, después de años de abandono y represión dictatorial, la ciudad empezó a afrontar las obras y las intervenciones urbanas que tanto necesitaba, aparecieron ideas, debates y actuaciones interesantes y llenas de sentido común; en otros casos, sin embargo, se imponía la actuación a distancia, es decir, proyectos realizados en despachos lejanos por personas poco conocedoras de la problemática concreta de la gente que vivía en la ciudad, y a veces poco interesadas. En otras ocasiones, el sentido común era desplazado por la espectacularidad. El peso de la actuación y de las decisiones fue cayendo en manos de arquitectos, y algunos de ellos se convirtieron en grandes patricios: ¿recuerdan aquella imagen de Oriol Bohigas, vestido elegantemente con un traje al estilo colonial, con un gran mapa de Barcelona a sus pies? Fue elegida, ampliada y reproducida con toda naturalidad.

Cuando las actuaciones aumentaron de potencia, empezaron a quedar bastante claras algunas cosas respecto al modelo elegido, por ejemplo, en relación con el transporte público o privado. Otras actuaciones urbanísticas, sobre todo en la remodelación de barrios, parecían responder en exceso a un modelo ilustrado decimonónico, demasiado abstracto respecto a los lugares donde se actuaba, y se notaba la falta de una concepción más empirista, práctica, enriquecida por el trabajo de campo. Parecía un elegante debate de alto nivel teórico, hasta que fue quedando en evidencia que la práctica era mucho más cordial con los intereses inmobiliarios que con las necesidades de las personas de esos barrios. Las obras se prolongaban por décadas y no se prestaba mucha atención hacia la gente que las tenía que aguantar: una generación entera creció así, por ejemplo, en el llamado —por los vecinos— *forat de la vergonya*. Demasiada gente en Ciutat Vella, viendo lo que pasaba en el barrio vecino, aprendió que cuando su zona finalmente se arreglaba no era para ellos, sino para la gente que les iba a sustituir.

Pero decíamos que éste es un momento especial, y lo es porque la inmigración ha desvanecido los nubarrones de lo que parecía casi una endogamia inexorable, que aburridamente nos proponía parte de la burguesía local. Barcelona está viviendo por vez primera en su historia moderna un grado de multiculturalidad impensable hace solo unos pocos años. Existe una inmigración de características y fuentes muy variadas, que aporta la experiencia de vivencias sociales y políticas a menudo dolorosas, con frecuencia alentadoras, con hábitos, ritos, religiones y visiones del mundo polifacéticos. Es importante que la posibilidad de diálogo que se abre a partir de ese hecho se produzca en el marco de una sociedad abierta al intercambio y al contraste, y que tenga la suficiente fuerza para modificar aspectos clave de nuestra cultura, si creemos que esto es en beneficio común. Cuando es así, el resultado es siempre mutuamente enriquecedor: en nuestro caso, para liberarnos de la parte más envarada de nuestra cultura, aquella que nos está volcando a una noción y un uso del mundo que cada vez más personas reconocen no solo como injustos, sino también como equivocados y autodestructivos.

Sin embargo, los *mass media* repiten una y otra vez los estereotipos acerca de las «olas de pobres desheredados llenos de necesidad que llegan a...». No vamos a juzgar aquí la veracidad de esa visión, pero sí su completa parcialidad y, todavía más, el hecho de que impone, bajo una lírica falsamente humanista, las bases estrictas de las relaciones que se deberán establecer, las reglas del juego. El racismo tiene muchas formas y ninguna de ellas es mejor que la otra. Son simplemente peldaños, pero la base siempre es la imposición de la superioridad innata y/o cultural de unos sobre los otros como primer punto de interlocución. El estado de necesidad de los inmigrantes es la prueba de la supuesta inferioridad de su cultura y el hecho de que nos elijan a nosotros como *mundo desarrollado*, como *puerto de esperanza*, es la prueba de la supuesta superioridad de nuestra cultura. Evidentemente, ambas cosas son falsas y es muy importante darnos cuenta de que la falacia va dirigida a las dos vertientes: tanto a los *otro* como a *nosotros*; se nos engaña doblemente y, como resultado de ello, en el mejor de los casos el discurso de recepción a los inmigrantes tendrá un tono caritativo, comprensivo, pero nunca un diálogo entre iguales, nunca el intercambio de experiencias, saberes, dolores... nunca el comentario desjerarquizado sobre las vivencias que los pueblos han pasado, las estrategias de lucha, de celebración o de esperanza que podemos compartir. Al contrario, un mundo separado por *otros* y *nosotros*, donde unos reciben la infravaloración de su cultura, en el sentido fuerte de cosmovisión, de saber sobre el mundo, de prácticas que solo serán aceptadas en su aspecto más *light*, en su folclorismo; y «nosotros», la máscara de una autosatisfacción vacua que nos impedirá tan siquiera sospechar nuestras propias miserias. Paradójicamente, pero de forma muy reveladora, el proceso de aculturación, es decir, el extrañamiento de la cultura propia —y desde ella, la mirada a la propia realidad—, en ambos casos se impone, lo sufrimos todos. Esto es una prueba más de la inoperancia de la distinción *otros/nosotros*, como por fortuna nos recuerda el lenguaje: nos(otros), nosotros incluye, somos, los otros.

Pero... hablemos de necesidades. En primer lugar, no podemos olvidar que la voracidad del sistema económico de los países *desarrollados* es, como mínimo, una de las principales causas de las carencias en otros lugares, y se expresa de nuevo con la imposición de un comercio injusto, desigual, donde el fuerte impone las condiciones de contrato a países que, además, han sido creados *ad hoc* por el proceso colonial y por la implantación de élites locales propicias. En segundo lugar, a través de los *mass media* se exporta y se impone por todas partes, con toda naturalidad, la perspectiva única y etnocéntrica de la pobreza y la riqueza, utilizando grandes cifras e incluyendo, junto con criterios más o menos razonables (pero descontextualizados), otros criterios totalmente arbitrarios y excluyendo otros por insignificantes (¿para quién?).

Así, por ejemplo, la cantidad de teléfonos móviles, televisores y coches por familia resulta decisiva y, en cambio, la cantidad de trabajo necesario para conseguir comida o vivienda se considera una extravagancia. No es éste el sitio donde extenderse en dichos conceptos, pero sí es un buen lugar para recordar que se nos impulsa a asumir con demasiada facilidad la falta de tiempo, los estados de estrés continuo, la manipulación descontrolada y especulativamente interesada de los alimentos. Concretando más, en nuestra ciudad, los niveles de contaminación acústica, la polución generada por el puerto, la baja calidad del agua que ofrece la compañía suministradora y la altura de sus rascacielos, la falta de guarderías y el abandono de los mayores, etcétera. Es decir, con una mínima capacidad de vernos o vivirnos desde fuera, nuestro grado de *necesidad* se revela con mucha mayor severidad de lo que creemos, con un agravante: es así no por falta de recursos, sino por elección de modelo. Y pese a ello, permanecemos sordos a otras posibilidades.

Sin embargo, aquí se añade una cuestión tanto o más importante para el caso que nos ocupa: ¿quién tiene mayor necesidad, los países emisores de migración o los receptores? La economía de los países *avanzados* (por cierto, avanzados... ¿en qué dirección?) hace tiempo que está basada en la mano de obra inmigrada —el *milagro* económico de la agricultura española es un buen y conocido ejemplo—. La imposición de jornadas y condiciones de trabajo que los libros de historia denunciaban en modelos sociales ya extintos (?), está de nuevo a la orden del día. Los trabajadores ilegales son una necesidad de este sistema, no un accidente.

¿Quién tiene mayor necesidad? La pomposa y mercantilista cultura occidental está alejada tanto de la vida diaria como de la crítica efectiva de los esquemas de valores que nos asoman a un mundo inhabitable, incapaz de llevar a cabo la *transmutación de los valores* que un cambio —o, simplemente, una salida— de modelo reclama. La necesidad, pues, de dialogar de igual a igual con otras culturas que tienen conocimientos que aquí hemos perdido, o que la *dominación política y religiosa* a lo largo de nuestra historia nos ha robado o nos ha impedido desarrollar, es clave en términos de supervivencia y beneficio mutuo. El diálogo es la base para el intercambio real de conocimiento, la base para su desarrollo, y una forma de conocer no solo los supuestos otros, sino también a nosotros mismos y nuestro entorno. Históricamente, esta convivencia activa y participativa ha sido la base de sociedades avanzadas desde un punto de vista cultural, político (en libertades) y económico. Su negación, por derecho o por hecho, ha abierto períodos de decadencia y represión generalizadas que nuestra historia conoce demasiado bien.

Hasta hoy, en la sociedad civil ese diálogo ha tenido varios resultados. En algunos barrios de la ciudad, parece que el peso de la máquina mediática, la repetición de los estereotipos, las ya décadas de *telebasura* y el *update* de prejuicios del período abracadabrante del PP [Partido Popular] han llevado a esa convivencia a situaciones límite, donde los derechos más básicos de los inmigrados han sido primero aplastados y, después, silenciados, tal como, en su momento, lo fueron las voces de la inmigración nacional que configuró esos barrios. Es un síndrome triste, pero empieza ya a ser previsible y nos puede dar algunas claves de oscuros futuros. ¿O volveremos a poner cara de asombro?

Las mejoras básicas que ha vivido la ciudad en los últimos veinte años han contribuido, en otros casos, a la ciudad social, es decir, la que de hecho está volcada a la convivencia diaria en las calles, los comercios, las escuelas, etcétera, y que, a menudo, acepta con naturalidad este diálogo de culturas, lenguas, comportamientos. Este diálogo, en ocasiones, se da en condiciones sociales difíciles, por no decir condiciones límite. Se da a pesar de las poquísimas ayudas, bajo una presión policial y económica continua, y sin los centros sociales, religiosos, etcétera, que esas comunidades de inmigrados reclaman, sin que tampoco puedan autogestionarse; con una parte de la población local en condiciones extremas: personas mayores, parados, antiguos arrendatarios, etcétera. Y, pese a todo, el resultado de dicha cotidianidad es, con frecuencia, la celebración espontánea de la convivencia y un cierto grado de autonomía social, como sucede en general en el barrio de El Raval, entre otros lugares. Sin embargo, no podemos olvidar que esto está ocurriendo bajo un estado que gran parte de la población afectada define ya como un estado de asedio social y económico, bajo una violencia especulativa y laboral que no disminuye.

Mientras, en este mundo de grandes pantallas, vallas publicitarias, manuales, folletos de barrio, industria expositiva y fórums, los propios afectados se descubren retratados como sujetos pasivos de la gran y costosísima maquinaria espectacular que han desarrollado las instituciones. Ven cómo su lado más atractivo es estereotipado, falseado en eslóganes de promoción turística, y sus numerosas preocupaciones y miserias más urgentes son ignoradas o aplazadas con regularidad. Como siempre, el auténtico fórum de las culturas, afortunadamente en minúscula, se da en la calle día a día, y está descuidado, maltratado y en peligro.

Por ello, al principio del presente escrito hablábamos de que la ciudad se encuentra en un momento muy especial y largamente esperado. O se atienden las necesidades reales de esta ciudad o este momento se va a perder. Si se pierde esta oportunidad vamos a perder todos; perderemos la riqueza humana que genera y sufriremos conflictos. Y los ganadores van a ser pocos; uno muy probable —lo es ya— es el proceso de «parquetematización» que ya se ha puesto en marcha y del que disponemos de varios ejemplos: barrios donde el espacio público es sistemáticamente reducido, vendido a establecimientos que de forma progresiva son controlados por franquicias y cadenas, plazas sin bancos públicos y repletas de terrazas comerciales, comercios de todo tipo dirigidos a los visitantes, al turismo internacional, al nacional o incluso al de otros barrios, pero nunca a la población local.Hiperproliferación de la industria del ocio con horarios extravagantes, que afectan incluso la recogida de basura. Y, en todas partes, precios de fantasía, que acabarán expulsando a todo el mundo, menos a una minoría socialmente privilegiada, que permanecerá —¡también ella!— encerrada en una sociedad literalmente simulada: en la antigüedad, en la modernidad, en la multiculturalidad, en la afabilidad, todo será un decorado. Una sociedad de formol, una cajita de metacrilato llena de policías y agentes de seguridad privados. Una comunidad social bonsái, extremadamente atractiva... para las inmobiliarias. ¿No nos lo podemos ahorrar? Existen alternativas y hemos visto que están aquí, en la propia realidad diaria; debemos escucharla, sintonizar las melodías urbanas que la propia comunidad genera, dejar espacios para la autonomía social. Es necesario redirigir los enormes gastos que no benefician directamente a los ciudadanos y descentralizar su gestión. Debemos cuestionar el modelo elegido antes de que *la mejor tienda del mundo* nos venda a todos.

Recientemente hablábamos de dos términos que, en este momento de conflictos, afectan a gran parte de la humanidad: resistencias y disidencias. Ahora, pensemos en ello a escala local: ¿existe espacio para la disidencia? Es evidente que, a nivel ideológico y de opinión, sí. En cuanto a difusión y acceso a los *media*, no tanto. A escala social, para nada. Cada vez es más difícil vivir al margen de esa economía expansiva, agresiva y que, además, increíblemente se pretende al margen de toda ideología. Cada vez es más difícil escapar de los conflictos que nos crea esa economía y de vivir imaginarios sociales, culturales y vitales, diferentes a los que se nos impone. Cada vez es más difícil poder elegir vivir con unos recursos justos, sin entregar la vida al consumo y al trabajo y dejando espacio a la propia vida, a la intimidad, a las comunidades no prefabricadas. Y si no se deja espacio a la disidencia aparece la resistencia, y, si ésta es vencida, peor para todos.

Sintonizando a la gente invisible

En los últimos años, la producción de vídeo independiente en la ciudad ha hecho emerger opiniones y preocupaciones que de otro modo mucha gente no podría conocer. Entre otros trabajos, destacan *La Barcelona que no se ve, la Barcelona que se esconde, El*

Forat, Passatge Cusidó..., un adéu, Paterem el Fòrum y *El encierro en la iglesia del Pi*[52]. Queremos incluir la transcripción de uno de estos trabajos, *La Barcelona que no se ve, la Barcelona que se esconde*:

[...] La persona que conserva una mínima dignidad dice: cojones, pero si yo aún valgo para trabajar, ¿por qué no me dan trabajo? Yo me siento bien para trabajar, tengo ganas de trabajar, y tengo unas cualidades que he aprendido durante muchos años, ¿por qué no me dan trabajo? ¿Qué coño he hecho yo, qué demonios he hecho yo para que se me castigue así? ¿Porque he llegado a viejo? ¿Porque soy viejo? ¿Porque soy mayor? No soy viejo, yo no me siento viejo, me siento mayor, pero aún puedo trabajar, tengo condiciones físicas para trabajar, pero no me quieren dar trabajo, me miran la cara, mi aspecto tampoco es de... No soy un Robert Redford, entonces no me dan trabajo. La calle es muy dura, es muy dura, y además la gente que vive en la calle son como perros, unos contra otros por instinto de supervivencia. Se reúnen por clanes, y yo ¿qué le voy a decir?, pues nada, el cabreo, el derecho al pataleo, pero nada, yo no voy a hacer daño a nadie, no voy a ir a robar, no voy a ir a atracar, porque mi dignidad de ser humano me lo impide. No voy a humillar a nadie, no voy a causar daño a nadie porque soy un ser humano y respeto a los demás seres humanos que no me respetan a mí.

Y para que los turistas vean que Barcelona tiene un Fórum de las Culturas, que hace grandes Olimpiadas, grandes obras, pues la gente pobre, la gente enferma, miserable, tiene que desaparecer de la vista. Si la guardia urbana te ve una manta, un paquete o un *top manta* para comer aquel día, te lo va a quitar, te lo va a quitar y no le importa que estemos

---

52 *La Barcelona que no se ve, la Barcelona que se esconde (captura al Raval)*, 17'. Blanca Isabel Cardoso, Enrico Missana, Fátima Kamal y Marta Cortiona. Talleres coordinados por los archivos del observatorio OVNI, con la colaboración del TEB y del CCCB. Barcelona, 2004.

- *El Forat, 75'. José María V. Peña. Barcelona, 2004.*
- *Passatge Cusidó, un adéu, 30'. Jordi Secall, Manel Muntaner, Yolanda Bermúdez y Txema Alonso. Barcelona, 2004.*
- *Paterem el Fòrum, 20'. Un trabajo colectivo con cámaras independientes en Okupem les Ones. Barcelona, 2004.*
- *El encierro en la iglesia del Pi, 20'. Rabia Williams. Barcelona, 2004.*
- *Este y otros trabajos fueron proyectados en el último OVNI Resistencias y son de libre consulta en los archivos del observatorio OVNI.*

a 12° bajo cero, le importará un pito, mejor si te mueres porque eres un parásito social, eres un estorbo que estás por ahí, ¿qué coño pintas en la vida? ¿Me entiendes? Y eso que tenemos un ayuntamiento progresista y de izquierdas; si fueran de derechas nos disparaban directamente un tiro en la nuca... Que yo recomendaría también esto, porque quizás sería una forma de aliviar a mucha gente que va a morir en la calle sintiéndose como condenados...

Ves a gente enferma, realmente enferma, que casi no puede ni andar, y tiene que ir a buscar su platito caliente a las diez y media de la mañana a las Hermanas de Calcuta para poder sobrevivir un día más... ¡Un día más! Hay momentos en que te coges una depresión que te hundes, pero como no puedes ir a ningún psicólogo, ¿sabes?, no puedes estar deprimido porque si no mueres. Una de dos: o te levantas la depresión y te curas solito o te dejas morir. No hay alternativas, aquí ya no hay alternativas. Tampoco puedes buscar ayuda de nadie porque, bueno, puedes ir al asistente social, pero el asistente social te remite al FIRMI, te tramita, no sé, el que vayas a un comedor social, pero esto no es ninguna solución al problema.

Los muertos que hay por la calle aquí no se ven, en la India se ven, pero aquí no se ven, pero todos los días mueren personas por la calle, abandonados, enfermos de sida... Claro, que a veces es por ignorancia, por dejadez de las personas; eran personas que han perdido ya el equilibrio. Pero cuando lleva años en la calle, le aseguro que la gente se vuelve loca, ya no se recupera. O sea, caes en un pozo en el que si no te ponen una mano, si no te echan una mano, ya no sales del pozo; por ti solo no tienes medios, por ti solo no tienes fuerzas para salir, necesitas que alguien te ayude. Esta mañana, un chico de Suramérica, un suramericano de dieciocho años, en la plaza Cataluña llorando, llorando porque tenía hambre, simplemente tenía hambre, y lloraba porque tenía hambre, y lo hemos acompañado a las Hermanas de Calcuta para que le dieran de comer, porque el hombre se encuentra en un país que no conoce, unas costumbres que no tiene ni puñetera idea de cómo funcionan y, claro, él en su *selva* posiblemente sobreviviera, pero es que aquí no sobrevive, no conoce nada, no sabe nada, la gente lo margina, lo desprecia con racismo, ¿entiende? Hay también un factor racista, no confías en las personas de quien no conoces sus costumbres. Son costumbres diferentes, culturas diferentes y de momento te inspiran desconfianza, y si además hay un sector determinado que, por ejemplo, se dedica a la delincuencia… Pongamos que hay cien mil musulmanes en Barcelona y dos se dedican a la delincuencia. Para ellos todos los musulmanes son delincuentes, sus costumbres son diferentes, su religión es diferente, sientes miedo porque no los conoces, es el miedo de la ignorancia. Luego, pues, gente suramericana, gente eslava… Y yo quisiera recordar ahora aquí que los italianos que emigraron a América a principios de siglo se tuvieron que apoyar entre ellos de tal forma que crearon auténticas organizaciones que pusieron en jaque al mismo gobierno de Estados Unidos, ¿no? Que no repitamos nosotros por insolidarios, que no nos pase a nosotros por insolidarios también. ¿Entiende lo que le estoy diciendo? Que nuestra falta de solidaridad no haga que las personas que vienen de fuera se tengan que organizar entre ellos para hacer cosas para sobrevivir. Que para sobrevivir hagan cosas que estén fuera de la ley.

Es que me parece a mí que, de nuestros políticos, ninguno ha leído historia, ni moderna ni antigua, porque las situaciones se repiten constantemente. O sea que por mucho que invadan, que dejen de invadir, por muchas pistolas que tengan… Piense que la Revolución bolchevique de 1917 tendrá otra forma, pero se volverá a repetir, porque volverá a ser necesaria, porque habrá que cambiar esta sociedad… Que tengan cuidado, que tengan cuidado… Pero, realmente, los sistemas sociales, políticos y económicos… Y que tengan mucho cuidado los jefes mundiales… Tales asesinos como el señor Bush, por ejemplo».

O sea, ésta es otra Barcelona; es la Barcelona que no se ve, la que se esconde, la de gente marginal, la que vive marginal por circunstancias mil. Esta gente es una gente invisible, nadie quiere verla, no le importa a nadie.

2. La visión del Festival OVNI

El misterio como realidad

ZEMOS98[53]

En uno de nuestros últimos encuentros, mientras esperábamos en la puerta de un aula todavía vacía en mitad de una ciudad desconocida, Toni nos dijo: «Una semilla, antes de brotar, tiene que estar bajo tierra» y luego liberó una de esas risas roncas con las que aliviaba el peso del mundo. Y nosotras, que por entonces estábamos perdidas tras el fin del festival que habíamos organizado durante tantos años, sentimos el calor de los rayos del sol en la tierra húmeda. Y fuimos a su encuentro.

El lugar desde el que escribimos ahora es el lugar de una conversación abierta. Sus películas, sus entrevistas, los recuerdos de nuestras conversaciones y los encuentros con la OVNI *sisterhood* siguen matizando nuestros pensamientos y emociones varios años después de que ver a Toni y charlar con él haya dejado de ser una posibilidad. Desde aquí, no hay inicio y no hay final, cada encuentro es una presentación y un reencuentro al mismo tiempo. Como ese cubo de agua que se adentra en el pozo sin fondo de un pecho, mantenemos viva esta memoria para seguir dialogando con el

53 ZEMOS98 es una organización de 25 años de existencia que quiere generar transformaciones sociales en favor de sociedades más diversas, democráticas e inclusivas a través de la mediación cultural. Entienden la mediación cultural como una herramienta para hacer converger cuestiones sociales o políticas urgentes con prácticas artísticas y mediáticas de carácter contemporáneo. Su «disco» más conocido fue el Festival ZEMOS98 (1998-2015), desde el cual establecieron una conexión con Toni Serra y toda la OVNI sisterhood. En la actualidad la cooperativa ZEMOS98 está formada por Felipe. G. Gil, Sofía Coca Gamito, Lucas Tello y Pedro Jiménez

ahora, y los recuerdos nos alcanzan emancipados de cualquier sentido lineal del tiempo...

La frontera como centro, 2016.
De repente un mensaje de Toni, una invitación abierta a hacer algo en el festival OVNI, tantos años seguido en la distancia. Nos quedamos varios días tras nuestra intervención. Realizamos una conferencia performática que llamamos *Occidente: fortaleza mediática*[54]. Ahí descubrimos la profundidad del afecto comunitario de la *sisterhood*, los vínculos en el corazón de OVNI para que el festival plantara

> sus semillas en nuestros pechos... pechos e ideas que habrán de hendirse y romperse para que un día... quizás ayer mismo broten... alarguen el tallo, florezcan... con algo nuevo y arcaico a la vez... extraño pero también extrañamente familiar e íntimo... como un sueño que recordamos después de meses... (Toni Serra).

Acudimos como aquel que de niño soñó que el cielo estaba debajo y al que esa arquitectura espiritual le acompañó toda la vida. Esos días fueron una ensoñación que nos invitó a desprendernos de las apariencias, a cuestionar las violencias implícitas a nuestro alrededor y en nuestro interior, a celebrar la dimensión comunitaria de la espiritualidad. El festival terminó, volvimos a nuestros quehaceres diarios y sin embargo, lejos de diluirse, el eco de esos pasos se nos fue haciendo más concreto cuanto más remoto en el tiempo.

Archivos Babilonia, 2000.
Nuestro primer contacto estuvo completamente desprovisto de cualquier halo mitológico o legendario: le enviamos un correo para preguntarle cómo hacían aquello de remunerar proyecciones audiovisuales sin dar premios. Un gesto de redistribución de recursos que a partir de entonces incorporamos a nuestro festival. Vemos ahora que esa simple pregunta situó nuestra relación sobre

---

54 *Occidente: fortaleza mediática* (Pedro Jiménez y Lucas Tello), OVNI: *La Frontera como Centro*: https://www.desorg.org/titols/occidente-fortaleza-mediatica/

las idas y vueltas propias de quien intenta adaptar la materialidad y el apremio de la vida, a sus convicciones políticas e ideológicas. Por entonces, los archivos OVNI eran, efectivamente, un verdadero objeto no identificado —¿alguna vez dejaron de serlo?—. En medio de la lucha antiglobalización, nos enseñaron a apreciar la corriente imparable del flujo de conocimiento entre culturas, a observar la manera en la que se desborda incontrolable y a encontrar la forma de documentar aquello que pasa inadvertido como germen del cambio. En aquellos días conversamos mucho sobre lo que correspondía hacer, sobre lo que estaba ocurriendo con el mundo en ese momento, y sobre lo que tocaba ver y escuchar para darle sentido. Muchas de sus ideas marcaron nuestros siguientes pasos.

Transacciones/Fadaiat, 2004.
Creíamos en el poder de la remezcla y del *culture jamming*, un poco de guerrilla audiovisual y un poco de humor contra las maquinarias. Esa voluntad de desentrañar el artificio mediático desde dentro, de enfrentar unas imágenes con otras, nos unió en un camino común que transitaríamos durante muchos años. Pero aquel verano de 2004 todavía no lo sabíamos cuando *okupamos* la televisión municipal de Tarifa con *Transacciones / Fadaiat*[55], proyecto impulsado por Mar Villaespesa en el marco de UNIA arteypensamiento, y en formato videomatón le preguntamos: «¿Qué son las fronteras Toni?»[56]: «Es castración ¿no?, es imposibilidad, es un invento. (...) Los flujos no se paran. Es como el subconsciente: no puedes parar el deseo. O sea, el deseo sigue y el deseo de pasar por los sitios, de unirse a la gente, se da».

Bajo sus palabras, en el vídeo, se puede percibir el canto de la abubilla sobre ese territorio fronterizo, el anuncio de un viaje iniciático, la construcción de una amistad sobre el adobe del *noborder*.

---

55 Transacciones / Fadaiat: https://ayp.unia.es/index.php_option=com_content&task=-view&id=33&Itemid=25.html

56 Vídeo-entrevista, *Transacciones / Fadaiat* https://drive.google.com/file/d/1WqCSYXLBDBQ2wQadLW4oI2v8Hd28m2Ne/view?usp=drive_link

Hackeando el velo, 2014.

Cuando llegó el momento de que hiciera su Código Fuente Audiovisual, Toni solo tenía un hilo de voz entre toses apenas aliviadas por unos caramelos de propóleo que le buscamos. Ocurrió, quizás, porque en la jornada anterior de ese festival ZEMOS98, le habíamos hecho una entrevista muy larga en la que nos volvimos a colocar juntos en ese ambiguo umbral entre lo público y lo privado, entre lo íntimo y lo común, entre lo espiritual y lo material para negar las fronteras que separan esas esferas. Esa entrevista [57] también nos acompaña desde entonces con la convicción de un sueño...

> Lo primero que tendríamos que hacer es desobedecer una serie de leyes que no están escritas. Y después empezar, si no a enfrentarnos directamente con las que están escritas, sí empezarlas a vaciar.
>
> A vaciar, ¿qué quiere decir? Quiere decir a no conceder esos espacios al poder, a una forma de poder que consideramos externa y que consideramos dominante.
>
> Y estos espacios son espacios que son los de la cultura, los de la educación, los de la sanidad, los del trabajo. Para hacer esto, para que cualquiera de nosotros pueda hacer esto, tiene que haber roto muchas cosas en su propio ser.
>
> Porque este poder está en nosotros y tiene muchas formas, muchos nombres. Tiene a veces hasta el nombre de nuestra familia, tiene el nombre de nuestro género, tiene el nombre de la zona donde hemos nacido.
>
> A todo esto tenemos que renunciar, renunciar para poder ser precisamente. En realidad no hay ninguna renuncia ni ningún sacrificio. Es al revés, es vaciarnos de toda una serie de cosas que son nuestras fronteras. Todo eso que nos define es eso que nos acaba, todo lo que nos define es lo que nos encierra» (Toni Serra).

---

57 Vídeo-entrevista, *Remapping Europe:* https://vimeo.com/272165170 y entrevista en el blog: https://al-barzaj.net/hackeando-el-velo/

Renunciar para poder ser. Toni repetía a menudo eso de «están ciegos, solo ven imágenes», que había dicho el poeta persa sufí Mahmud Shabistari en el siglo XIV. Y en aquellos días rasgó el velo para descubrirnos que las imágenes abren campos de visión pero también los cierran; que hay ritmos que se acompasan para descubrir la mirada y otros ritmos que la abotargan; que a menudo la representación es como el brillo de esos collares de cuentas que usaban los colonizadores para engañar a los indígenas.

Cerramos los ojos y vemos las abejas en los panales de sus vasijas, un hombre con una nube de paja trinchada contra el cielo, un gorrión que echa a volar desde una mano, un niño embobado en una iglesia, la lluvia que gotea de un granado en flor, una cámara que gira sobre los surcos de la tierra roja y también oímos su risa ronca y revivimos los momentos que conversamos a través como si fueran mañana.

---

abu-ali@desorg.org   jue, 10 mar 2016, 12:17 para Pedro, Lucas, Sofía, Felipe

seguiremos manitos!

ojalá

un gran abrazo

abu

حبيبي · Habibi

Simona Malatesta[58]

Quiero empezar con un cuento, a Toni le hubiera gustado:

El farol del ciego
En una casa pobre del distrito de Edo, en Japón, una noche de año nuevo, un monje zen ciego recibía la invitación de un amigo de juventud. Comieron y bebieron hasta la saciedad. Después el ciego se levantó para irse, pues era ya tarde.

—Toma este farol —le dijo su amigo—. ¡Es una noche muy oscura!
Le tendió un farol de bambú en cuyo interior ardía una vela.
—¡Pero si yo no necesito farol! —le dijo el ciego.
—Sí lo necesitas, créeme, porque si los transeúntes no te ven podrían empujarte y herirte durante tu recorrido.
—Es cierto, tienes razón —dijo el ciego.
Cogió el farol y se fue. Unas cuantas calles más allá, un hombre chocó con él violentamente.
—¡Podrías prestar atención! —exclamó el ciego—. ¿No has visto mi farol?
—No —dijo el hombre—, porque está apagado.

El segundo círculo de los mentirosos:
cuentos filosóficos del mundo entero
de Jean-Claude Carrière

---

58 Es licenciada en arquitectura por el Politécnico de Milán y cuenta con un máster en Cine, Televisión y Nuevos Medios. Desde 2003 forma parte del colectivo OVNI, donde ha tejido un recorrido que cruza la creación, la investigación y la práctica colaborativa. En los últimos años se ha dedicado a investigaciones como «Arte, guerra, insumisión», con Falconetti Peña; «Silencio en el despertar de los mundos», con Lili Marsans y Vicente Barbarroja, y el «antisol negro», con Vincent Moon. Actualmente trabaja en una investigación abierta sobre el anticolonialismo y la escritura fílmica de la Historia a través del video de intervención, con especial interés en el trabajo de René Vautier.

2003, llegué a ovni y me enamoré.

De la misma manera en la que se deja caer una hoja en otoño, cuando el momento la llama.

Aprendí que los viajes nunca se acaban y que el camino no lo marcamos nosotras, las otras son el camino.

Saber intuir por dónde ir o quedarse, es lo que aprendí y es lo que me hace mundo.

Una búsqueda de lo que hay dentro de mí, de vida.

Pasó mucho y parece que no pasó nada.

Solemos esperar lo novedoso, lo que rompe la rutina. En cambio, en la idea del vacío, de la pausa a negro, donde no hay que llenar del todo nada, ni llenarlo todo, se abren las posibilidades reales. Dejar un margen, un espacio vacío, nos abre a las contemplaciones.

Toni era y es un amigo y un gran navegante. Cuidaba el devenir juntos. Los viajes eran casi siempre en las tormentas... pocos puertos, casi siempre hostiles. Nos acostumbramos a estar perdidos en el océano o a la sombra de grandes cruceros. La travesía se alejaba de cualquier escenificación, quizás por saberla vana.

Para disfrutar había que liberarse del peso de la estabilidad, como semillas tiradas en el viento, algunas brotaron, otras se quedaron dormidas confiando en un tiempo futuro.

Al principio, me fascinaron sus palabras, siempre tan precisas y ordenadas. Daban un sentido a las intuiciones que dentro de mí estaban escritas con letras desconocidas.

Estoy agradecida por haber podido compartir estos años en una aventura que iba más allá de un proyecto o de un trabajo. Tener la libertad de poder pensar y compartir algo que resonaba en las calles, algo que era nuestro presente, que nos rodeaba. Tejer las voces creando un coro, un programa que no repite un mismo canto, al contrario, junta instrumentos que se mezclan con resultados imprevisibles. No éramos los directores, éramos parte de la música.

Los recuerdos llegan borrosos primero, luego quemados como fotografías sobreexpuestas. Sonidos y palabras. Miradas que acompañan hasta donde las puertas nos separan. En un ascensor del hospital o en el patio de su casa en calle Codols.

Tu mirada hasta el final.

Desde muy pequeño Toni conocía la muerte y por esto vivía cada día con agradecimiento e intensidad. Solo si has vivido la noche puedes reconocer la luz y buscarla en ti.

Cuando pasabas a visitarnos, tu atención iba primero a lo pequeño, a los seres que habitan lugares inhabitables, dando alegría y rompiendo el orden de las costumbres adultas.

Eras el papafante, con un berrido que dejaba todos impresionados, como el llamamiento de una trompa, silencio y risas en la ternura de tus regalos y gestos de amor: llevar una comida a una mamá cansada, contarle un libro que no ha tenido tiempo para leer... En cada gesto, en cada atención: la Presencia.

Toni sabía bien lo que necesitaba y dejaba sin apego lo que le sobraba. En su casa se encontraba lo necesario, sin lujo pero con detalles bonitos. Los seres compartían su existencia: hormigas comiendo cebada caída de los sacos agujereados, gaviotas en la terraza agradecidas por los restos de sardinas. Era un mundo que vivía dentro de otro mundo. Una comunidad burbuja, sostenida por una maravillosa combinación de amor y alegría, Toni y Zoubida eran sus acompañantes.

Los tiempos en Codols tenían otro ritmo: 130 escalones te acercaban al cielo, y eran solo el camino a la puerta de entrada. Una terraza defendida por una multitud de cactus necesitados de agua, el agua que caía, sin prisa, de un grifo sin presión.

Gestos de generosidad y paciencia. A veces las cosas que Toni decía estaban al límite de lo creíble y dejaban abiertas las dudas. ¿Será verdad que nunca había perdido sus dientes de leche?

Paseos en las calles de la metrópoli o en el silencioso campo de Marrakech, donde las montañas del Atlas, inmóviles desde hace siglos, nos recuerdan lo fugaces que somos.

Geranios que huelen a rosas, tu cuerpo frágil se reconfortaba en tu mundo interior.

«El amor es tu destino...», era un anhelo para el futuro, era lo que deseabas para tu hijo Ali, en aquel momento un niño de 10 años, como Lucia ahora.

Te conocí como Toni y recién Abu Ali, padre por primera vez de un niño que te hizo cambiar hasta el nombre: Toni, el papá de Ali.

Yo, madre despúes de unos años. Otra rama de todos los caminos que compartimos.

Recuerdo tus palabras, cogidas del poema de Nizar Qabbani: «Cuando miro alrededor o en el tiempo, veo que aquello que cuidamos con amor cuida también de nosotros. Y recuerdo: «Hijo mío no te entristezcas, el amor es tu destino»».

El día en que nos dijo que iba a ser padre por segunda vez fue cuando Yasmina estaba en camino. Estábamos en un espacio anónimo en El Raval (ahora es una tienda de ropa para *skaters*) y al acabar una de las infinitas reuniones, Toni lo soltó como algo tan natural, como parte de un programa que él también acababa de descubrir. Yasmina fue el regalo más precioso de la vida, un ser hermoso que desde siempre ha tenido en su mirada la misma luz de su padre.

Y en 2018 fue el momento del muchachito Adam, una fuerza de niño capaz con su presencia de mover la vida por donde la muerte arrancaba las raíces más profundas de su familia, todo ya tenía otro sentido, en aquel momento indescifrable.

Noviembre de 2019. Él se imaginaba descansando debajo de un árbol en su amado Marruecos, en la paz de una tierra que le había abierto la visión; un lugar donde la pequeña mano de Yasmina se despedía con ternura de su mano cansada, ya lista para el viaje de no retorno.

Después de pocos meses, el miedo y el caos fueron los sentimientos que dominaron lo mediático como nunca antes.

La presencia de los cuerpos desvaneció de las calles, de las oficinas, de los jardines, dejando un panorama postapocalíptico.

Un confinamiento forzoso a escala mundial, ¿quién hubiera podido preverlo? Además de ser un aparato hipnótico que captura nuestros sueños, la pantalla tiende desde entonces a volverse un sustituto directo de lo humano. Quizás sea el dolor o el amor, lo que nos puede despertar de este proceso y dejarnos sentir finalmente lo que somos: cuerpos soñantes.

Como humildes artesanas de lo marginal seguimos navegando en lo desconocido con nuestra patera que es el Observatorio de Vídeo no Identificado (OVNI). Venimos de los 90, compartiendo ensoñaciones con amigas, ya sin la esperanza de llegar a un puerto seguro, abandonadas en el camino mismo, pensando hacia delante.

Nuestro equipaje es el esfuerzo y el enamoramiento que hemos vivido durante más de 30 años, con sus imperfecciones y deseos. Buscar lo básico, lo primitivo, lo esencial, las raíces vitales donde no hay diferencia entre lo corporal y lo espiritual.

No hay ni decisión, ni elaboración, ni elección, solo mutua adaptación al curso de las cosas de las que nosotros formamos parte.

El observatorio de hoy no vuela de por sí, la corriente nos lleva en la ciudad de Saba, invadida por códigos y palabras de guerra; nosotros no queremos ser más ni menos que otro paso en el camino, en compañía de aquellas que siguen sintiendo un latido de vida y de compasión en lo profundo de la tiniebla que nos rodea por fuera y por dentro.

Hagamos lo que hagamos será un paso más que nos adentra en esta era mutante.

Pero el farol que tenemos ¿estará encendido?

Viva el funambulista en el sol de medianoche. Adiós, Abu Ali

Vicente Barbarroja[59]

> «El sol de medianoche es la illuminatio matutina, *el fulgor de la aurora levantándose en el Oriente-origen del alma, es decir, en el* polo, *mientras se hunden las ciudades de los opresores»*.
> Henry Corbin, *L'homme de lumière dans le soufisme iranien*

Toni era un funambulista. Y como todo funambulista era difícil de seguir. Caminaba siempre entre dos mundos, trenzando un alambre a gran altura. Equilibrismo. Equilibrismo entre la institución cultural y la posición militante, entre la vida de artista y el arte de la existencia, entre la crisis del pensamiento crítico y el islam como anarquismo místico, o entre el rizoma sin centro y el viaje al centro del *sol de medianoche*. Pero también entre Marrakesh y Barcelona o entre lo visible y lo invisible.

1. OVNI Arxius

Empecé a oír hablar de OVNI *Arxius* hace unos quince años. Cuando OVNI contaba ya con otros quince. Un amigo, también funambulista

---

59 | Es colaborador de Desorg Punto Org (Ovni Arxius) desde 2015. Investigador independiente, prosigue su búsqueda entre el pensamiento filosófico y la poesía, la teología-política y la creación, la imaginación radical y la revuelta. Es autor de un libro de poesía, ampliamente comentado en Barcelona okupas. *Squatter power!* de Stephen Luis Vilaseca; en películas como *El Taxista Ful*, de Jo Sol o Squatt, *la ville est à nous!* de Christophe Coello. Elaboró con Orit Kruglanski y Nuria García un *Tarot del presente por venir*, expuesto entre otros materiales en Manifiesta 15 (BCN 2024). Es traductor de *Un comunismo más fuerte que la metrópoli*, de Marcello Tarì, en Traficantes de Sueños y organizador de seminarios y de cursos. Actualmente prepara una tesis doctoral y participa en la creación de una revista de ámbito estatal.

entre la vida de artista y el arte de la existencia, era fan absoluto. Nos trajo el DVD de los Archivos Babilonia. Propaganda de guerra vuelta del revés, abierta en canal con una mirada arqueológica, desvelando, en la redundancia del montaje, unas entrañas monstruosas. Sin embargo, no encontré de cerca a Toni hasta ocho o nueve años después, a través de Simona Malatesta, otra participante en la aventura del Observatorio. Desde entonces, el Observatorio de Vídeo No Identificado (OVNI) es como mi segunda o mi tercera familia. Al acercarme, encontré a un viejo grupo de amigos que también era un grupo de trabajo, con una obra ensamblada contra el tiempo. Una obra brutal. Un archivo audiovisual de aquellas personas sin voz y sin imagen. Un archivo de experimentaciones y no de lamentos, de combates y de sueños, de miradas inauditas y una apertura al misterio. *Exotéricamente*, *els Arxius de l'Observatori* son una lectura crítica de la cultura y de la sociedad contemporánea, a partir de tres ejes: videoarte, documental independiente y arqueología mediática. Esotéricamente, OVNI es un archivo de lo imperceptible que late entre los seres y en el corazón de las cosas; testimonio construido intentando captar en un concepto cada vez, la tonalidad en la que ha vibrado la orientación epocal. Las muestras de OVNI se celebran cada año y medio, y resultan de una investigación sin fin desplegada en títulos como: *Desrealidad. Resistencias. Rizoma. El olvido. In Limbo. La frontera como centro. Camí de retorn...* Son muestra de un archivo de los oprimidos, de las que resisten, de la confusión sin fin e ininterrumpida. Un fogonazo de seis horas de programación durante cuatro días.

¡Qué difícil hacer esto! Acoger y compartir esta visión. Visión ciertamente extraterrestre para una metrópoli demasiado ocupada con sus fetiches de la ausencia y sus ídolos de la impotencia. Espacio cargado, como decía Toni, con el enorme sufrimiento que destila. Qué difícil hacerlo y hacerlo desde el interior, no como un festival de mercancías artísticas, sino como un encuentro donde ciertas experiencias límite se hacían visibles. Tratando además de tejer vínculos de amistad con quienes participaban en la construcción del Observatorio. Camino tortuoso y difícil como cualquiera puede imaginar. Este es el camino de regreso que da una tonalidad no solo estética o política, sino también ética a los Archivos del Observatorio. Junto a su obra personal, en la cual ahonda el abismo sobre el que camina, el trabajo de Toni Serra no se entiende sin la experiencia de OVNI.

En cualquier país razonable se hubiera luchado por mantener abierto este archivo audiovisual de testimonios extraños e incómodos, sobre todo, pocos años después de haberle concedido un premio como mejor patrimonio cultural (2005). Porque, si esotéricamente OVNI es una geografía visionaria y una investigación que busca una salida a la catástrofe que es Occidente, *exotéricamente*, ha existido como proyecto cultural.

Pero Toni Serra *) Abu Ali no es el único miembro de OVNI que tuvo que dejar de vivir en Barcelona. El precio por resistirse a hacer de una obra una pura mercancía es una vida en el alambre.

2. Marruecos

Cuando Simona Malatesta y yo visitamos a Toni y a su familia en Marruecos, hará unos siete años, no me lo podía creer. Se habían construido un pequeño palacio bereber de adobe junto a una pequeña aldea, a treinta kilómetros de Marrakesh. Era primavera y, al salir del jardín interior y contemplar a lo lejos el Atlas que sostiene el mundo, la fértil llanura parecía detenida fuera del tiempo. Alguien, a lo lejos, conducía dos vacas, pero no se movía. Más allá, un grupo parecía conversar inmóvil como el atardecer. Solo la luz y el viento animaban desde el interior las espigas susurrantes, el azul de las montañas. No me lo podía creer, el mismo Toni entregado a la agitación del OVNI en el Limbo, se había convertido al islam místico de los sufís. ¿Qué es lo que no me podía creer? El abandono, la entrega en manos de Dios en un mundo sin Dios. Después, he aprendido que Dios es una mala traducción del Allah de la mística sufí. Y ya entonces comprendí que allí, al pie del Atlas que sostiene el mundo, ni Dios ni Allah habían muerto.

El funambulista no quiere que le sigan sobre su cuerda. El funambulista cambia la perspectiva y muestra un camino tendido sobre el abismo.

Toni Serra *) Abu Ali explicaba su camino a Marruecos y al islam sufí como una inversión total respecto del mundo occidental. Rechazo del imperativo de aparentar, de mostrar y mostrarse. Imperativo percibido allí como fuente de todas las desgracias. Por lo tanto, no transparencia sino opacidad. Opacidad hacia afuera que se abría a la experiencia de jardines interiores, entrelazados hacia el cielo y la tierra con mil lazos invisibles, de amistad, familiaridad y amor. Contra la época de la imagen del mundo, donde cada cosa alcanza existencia real como representación dentro de una historia apocalíptica, Toni apuesta por un lugar fuera del tiempo y dentro de una experiencia mágica del mundo. Una experiencia ritmada por una música mística y una tierra exigente, buena y dura, habitada por una contenida ebriedad propia de un mundo de alfombras y cojines, donde Allah vuelve a ser el fondo de todo lo que existe.

Toni ha querido ligarse a la más alta experiencia. Algo que le honra. Ocurre, sin embargo, que vivimos una época que colapsa. Mundialmente, colapsa. Como explicaban Toni y alguno de sus más viejos amigos, apenas una década después de este encuentro fulgurante con la experiencia marroquí, esta misma experiencia se hacía cada vez más difícil. Y es que desde hace unos diez años, los cables transoceánicos de la televisión globalizada atraviesan el país de punta a punta. También en aldeas minúsculas del interior, cada pequeña casa de adobe luce en su punto más alto el plato de la televisión vía satélite. El mundo de la representación, la época de la imagen del mundo, encontró al fin una vía de acceso hacia lo más profundo de cada casa familiar, erosionando el ser otro del que Toni se había enamorado. Ser otro, ser arcaico y fuera del tiempo, no por inmóvil o primitivo, al revés, más bien porque sus historias corrían fuera del tiempo consumido y calcinado de Occidente. Lo mismo ha ocurrido en el planeta entero. No queda casi ningún lugar al que poder escapar —fuera del territorio zapatista—. El sistema capitalista ha llegado a todas partes como imagen victoriosa y como práctica de depredación y desposesión que arruina mundos enteros. Desposesión, que no opera únicamente mediante el capital vinculado a las grandes corporaciones latifundistas e industriales, con sus grandes cadenas logísticas. Opera más malignamente aún con la magia negra de su seducción por la imagen, verdadera religión de la muerte, que no solo oculta con sus fastos olímpicos el enorme sufrimiento que impone a cada cual. Esconde además en su desvelamiento, la fatal catástrofe ecológica y existencial que acuña su helado corazón contable. ¿Qué puede hacer una familia campesina ante las grandes empresas de distribución logística planetaria, o frente a las grandes máquinas de necedad mediática? Lo mismo ocurrió con las familias pescadoras de Senegal, con los amigos de Carlo Lévi, o con los artesanos del mundo entero. Una vieja y nueva servidumbre acompaña el agotamiento de los acuíferos, la acidificación de los océanos, la gran extinción de especies.

Toni, como todos nosotros y nosotras, hemos llegado a la vez demasiado tarde y demasiado pronto. Demasiado tarde para escaparnos al Marruecos ancestral del que casi todo marroquí quiere ahora escapar. Demasiado pronto para el mundo otro, cualquiera que sea, que surgirá del hundimiento generalizado que se declara hoy en día por todas partes.

Toni vivió la absurda aporía que nos ha tocado vivir como un funambulista. Obligado a atravesar el desierto *yupi-yonqui* de los años ochenta, Abu Ali se atrevió a dar una respuesta al imperativo ético de salir de aquí, abandonar Occidente. Lo hizo atreviéndose a amar, atreviéndose al viaje interior y exterior que nunca deja incólume, atreviéndose a una investigación experimental, con algunos amigos y amigas, en el mundo audiovisual, con todo un mundo en contra.

3. Las últimas palabras

Las últimas palabras que Toni me dijo por teléfono y ya muy cerca de la muerte fueron: «Es una lástima que no hayamos tenido más tiempo. Tiempo para estar más cerca o conocernos mejor con las experiencias insurgentes que tú has transitado». Un archipiélago de grietas ardientes que recorren un mundo helado. Aun no siendo poco lo que compartimos, es cierto que la lejanía hizo difícil una intensidad mayor. Walter Benjamin, se preguntaba en el ensayo sobre el Surrealismo:

¿cuál será el requisito de la revolución? ¿Será el cambio de la mentalidad o el exterior de la situación? Esta es la pregunta cardinal que determina la relación entre moral y política y que no tolera disimulos. El surrealismo se ha acercado cada vez más a la respuesta comunista. Lo que significa pesimismo completo. Desconfianza en el destino de la literatura, desconfianza en el destino de la libertad, desconfianza en el destino de la humanidad europea, pero sobre todo desconfianza, desconfianza y desconfianza en todo entendimiento entre clases, pueblos, individuos.

Toni, aun con el dulce lenguaje de los pájaros del alma, compartía esta desconfianza que se traduce, no en desesperación, sino en la exigencia de organizar el pesimismo. Abu Ali, se encontró exiliado en casa y escuchó un llamamiento en la luz de una experiencia llena de amor y vieja sabiduría, en el seno de una familia lejana. Realizó su propio éxodo y su propia conversión, fiel al llamamiento hacia una existencia mejor y más plena. Recorrió el camino hacia su *Sol de medianoche*. Fulgor intermedio que guía a través de las tinieblas, fuera de la ciudad de los opresores y de toda su magia negra.

Toni me incitó a investigar la evidencia de que la respuesta a Benjamin tiene que ser doble. El presupuesto de la revolución es, a la vez, la modificación de las circunstancias exteriores y la transformación de la mentalidad individual. La respuesta a la ciudad de los opresores es ética, es cómo puede uno hacerse mejor, cómo atreverse a amar, cómo no descuidar los vínculos invisibles que trenzan la potencia con los amigos. Y porque es ética, es política, pero lo es en el sentido de acabar de una vez por todas con toda política, cuna de la falsedad y la necedad, fuente de todas las operaciones mezquinas y de la imposibilidad de mantener lo prometido.

Descansa en paz Abu Ali. La respuesta comunista del Surrealismo se enuncia hoy como la vía que tiende a la destitución del estado de cosas presente. Toni muere mientras la insurrección emerge discontinua y contemporáneamente en veinte países diferentes. Insurrección que sigue buscando su *sol de medianoche*. Punto de luz siempre individual que guía desde el interior la proliferación de las grietas del éxodo. Incluso sin más paraíso final que la problemática terrenalidad, el *sol de medianoche* orienta hacia la interrupción. Una interrupción que tire del freno de mano del estúpido tren de la historia apocalíptica. Como el mismo Benjamin dijo y como está ocurriendo a tientas, convertir el estado de excepción permanente en un verdadero estado de excepción. Para que pueda ser posible volver a preguntarnos cómo vivimos y cómo podríamos vivir.

Adiós Abu Ali.

Y un abrazo a Rosa y Joan, a Marc y Simona, a Zoubida, Adam, Ali, Yasmina y a toda la banda de OVNI.

Cierra tus ojos y observa lo que ves

Nayra Sanz Fuentes[60]

«No hay comunidad si no se convoca». Fue así como tuve la oportunidad de coincidir y conocer a Toni Serra *) Abu Ali. A partir del encuentro de ALCES XXI en Zaragoza, al que, con esas palabras, me invitó Palmar Álvarez Blanco en 2017. Como en cada ocasión que se encuentra ALCESXXI, el propósito es intervenir en las universidades y entender la enseñanza no como una realidad elitista y endogámica, sino como algo vinculado con la sociedad y ser parte de la misma para repensarla y reconfigurarla; crear un debate abierto donde confluyan profesores de primaria, de secundaria, de universidad, activistas y artistas. Un espacio donde surjan diálogos cruzados que conformen propuestas y ecos de reflexión tras los días de convivencia.

Han pasado años desde aquel encuentro y múltiples acontecimientos inesperados, que surgieron a partir del mismo, como la particular conexión que desde entonces y hasta el día de hoy pude establecer con Toni Serra *) Abu Ali, porque a pesar de su fallecimiento en noviembre de 2019, sus imágenes y su mirada sobre el mundo siguen resonando en diferentes partes de mí. A veces surgen encuentros que permiten comenzar una conversación y saber que esta no termina cuando te separas de forma física, porque las ideas en común continúan brotando, ramificándose y

---

60 Nayra Sanz Fuentes es cineasta, escritora, guionista y productora independiente. Sus trabajos audiovisuales han sido seleccionados en más de 400 festivales y han recibido reconocimientos, como el Premio Feroz de la Crítica o el Premio Edward Snowden. Sus últimas obras forman parte de «Distopías alcanzadas», una serie de piezas de no ficción en las que explora la relación entre naturaleza, humanidad y tecnología. A través de un enfoque humanista y con un lenguaje poético, reflexiona sobre la complejidad del mundo contemporáneo y sus principales problemáticas. En 2025 publica su primer libro, *El cuerpo nazi. El cuerpo contenido. La representación del cuerpo en el cine de Leni Riefenstahl*, en la editorial Trotta.

encontrándose en ámbitos desconocidos e inusuales que van más allá de lo puramente racional.

Fue en esa singular relación que establecí con Toni donde comenzamos a dialogar sobre nuestras inquietudes y formas de estar en el mundo. Nos encontramos en un cruce de perspectivas que giraban en espiral en torno a los diferentes tiempos históricos, fundamentalmente en el que vivíamos; desde la visión política hasta la espiritual, el tránsito de la vida a la muerte, y cómo tratábamos de darle a todo ello forma a través de nuestras construcciones creativas. Desde ese primer encuentro en un rincón de un salón de la universidad, que en mi memoria ha quedado flotando como una escena atemporal, le percibí como un *ex-céntrico* en su sentido etimológico, aquél que está fuera del centro, del círculo y, por tanto, reside en los márgenes, en los límites, y analiza y percibe ese mundo llamado concéntrico desde otros lugares y otras perspectivas.

I. Hacia el fondo del iceberg

Comenzó un diálogo plural que nos adentró en lugares inesperados para tratar de ir, como a él tanto le gustaba, desvelando una infinidad de velos, de luces y sombras, que intentaban desentrañar las contradicciones del ser humano en sus perspectivas políticas y espirituales. Dar un salto desde lo alto del iceberg para sumergirse en otras profundidades desconocidas, ocultas, poco transitadas; romper con los dogmas dualistas y hegemónicos con el propósito de encontrar otros estados de sentir; descubrir y descubrirse con el fin de llegar y estar, si esto es posible, en la *conciencia*. Abrir la visión del mundo.

El diálogo se transformó de un estar físico a la distancia; de la palabra en directo a las cartas audiovisuales. Él desde su casa del sur de Marruecos y yo desde Madrid y Lanzarote. Nos comunicamos a través del visionado cruzado de nuestros trabajos: a su *Al Barzaj* le acompañó mi cortometraje *Sub Terrae*; a sus *7 Contemplaciones* y *Sol de medianoche*, *Tan Antiguo como el mundo*; a su *Last night*, *En esas tierras* y *Selfie*... En el tránsito permanente de ida y vuelta de lo político a lo espiritual, se abrió el debate sobre otras posibles formas de trabajar y «re-velar» (también en su sentido cinematográfico) la imagen; otra manera de aproximarse a los lugares y filmarlos de una forma cercana a cómo describió el crítico y cineasta Alexandre Astruc, en 1957, la *Cámara Stylo*: coger una cámara con la misma sensación de que ésta es un bolígrafo y poder escribir con ella, de forma ligera y libre, sin grandes productores que sostengan el proyecto, creando un guion y un estilo propio.

La intención de darle importancia a lo conceptual sin olvidar lo sensorial y estético de esa misma realidad. Tratar de encontrar otras maneras de redefinir y de acercarse al cine y al videoarte para no caer en el *fast art* o *fast cinema* contemporáneo tanto en el ámbito de la producción como en el del consumo; alejarse del mundo imperante y encontrar otras vías de visión y expresión de las imágenes. Resonaban entre nuestras ideas autores como Abbas Kiarostami, Andréi Tarkovski, Antoni Muntadas, Val del Omar... y visionamos nuestros trabajos como una suerte de cine expandido; esa experiencia que se sale de los límites de la pantalla para darle también espacio a las personas, los lugares y las sensaciones que acompañan las proyecciones: él unas veces solo, o acompañado por su hija, en un pequeño cuarto de adobe donde se refugiaba del calor, y yo en un despacho con las persianas y cortinas bajadas por el intenso verano de Madrid.

II. OVNI: «Camino de no retorno»

Hay personas que se convierten en rituales de paso. Toni me invitó con mi cortometraje *Sub Terrae* a formar parte del OVNI que conformó en 2018 junto con sus compañeros y compañeras de trabajo y que en aquella ocasión llamaron «Camino de retorno». En una gran sala a oscuras en el CCCB en Barcelona, se proyectaron durante varias horas y días, casi sin interrupción, un conjunto de propuestas de vídeos, audios, conversaciones grabadas, momentos de meditación y oscuridad. El tiempo y el espacio perdieron su sentido más convencional para comenzar un viaje inusual que se adentraba en los extraños límites entre la vida y la muerte, lo tangible y lo espiritual, la realidad y el ensueño... Otro de esos viajes que proponía OVNI; un viaje iniciático, de transformación, de los que se alejan de forma radical del puro placer, el entretenimiento o el negocio... Un viaje de peregrinación por imaginarios que se abren a otras formas de ver y mirar, que invitan a que, como él señalaba, «el conocimiento no sea el acceso a lo desconocido, sino el acceso de lo desconocido»; un tránsito que permitiese romper velos para seguir preguntándose y preguntándonos, solos y en compañía, «quién soy», «quienes somos», como un intento, de nuevo, de alcanzar una mayor conciencia.

III. «Están ciegos, solo ven imágenes»

No pude despedirme de Toni cuando hizo su propio tránsito. Lo hice a través de una carta que nunca llegó a leer. Nuestros diálogos continúan hasta hoy, revisitando sus trabajos y conversaciones en solitario y en compañía de los de los alumnos y alumnas de las clases que imparto como creadora. Sigue siendo una voz viva y cercana que a partir de su creación y pensamiento entiendo como una herencia y un legado ¿Cómo enfrentarnos desde otros ritmos y reflexiones, desde otras miradas, a la sociedad del espectáculo que nos circunda y habita? ¿Cómo tratar de reformular otra manera de estar en el mundo cuando nuestra percepción, saturada por la información ingente y la proyección masiva de imágenes, termina por generar una ceguera social?

Cuestiones que planteó a lo largo de su vida y de sus proyectos, y que a su vez recogió de otras herencias y legados, como el verso del poeta persa del siglo XIV, Mahmud Shabistar, que ya había hecho casi suyo: «Están ciegos solo ven imágenes». Ese intento continuo por tratar de romper el velo que protege pero que también oculta con el fin de escapar de la tiranía de lo hegemónico y permanecer en la búsqueda constante del yo y de lo otro.

Una abubilla se ha posado en mi balcón

Josefina Sensada Boixader[61]

Seguí los OVNI desde sus comienzos y, por diferentes motivos, nunca pude participar hasta que en el 2016 me animé a ir porque vi en la prensa que se anunciaba como invitado principal del OVNI a Serigne Assane Fall (Baye) y su conferencia «La colonización perfumada. La experiencia amorosa de Shaij Ahmadu Bamba (1853-1927)».

Tenía algo único que compartir con Seringe Assane Fall y que muy poca gente conocía. En el año 2003 había estado como invitada en el gran Magal de Touba (Senegal) con los Baye Fall; esa experiencia cambió el rumbo de mi vida. Vi allí por primera vez a Toni Serra. Estaba entre los Baye Fall cantando y rezando con ellos mientras entraban en la sala para inaugurar el Festival OVNI. Fue una visión extremadamente poética y única que me animó a acercarme a él para compartirle mi secreto. Cuando hablamos le interesó mucho conocer mi experiencia entre los Baye Fall y mi documental sobre ellos. En esa misma conversación, Toni me contó de su interés por ir un día a Touba. Quedamos en compartir un té una vez acabado el Festival para hablar de todo ello. Fue entonces cuando visioné su obra.

Lo primero que vi fue *Sol de medianoche* y sencillamente me atrapó, abrió mi visión y sobre todo mi corazón. Con *Trance con el hombre verde* me fascinó su manera de trabajar; la belleza de lo simple, de lo sutil, de lo pequeño; su manera de trabajar solitaria; su sumisión hacia lo encuadrado y la aceptación humilde y recogida

---

61 Fina Sensada es cineasta y documentalista. Fundadora y presidenta de Fernando Fonseca Fundación (medicina y cine) para poner a niños discapacitados de pie en el sur del Chad. Su último documental creativo ha sido la trilogía *Terrapolis*, 2023. Su trabajo en las expediciones quirúrgicas consiste en elaborar documentales de sensibilización desde su especialidad de «ética en la imagen en cooperación». Su próximo proyecto de cooperación 2026 es «Movimiento consciente en rehabilitación para los niños operados en el Chad» junto a Nacho Duato, patrón de la Fundación.

de su transmisión. Con esa pieza empecé a entender algo. Finalmente, con *7 Contemplaciones* aprendí el valor de la contemplación; algo que nunca había hecho. Con el tiempo supe del lenguaje de *sus* pájaros: la abubilla que se le aparecía antes de iniciar un viaje; el búho blanco que entró en su casa para marcar su camino de retorno; el gorrión que se ponía en sus manos o la paloma blanca que se posaba en el umbral de su ventana.

Cuando conocí a Toni yo estaba en una etapa de tristeza y duelo por la partida de mi amado Fernando y mi trabajo como documentalista estaba parado. Mi cámara estaba encerrada en el armario. Fernando, mi ser querido, había partido hacia el camino de no retorno en el 2014 y me había dejado por herencia un manuscrito de su amistad con Ali. Mi compromiso con Fernando fue convertirlo en *film*. En mi recogimiento solo tenía ganas de darle forma al relato heredado y transformarlo en un guion cinematográfico. Toni apareció en esa etapa de mi vida donde la vida y la muerte me acompañaban diariamente.

Mi gran sorpresa fue encontrar su pieza *Al Barzaj (Entremundos)* y descubrir la mirada de referencia para mi *film*. Me sentí totalmente identificada con esta obra y al instante comprendí que había aparecido en mi vida la persona a quien debía pedirle ayuda para mi proyecto.

Él estaba profundizando en las enseñanzas del mundo sufí negro africano y conectando con su luz, antes de iniciar su rodaje de las abejas y después de haber acabado su obra *Al Barzaj*. Vivía en Marruecos, en medio del campo, cerca de Marrakech, rodeado de animales, olivos y campos de trigo. En la casa de adobe que se había construido con Zoubida donde también vivían sus hijos Yamisna y Ali. Era frecuente recibir noticias de su familia, de su entorno, de sus sensaciones y de su obra.

Para conocernos hubo dos encuentros muy concretos. En otoño del 2016 me reuní por primera vez con él en la cafetería de la librería Altair. Fui directa a contarle la historia de Fernando y Ali. Él conectó tanto con los dos protagonistas que le impactó la historia. En plena Gran Vía, sentados en un banco y poniendo su mano en su corazón prometió ayudarme.

Pasados unos meses me invitó a participar en el CCCB en el curso «Visible e invisible». Fue en febrero del 2017 cuando me reuní por segunda vez con él. En este segundo encuentro, tuve el privilegio de tenerlo como profesor, como mentor y maestro. Cuatro días para aprender de la invisibilidad forzada a la permanente exposición en el panóptico. De entender la imagen como velo. De abordar los túneles de realidad. De penetrar en la realidad del sueño. De cruzar al otro lado. Y, sobre todo, de la contemplación como herramienta única para captar el uno y lo múltiple. Este curso me dio una caja de herramientas para empezar a trabajar mi historia con seguridad, compromiso y, sobre todo, con humildad. Toni me dio las herramientas para adentrarme y entender la verdadera amistad que debía trabajar con los dos niños de mi historia porque él fue y es para mí, mi amigo, mi hermano que siempre me acompaña.

Durante meses intercambiamos muchos mensajes entre Marrakech y Barcelona. Su conocimiento del mundo *amazigh* en Marruecos me ayudaba a entender la amistad de los dos protagonistas de mi film y de los juegos entre ellos. Me entrenaba para leer entre líneas y observar entre velos. Como Toni decía: «Uno puede ver el vuelo del pájaro, mirarlo para observarlo o sentir que vuela con él, convertirse en el otro» (Hafiz). Mientras tanto, Toni compartía su fase de rodaje de *El camino de las abejas*; me mostraba cómo capturaba el vuelo de las abejas para convertirlas en personajes mágicos que conectaban dos mundos.

De nuestro cruce de vidas nacieron algunos vínculos como la búsqueda de la expresión visual entre luces y sombras en Marruecos; el inconformismo con el camino del documental convencional para así, ir un punto más allá del lenguaje cinematográfico. Compartimos nuestro amor por el trabajo y la atracción por Oriente Medio.

Compartimos la ilusión de aprender a ver con el corazón y el amor por lo bello. Ambos buscábamos capturar la luz y sus formas con simpleza, sutileza y pureza. Él fue el primero que vio el primer montaje de mi experiencia visual en el campo de refugiados Rohingya *Ojo a ojo*. Fueron muchos momentos de dudas e intercambios creativos. Era una evolución, un crecimiento constante en cada reencuentro.

Toni era un humilde creador que, al someterse a la creación, a la belleza del todo, se convertía en un catalizador de imágenes y de instantes mágicos. Era un ser imposible de calificar a nivel personal, artístico, político o filosófico; un alma libre, un ser puro, un creador revolucionario. Iba por delante avanzado en el tiempo y en el espacio, mostrando la manipulación de la imagen, la saturación audiovisual y la mediocridad de los *mass media*.

Tuve el privilegio de estar en el último OVNI. Aprendí mucho observando todo el equipo OVNI; el respeto entre ellos, su trabajo en un régimen siempre de reciprocidad, su exquisita selección de piezas procedentes de diferentes rincones del mundo. Me impactó tanto que más adelante me apunté a un seminario con Joan y Elvira para aprender más sobre la creación colectiva.

Durante el festival OVNI, fui consciente de que participaba en un momento único e irrepetible Toda la gente asistente estaba sentada en el suelo, las luces apagadas entre vídeo y vídeo, el sonido ambiente entre la oscuridad. Este OVNI nos acercó a comprender que la vida y la muerte van unidos por un hilo en cada respiración.

Tras OVNI, llegó su viaje a Irán. Me contó que su cámara captaba lo que la tierra, el desierto y el viento le contaba. Hablaba de un vacío lleno de inmensidad y de luz, una luz que lo seducía y lo atrapaba. La última imagen que me envió Toni fue la del camino del no retorno, saboreó el inicio del viaje y supo que no había posibilidad de regresar. Su cuerpo empezaba a debilitarse y el cansancio hacía mella en su día a día.

Unos días antes de su último viaje a Barcelona me avanzó la visita inesperada en casa del gran búho blanco y me envió la foto. Yo no sabía el significado todavía, él sí.

Tres días antes de partir le pregunté si quería que hiciéramos algún tipo de homenaje o fiesta de despedida y me confesó que todo estaba preparado, ya dejó las instrucciones de su funeral a su *cheick* y la fiesta de despedida a sus amigos Baye Fall.

Le pregunté, ¿qué quieres que hagamos con tu obra inacabada? Él con voz segura respondió: «Esta obra ya no me pertenece, me he desprendido de ella. No tengo nada, las imágenes de esta obra no son nada, están vacías porque lo que busqué ya lo encontré».

Gracias Abu Ali, contigo he aprendido que el lenguaje audiovisual no es un medio para conseguir lucro o fama sino un camino para hacer crecer el alma. Gracias por cruzarte en mi camino bella alma. Contigo he aprendido a ser un poco más invisible y silenciosa al ruido del mundo y dejarme llevar por la poesía y la danza de la naturaleza.

Desde un rincón mágico de los Pirineos donde estoy dando los últimos retoques del guion Fernando y Ali para convertirlo próximamente en *film*, hoy una abubilla se ha posado en mi balcón.

19 de septiembre 2024
Casa Cavalera. Isil d'Alòs, Lleida

En palabras de **Toni Serra***) **Abu Ali**

Exodus. Los márgenes del imperio

toni serra_ ovni 2008

> «Abre tus ojos y mira hacia dentro. ¿Estás satisfecho con la
> vida que estás viviendo? (..) vamos a caminar, de acuerdo, por los
> caminos de la creación, pues somos la generación (¿dime por
> qué?), que cruza los tiempos de la gran tribulación».
> *Exodus,* Bob Marley

OVNI 2008 proyectará una serie de videos que ofrecen una primera
reflexión sobre lo marginal y sobre la voluntad de cruzar los
márgenes, formas de éxodo personal o colectivo, físico o anímico.
Visiones de diferentes formas de marginación y explotación, las que
quedan directamente bajo la vertical opresiva del poder:
trabajadores en fábricas de exportación en China, jornaleros
clandestinos palestinos en Israel. Visiones —más allá de la dialéctica
propaganda /contrapropaganda— de las zonas de conflicto
armado: en Sudamérica, Chechenia, Líbano, Irak, Darfur,
Afghanistan...

Pero también reflexiones sobre aquellas otras realidades y
formas de organización que crecen en los márgenes: en ciudades
abandonadas tras los desastres, en el desempleo, en la
autoorganización de los *homeless,* comunidades indígenas en
Ecuador y Colombia, hermandades de travestis en India, antiguas
tradiciones heterodoxas y sus rituales, colectivos de autogestión en
Barcelona, grupos de desertores en los EEUU... junto a relatos de
sueños y revolución interior, búsqueda y éxodo...

Vídeos que cuestionan y plantean esta voluntad de éxodo, este
deseo de abandonar una realidad, y unos valores en los que ya no
se puede creer, ni querer. Visiones que rechazan quedar atrapadas

en una permanente *contra*, que utilizan tácticamente la resistencia, pero que parten hacia otros mundos posibles, el propio éxodo como territorio ya lo es, y resulta además incartografiable, para la razón funcional, pues el éxodo apuesta por el vacío, el movimiento; por escuchar voces ajenas y reconocerse en ellas. Atrás quedan sociedades que oscilan entre la abundancia de la miseria —visible y espectacularizada por los media— y la cada vez más evidente miseria de la abundancia, miseria de la sociedad de consumo.

Dejemos ahora que sean las transcripciones de algunos de los vídeos los que hablen de este viaje:

Un planeta enfermo

Una sociedad cada día más enferma, pero cada día más poderosa, ha creado por todas partes concretamente el mundo como un entorno, un decorado de su enfermedad en tanto que planeta enfermo. Una sociedad que aún no se ha convertido en homogénea y que no está determinada por ella misma, sino cada vez más por una parte de ella que se sitúa debajo, que le es exterior y que ha desarrollado un movimiento que domina a la naturaleza, sin dominarse a sí mismo. (…) La producción de la no vida ha proseguido más y más rápido su proceso lineal y acumulativo, llegando a alcanzar un último terreno en su progreso, ahora produce directamente la muerte»[62].

Las sociedades del consumo destrozaron el medio ambiente, liquidaron millones de especies de plantas y animales, envenenaron los mares, los ríos y los lagos contaminaron el aire, saturaron la atmósfera de dióxido de carbono y otros gases nocivos, «flascaron» la capa de ozono, agotaron yacimientos de petróleo, carbón , gas natural y enormes riquezas de minerales sólidos, exterminaron nuestros bosques y arruinaron los suyos. ¿Qué queda para nosotros?: el subdesarrollo, la pobreza, la dependencia, el atraso, la deuda y la incertidumbre. Para las sociedades superdesarrollados el tema debería ser no crecer sino distribuir, y no solo distribuir entre ellas, sino distribuir entre todos. El crecimiento sostenible del que se habla es imposible sin una distribución más justa

---

62 Guy Debord en *Le planete Malade*.

entre todos los países. Quieras o no la humanidad es hoy una sola familia, todos tendremos el mismo destino»[63].

La anarquía del poder

Hoy en día el ideal es el consumismo, es una civilización de la homologación, que hace que todo sea igual. ¿Sin ideología? ¿Como que no hay ideología? ¿La ideología consumista tu no la ves? En vez de una bandera llevan la ropa como bandera: algunos de los significados y algunos fenómenos externos han cambiado, pero a la práctica es un empobrecimiento de la individualidad, que se oculta a través de su valoración. (...) Durante las llamadas épocas represivas el sexo era un alegría, que se practicaba en secreto, como una burla de todas las obligaciones y deberes que el poder represivo imponía (...) En uno de mis films un personaje dice: las sociedades represivas lo reprimen todo, luego el hombre puedo hacerlo todo. Pero añado este concepto que para mí es lapidario: las sociedades permisivas permiten algunas cosas, y solo estas cosas pueden hacerse. Esto es terrible: una cierta libertad concedida que luego se hace obligatoria. En tanto que es concedido se convierte en obligatorio.

El sadomasoquismo es una categoría eterna en el hombre, en el tiempo de Sade, ahora, etc... pero no es esto lo que me importa. Es decir me importa también esto, pero el sentido real del sexo en mis *films* es una metáfora de la relación entre el poder y su sujeto. Y en consecuencia es válido para todos los tiempos. Pero lógicamente el que yo detesto más es el poder de hoy, cada uno odia el poder del que es sujeto. En consecuencia odio vehementemente el poder actual de 1975, es un poder que manipula el cuerpo de una manera horrible, que no tiene nada a envidiar de la manipulación hecha por Himmler o Hitler. Lo manipula transformando su conciencia, de la peor manera, instituyendo nuevos valores que son alienantes y falsos. Que son los valores del consumo, que cumplen lo que Marx llamo genocidio de la cultura viva, real y de las precedentes.

En realidad los productores fuerzan a los consumidores a comer mierda. Los caldos preparados, les dan productos adulterados y malos, los raviolis de queso, el queso procesado para bebes... cosas horribles que son mierda (...)

---

63 Anónimo en *Surplus*.

El poder permanece exactamente el mismo, solo cambia en su aspecto, el sujeto ya no es más ese sujeto parsimonioso o religioso, ahora es un consumidor, miope, irreligioso, laico... pero estúpidamente laico y racional... Las características culturales han cambiado pero la relación permanece idéntica. En consecuencia, es un *film* (Saló) no solo sobre el poder, sino sobre la anarquía del poder. Nada es más anárquico que el poder, ya que el poder hace lo que quiere, y lo que quiere es completamente arbitrario o dictado por sus necesidades económicas que escapan a la lógica común»[64].

La voluntad de consumir te aterroriza...

...Somos aterrorizados a convertirnos en consumidores. Tenemos la libertad de escoger entre la marca A, la marca B o la C, esa es la libertad que hay. Sí, creo que hay demasiadas cosas. Constante trabajo y constante consumo, es una locura. Es lo que está destruyendo todo, y debe desaparecer. Veo muy poco que valga la pena conservar. No veo provecho ni salud en conservar este sistema. Conseguir todas esas cosas son en realidad una coerción. La gente está forzada a trabajar en minas y fábricas. Sin ellas no tenemos todo esto. Un mundo de cosas, por el que tenemos que luchar toda nuestra vida. No creo que nadie se lo tome realmente en serio, pero la inercia lo mantiene en movimiento. Esto debe ser detenido, debe ser destruido (...)

¿Por qué la gente sale y trata de protestar o intenta hacer algo? Esa no es una violencia insensata, lo insensato es quedarse en casa drogándose con la MTV, para después conseguirte un trabajo en el que te sometes. Para mí eso es violencia.

El daño a la propiedad o la destrucción de la propiedad, es necesario, y se sale de los confines políticos o de la política de lo usual. ¿Qué logras sosteniendo un cartel en la manifestación de costumbre? Durante décadas he visto lo mismo, ¡no sirve para nada! La gente no le presta atención, ¿por qué debería hacerlo? No vale la pena. Pero cuando la gente pelea eso ya es otra cosa. Capta la atención y lo hace porque es real. No solo es un juego simbólico, tengo mi cartel y me siento bien. La propiedad de las corporaciones es para mí el objetivo más claro.

---

64 Pasolini en Pasolini, *prossimo nostro*.

Bancos, tiendas de lujo, grandes cadenas como Starbucks y demás. La gente los percibe como parte del sistema global, como parte de esta abusiva y estandarizada forma destructiva, que está acabando con toda diferencia, con toda libertad.

Durante dos millones de años la humanidad no destruyó su entorno natural y para mi eso es inspirador. No tenían guerra, tenían tiempo libre y demás. Eso es lo que se entiende por primitivismo en cierto sentido»[65].

¡Demos la vuelta a todo!...................o......
Descubres que puedes volar

Autonomía dice: ¡Demos vuelta todo! Vayamos adonde tengamos ganas de ir. Levantémonos a la hora que tengamos ganas. Y hagamos las actividades que más nos gustan. Esto no es anti-productivo.

Todo lo contrario. Esto representa el punto máximo de la productividad posible en un mundo en el que la producción esté guiada por el saber y no por el trabajo concreto»[66].

Yo era un trabajador modelo, la idea que tenía de la vida y del trabajo era que tenía que ser un hombre de provecho que trabajaba… que trabajaba y que un día se casaba, tenía hijos y seguía trabajando hasta que se moría después de haber trabajado muchísimo en la vida

En la fábrica me aguantaba medio medio porque me metí a sindicalista, entonces era un poco divertido, el trabajo era aburrido pero el sindicalismo daba un poco de gracia a la cosa, había reuniones, asambleas, que si hacíamos huelga que si no… En el 82 me echaron de la fábrica y me dieron una indemnización y eso me ha permitido entre otras cosas vivir bastante tiempo, a raíz de echarme de la fábrica se me abrieron de repente un montón de posibilidades, es como si estás al borde de un precipicio y llega alguien le da un empujón y cuando va por el aire descubre que puede volar, entonces empieza a planear y dice que divertido, la próxima vez me tiro solo. Lo que pasa claro es que normalmente esto no ocurre, sé que este es mi caso personal, se que no

---

65 John Zerzan en *Surplus*.
66 Toni Negri en *Toni Negri. La Revuelta que nunca acaba*.

se puede decir que esto que yo hago lo puede hacer cualquiera. No, no se hace solo, hay que elegir entre el tiempo y el dinero... entre tener algo de tiempo y algo de dinero o nada tiempo y todo el dinero del mundo que es imposible. Eso cada cual lo elige....»[67].

Como un enjambre

¿Cómo se organiza el poder político global en el siglo XXI? Y cómo puede emerger la oposición desde una multitud de perspectivas políticas? El Imperio no fortifica sus fronteras para desplazar a los otros, sino que los absorbe dentro de un orden específico, como un poderoso remolino. Con las fronteras y las diferencias suprimidas o dejadas de lado el Imperio es como un espacio sin rugosidades a través del cual se deslizan las subjetividades sin gran conflicto ni resistencia.

La resistencia se desarrolla a un nivel global a través de redes. Pero también toma la forma de conflictos locales. Las formas de rebelión han cambiado pero siguen siendo parte de una lucha más grande en contra de la explotación. ¿Qué es la violencia? La violencia es explotación. Por encima de todas las cosas, ¡es esencialmente eso! La respuesta del sujeto explotado. El sujeto explotado es un sujeto inteligente: es móvil, flexible. Es un sujeto-enjambre, así lo llamo. Se agranda y expande, dentro de la producción, dentro de la vida social. Es una totalidad de cualidades diferentes, una multitud. Como un enjambre, una comunidad de abejas que se separa y vuelve a juntarse... esa es la imagen utópica que hoy me parece importante (...).

Desobediencia

Desobediencia fue y es un espacio político y cultural muy importante. Porque introdujo la idea de que uno puede y debe desobedecer órdenes. Desobediencia es, por ejemplo, negarse ir a la guerra o negarse a recibir órdenes. No obedecer órdenes abre otros espacios. Al no obedecer, ya no reconoces al poder. O quizá lo reconoces, pero te quieres oponer. Y, así, introduces el tema del conflicto. Conflicto también significa desobediencia en relación a leyes sobre fronteras y asilo. La oposición

---

67 Trabajo Liberado en *Attention Danger Travail*.

a la guerra. La guerra también cambia en la Era del Imperio. Es una guerra que ya no quiere presentarse como una guerra entre los Estados, sino como una guerra contra un enemigo público, contra una realidad interna, definida como peligrosa. Ya no se trata de la vieja guerra imperialista en la que las naciones expanden sus poderes. ¡Esta es una guerra en nombre del capitalismo global! ¡Esta guerra es un proceso de organización a nivel global! ¡Nosotros sí que somos verdaderos internacionalistas! Pero solo en la medida en que entendamos que hoy está este Imperio que se está formando»[68].

Nos aislaron

Cuando llegué, la gente de seguridad me esperaba... me llevaron dentro, cogieron mi pequeña bolsa, se pusieron sus guantes de látex e inspeccionaron todas mis cosas. La cantidad de dinero que tenía, mi agenda, todo. Han pasado tres días y ya no soy más la misma persona. Estoy encerrado afuera en la naturaleza (...) No quieren que te organices, ni que ayudes a otros. Cuando ven que estás intentando ayudar, te aíslan enviándote a otros sitios, así no puedes continuar ayudando a la gente ni informándoles de sus derechos. Si mantienes a alguien ignorante y aislado puedes hacer lo que quieras con él. Entonces debes de actuar en consecuencia, ayudándole en este sentido, informándole de sus derechos, así puede defenderse el mismo... y animarlo a que se defienda el mismo, pero te pondrán bajo control (...) es difícil entender que la sociedad civilizada a la que has pedido refugio pueda ser tan brutal... Mantienen a la gente en el bosque aislada porque quieren destruirnos, no quieren que pensemos, que expliquemos nuestro problema a la gente, nos tratan como perros... Indirectamente, el gobierno está matando desde dentro sin tocarte, impiden a la gente ser ellos mismos, actuar, resistir, representa intimidación, maltrato, abusos todo a la vez»[69].

Colonizar nuestra alma

Desde que inicié mis estudios superiores, nunca pensé en un buen augurio para el continente negro. No es afro-pesimismo. Es realismo. Ya en la Universidad, en los años 70, me di cuenta de que el africano

68 Toni Negri en *Toni Negri. La Revuelta que nunca acaba.*
69 Migrante y refugiado político en *Forst.*

solo tiene ojos para Occidente, y por lo que se hace al otro lado del Mediterráneo o del Atlántico. Entonces me dije: ¡es la muerte!

¿Sabe usted la diferencia entre el hombre negro y el blanco? De entrada, a nivel cosmogónico, sobre la visión del mundo, del Universo. No es lo mismo. Para el negro, el Universo es una creación de Dios.

El hombre negro cree en el papel de los antepasados en cuanto al respeto de las normas sociales. El hombre negro cree en la naturaleza. Para él, no se trata de saquear la naturaleza, para acumular.

Si alguien se encuentra con unos cuantos millones, no sabe siquiera qué hacer con ellos.

La trata de negros, la esclavitud, ya era el imperialismo del hombre occidental, en la búsqueda del poder, del bienestar materialista e individualista. Incluso con el regreso de las Independencias, hay una nueva esclavitud. Y nosotros somos parte integrante de este nuevo esclavismo. Aceptándolo, buscamos asimilarnos a contrasentido, a Occidente.

África está en vías de destrucción. No necesitamos copiar el modelo Occidental. Ni a nivel político, ni económico. Porque en el plan económico, ellos son el materialismo desenfrenado, la exaltación del hombre rico, del dinero. Y... ¿qué es lo que hacen? Destruyen la naturaleza, saquean la riqueza de la naturaleza. Sí, África va a la deriva, una deriva lenta, si nuestros hijos huyen del continente para ir a Europa, arriesgando sus vidas, haciéndose devorar por los tiburones, es simplemente porque, en vez de hacer como los japoneses o los asiáticos, es decir partir de nosotros mismos, hemos preferido abandonar nuestra personalidad para tomar la personalidad de otra raza, de otro pueblo y, por supuesto, esto aniquila nuestras capacidades intrínsecas (...) Como ya no pueden utilizar más la fuerza, utilizan la cultura. Asimilados culturalmente, nos encontramos en una lógica neo-colonial, así de sencillo. Una muy buena estrategia de Occidente, colonizar nuestra alma para que el resto siga... Es lo que buscan. De esa forma, ni siquiera sabemos ni pensamos en resistir. Es una pena.

La única salida solo puede venir de una vía original de desarrollo que esté vinculada a nuestra identidad cultural. Soy como el que tira una botella al mar. Con la pobreza y el analfabetismo, es difícil llegar a la gente»[70].

La vida plena

La cosmovisión de los pueblos indígenas, no es simplemente de los pueblos andinos, sino de diferentes culturas: de los mayas, de los hindús... Es una visión articulada, que no es fragmentada, hay 4 dimensiones: la parte espiritual *munay*, la dimensión política y organizativa *atiy*, la parte productiva, la economía *ruray* y luego el conocimiento, educación *yachay*... Pero todo esto no actúa de forma separada sino al mismo tiempo, interaccionando y cada uno se complementa y no es por separado. Toda esta *inter-relación* se completa en el *sumak kawsay* el desarrollo, la realización de la vida plena. Así se concibe el mundo, por eso para nosotros cuando hablamos del concepto de desarrollo no existe, yo hablo de *nawp*... que no es plana, está generando contínuamente... rota, gira y, al mismo tiempo, proyecta el futuro y revisa el pasado... el *nawpa* se puede utilizar en dos sentidos: adelante, el futuro, pero también es el pasado. Los mayores dicen *nawpa taita*: las personas mayores que pasaron, pero al mismo tiempo eso es lo que da la proyección. Por eso, para nosotros no existe un pasado y un futuro, sino todo al mismo tiempo, es simultáneo. Por eso cuando se habla de desarrollo y de subdesarrollo desde la concepción occidental, cuando se habla de subdesarrollo como de hombres a los que todavía falta desarrollar para el futuro, que son pasado, que les falta evolucionar... eso como concepción del subdesarrollo... para nosotros no existen esos conceptos. Desde Occidente se está hablando solo desde el sentido de la economía y no de su integralidad. Para nosotros, si es que aceptamos el concepto del desarrollo, no solo tiene que significar la acumulación de ingresos y bienes materiales, sino que el desarrollo debe ser en su integralidad en la dimensión total de la persona. Por eso, en ese sentido yo no me siento ni subdesarrollado ni pobre, porque tengo mis saberes, mi cultura, mi comportamiento, mi entorno, mi territorio... Entonces no sé de dónde pueden calificarme como pobre subdesarrollado, atrasado... ¡de nada! Desde nuestra cultura nosotros debemos saber que lo fundamental es buscar el «sumak kawsay»; esa es la parte, el

---

70 En «Le Naufrage negro-liberal».

deber profundo del sentido humano y de la persona. Pero entendida en el sentido colectivo, comunitario, no solo en el sentido de una persona; porque una sola persona aislada no puede realizar el *sumak kawsay*, no puede realizar la vida plena»[71].

Recuperaremos semilla por semilla

Tenemos una visión y un compromiso. Nuestra visión es: la vida no puede ser sierva del dinero y el capital, la gente no puede ser sierva del poder. Nuestra visión reclama la biodiversidad como propiedad común, reclama el conocimiento como propiedad común, evitando que se convierta en un monopolio.

Ellos tienen una visión en la buscan el control total sobre la comida y las semillas. Nosotros tenemos otra visión: la de la gente controlando por sí misma su comida y sus semillas, libremente.

Queremos compartir con vosotros algunas buenas noticias. Hemos ganado la tercera lucha contra los piratas que quieren expoliar nuestras semillas y conocimientos y reclamarlas como de su invención. El arroz Basmati fue robado y lo hemos reclamado. El árbol del Neem fue robado y lo hemos reclamado. Y justo ahora, en septiembre, la Oficina Europea de Patentes ha revocado la patente Nr. EP 0445929 presentada por Monsanto, basada en el robo de una variedad antigua de trigo, de bajo gluten y baja elasticidad.

Este es el mundo que queremos crear y confío plenamente en él, recuperaremos semilla por semilla, planta por planta, agricultor por agricultor, comunidad por comunidad, país por país... liberaremos la tierra, reclamaremos la libertad de nuestros alimentos»[72].

El exceso de riqueza es una enfermedad

En la ciudad de Saba hay un exceso de riqueza. Todos tienen más de lo que necesitan y hasta los fogoneros de los baños públicos llevan

---

71 Indígena en *Nawpa*.

72 Vandana Shiva en *Bullshit*.

144

cinturones de oro. En las calles cuelgan enormes racimos de uvas que rozan las caras de los ciudadanos. Nadie tiene obligaciones. Puedes pasear por un huerto con un canasto en la cabeza y él mismo se llenará de fruta madura. Los perros callejeros se alimentan con las sobras de comida sin que nadie repare en ellos. El flaco lobo del desierto se indigesta con el copioso ágape. No hay energía para el crimen ni para la gratitud y nadie se pregunta por el mundo invisible. La gente de Saba se aburre solo con oír hablar de profecías. No tienen deseos de ningún tipo. Quizás alguna curiosidad ociosa por los milagros, pero nada más. El exceso de riqueza es una enfermedad sutil. Los que la padecen están ciegos ante lo que va mal y sordos a toda crítica. Es imposible entender la ciudad de Saba desde dentro, pero existe una cura, un medicamento individual no un remedio social: siéntate en silencio y escucha una voz interior que te dirá «Sé más silencioso». Cuando esto ocurre, tu alma empieza a revivir. Renuncia a la palabra y al poder. Renuncia al exceso de dinero. Vuélvete hacia los maestros y profetas que no viven en Saba. Ellos pueden ayudarte a ser dulce de nuevo, fragante, salvaje y fresco y a dar las gracias por todas las pequeñas cosas»[73].

---

73 Jalal-ud-Din Rumi en *Ciudad de Saba*.

3. Desde El Jardín Interior

Toni Serra*) Abu Ali y la búsqueda de la patria espiritual

Sonia Castaño[74]

> «No hay camino hacia nuestra patria que no pase por el despertar del espíritu; la patria que buscas está en el alma, en el recuerdo de la luz que llevamos dentro».
>
> Sohravardî

Conocí a Abu Ali tras años de escuchar su nombre en conversaciones con amigos en común. De forma repetida e insistente me decían: «Tenéis que conoceros», como si nuestras historias, aún sin haberse cruzado, estuvieran ya entrelazadas. Finalmente, fue Abdennur Prado, un querido amigo mutuo, quien propició el encuentro.

En ese primer encuentro, como en todos los que vendrían después, bastó simplemente con estar y compartir el instante. Al despedirnos, un abrazo y un beso suyo en mi cabeza selló oficialmente la entrada de Abu Ali en mi universo personal. Desde entonces, nuestra amistad comenzó a tejerse en paseos y conversaciones, en largos silencios donde bastaba la simpleza de

---

74 Es licenciada en Historia del Arte por la UAB (1988–1993) y cursó el Diploma de Estudios Avanzados en Humanidades en la Universidad Pompeu Fabra de Barcelona (2004–2008), dentro del programa de doctorado *Arte, Pensamiento y Religión.* Su investigación académica se ha centrado en los espacios de encuentro entre el arte y la espiritualidad, profundizando en cómo las manifestaciones artísticas pueden expresar experiencias y visiones de carácter trascendente. Actualmente se dedica al acompañamiento terapéutico desde una mirada sistémica y transpersonal, integrando la dimensión simbólica y espiritual en los procesos de crecimiento y transformación personal.

estar sin necesidad de decir, en esos espacios donde, sin palabras, la realidad compartida se volvía tangible y honda.

Muchos años antes de nuestro encuentro ya había oído hablar de Toni Serra y había visto proyecciones de sus vídeos tras su regreso de Estados Unidos. Fue entonces cuando descubrí su obra, aunque no al hombre que había detrás de ella. En aquella época, su trabajo estaba profundamente arraigado en un compromiso social y así fue como me formé mi primera imagen de él: la de un creador audiovisual comprometido, en medio de una sociedad que comenzaba a desmoronarse bajo el hechizo de una euforia consumista. Su obra de entonces denunciaba la seducción de un sistema de vida deshumanizante, cuestionando esa falsa realidad que se imponía sobre la humanidad y que transformaba la vida en una suerte de prisión. Sin embargo, nuestras historias no comenzaron a entrelazarse hasta muchos años después, cuando nuestras búsquedas interiores confluyeron en el mismo camino: el del sufismo.

Toni me contaba que llegó un momento en que empezó a sentirse extranjero en su propia tierra, un sentimiento de extranjería que iba mucho más allá de una simple incomodidad o del cansancio de una situación personal. Ese sentimiento despertó en él el anhelo y la nostalgia de un lugar desconocido, de una patria que trascendía la geografía física, a la que llamaba la «patria espiritual». Me decía, como si él mismo fuera un personaje de los relatos visionarios de Sohravardî[75] que tanto amaba, que la única vía de acceso a esa patria se encuentra en uno mismo, en el alma del peregrino y el buscador que todos llevamos dentro. Ese lugar, aparentemente desconocido, nos llama y lo reconocemos como nuestro lugar de origen y destino, vivido como el recuerdo y la nostalgia de un «paraíso perdido».

El azar y el amor lo llevaron a la frontera entre el sur de España y el norte de Marruecos. Al cruzar a la otra orilla, descubrió un mundo distinto que le brindaba la posibilidad de una experiencia renovadora. Dejó de sentirse extranjero y comenzó a redescubrirse en ese nuevo entorno. Se maravilló ante una cultura y sociedad que vivía la unión de lo material con lo espiritual, o, más exactamente,

---

75 Sohravardî, *El encuentro con el ángel. Tres relatos visionarios,* Trotta, 2002, Madrid.

que no había experimentado la fractura entre ambos como sucedía en nuestra sociedad. Como él decía: «(...) finalmente, la herida de la separación se cerró y ese par de hemisferios de nuestro ser se encontraron».

Toni decía que fue al cruzar a la otra orilla cuando comenzó a sentirse verdaderamente en casa y a reencontrarse a sí mismo:

> Todas las inquietudes, pérdidas y rupturas adquirirían un sentido; pero no un sentido cerrado, sino la posibilidad de continuar el camino, de amar, de seguir en la vía del conocimiento y, sobre todo, una orientación hacia la Ka'ba del corazón.

Así fue como Toni Serra, también conocido a partir de entonces como Abu Ali, eligió una nueva vida entre Barcelona y Marruecos, una vida sencilla al lado de su familia[76]. Podría decirse que se situó en un aparente aislamiento, entregándose a un recogimiento en el que tanto su vida como su creación artística alcanzaron una profunda dimensión interior. Fue ese *exilio esencial*, el que propició la larga meditación sobre lo *no-visible*, a la cual dedicó, desde entonces, su vida y su obra.

Él decía que al llegar a Marruecos su corazón, que en ese momento estaba casi apagado, revivió al encontrarse con una gente cuya vida destilaba espiritualidad por todas partes sin apenas nombrarla. Una espiritualidad que estaba acompañada de una fuerte presencia, acentuada por una humildad natural y espontánea, desprovista de cualquier escenificación por saberla inútil e infructuosa. Al fin, se encontraba ante una realidad que no se vivía de forma fragmentada, una realidad que le invitó a participar y formar parte de ella.

Abu Ali descubrió que el islam era mucho más que una religión, que se trataba de un sistema completo de relaciones intrapersonales y sociales que cubren todos los aspectos de la

---

76 Hablar de esta etapa de Toni sin mencionar a Zoubida, su compañera de vida, esposa y madre de sus tres hijos, dejaría un vacío que dificultaría la comprensión de su búsqueda y peregrinaje. Siempre nos recordaba a mi esposo y a mí: «Nada de todo esto sería posible si Zoubida no estuviera conmigo, acompañándome a transitar el camino».

vida del ser humano. Y que es bajo el aparente velo de la cotidianidad, donde se encuentra su dimensión espiritual. Me contaba que, en Marruecos, había descubierto la sacralidad de lo cotidiano y que lo sagrado se encontraba en esa danza silenciosa de lo simple, en el pulso casi invisible de lo que nos rodea y que a menudo pasa inadvertido[77].

Todo esto empezó a plasmarse en sus creaciones. Surgió en él una nueva mirada sutil e intimista que desnudaba la realidad, despojándola de lo superfluo y artificial para mostrarnos, a través de sus imágenes, la belleza de lo esencial. También nació en él un nuevo concepto de libertad, estrechamente ligado a la preservación de la propia integridad, pues sentía que solo podemos ser verdaderamente libres al encontrar nuestra verdadera identidad. En la otra orilla, Abu Ali descubrió las verdaderas necesidades y reconoció, entre ellas, la importancia de preservar la identidad propia para garantizar la integridad y plenitud humanas.

Al cruzar a la otra orilla, su mirada y su creación nos invitan, como espectadores, a descubrir el océano ilimitado que reside en nuestro interior. Nos revela que, más allá de las barreras impuestas, es posible sumergirnos en ese vasto océano; y que, una vez que nos adentremos en sus aguas, podremos navegar por un mundo abierto donde los únicos límites son nuestro pensamiento y nuestra imaginación. Sus obras nos conectan directamente con nuestro ser interno, abriendo la puerta a la percepción de lo *no visible* y permitiéndonos, como espectadores, adentrarnos en esas imágenes que él denominaba *Visiones*.

De Abu Ali aprendí que aquello que tanto anhelamos no está fuera, sino dentro de nosotros mismos. Proviene de nuestra experiencia vital, del amor y de la comunicación activa, no solo con las personas y las cosas que nos rodean, sino con todo el universo, tanto lo que se manifiesta abiertamente a nuestros sentidos como lo que permanece oculto esperando ser desvelado.

---

77 Como en su vídeo *Wahab*, donde pasividad y deseo se unen en una experiencia poética. Unos papeles al viento en un callejón de Tánger nos muestran en este vídeo la «danza sutil» de las cosas, la fragilidad y lo efímero del instante. Alguien pasa ajeno a la escena, desapercibida e invisible sin el estado necesario de contemplación del testigo o el observador.

Compartir momentos con Abu Ali era un privilegio, una oportunidad de habitar junto a él ese espacio donde lo corpóreo se espiritualiza y lo espiritual se corporiza. Ese mundo intermedio, umbral entre lo real y lo irreal, lo visible y lo invisible, el sueño y la vigilia, donde el tiempo lineal se desvanecía.

Hoy, a través de sus imágenes, Abu Ali nos sigue guiando hacia ese mundo intermedio, hacia ese *barzaj*, y nos invita a descubrir que, tras lo que percibimos, existe una realidad más auténtica y profunda que la que captan nuestros sentidos.

La mirada de Abu Ali y su obra tienen la capacidad de desvelarnos y mostrarnos otras formas de ver y de vivir, de mostrarnos que, más allá de la imagen exterior y aparente que nos devora, hay una mirada y una vida interior que nos nutre.

En el último correo que me escribió, antes de su fallecimiento, a finales de septiembre de 2019 me contaba:

> Quizás a mediados de octubre o noviembre realizaré el segundo viaje a Irán. Imagino que más corto, porque la situación no está clara, pero me gustaría ir a la tumba de Bayazid al-Bistami y de Farid ud-din Attar, y grabar los sonidos y visiones que siento que necesito.
>
> Apenas he iniciado las primeras pruebas de edición, de pocos minutos, que me ayudan a ver qué es lo que quieren de mí las imágenes que he grabado, qué forma quieren tomar y siento, una vez más, que me obligan a un viaje interior a través de las nubes de miedos abstractos y deseos concretos.
>
> Visiones que emanan de un sitio y una geografía concreta para entrar en un espacio y un tiempo fuera de toda limitación.
>
> ¡Veremos! (nunca mejor dicho) ...
>
> Queridos, pedid bendiciones para mí, para mi familia y para este viaje, para que este esfuerzo lleve bondad en estos tiempos tan necesitados».

Ese segundo viaje a Irán no pudo realizarlo, pues como él decía: «(...) he sido llamado para otro gran viaje, el *Viaje de retorno*».

Sin embargo, tengo la certeza de que, tras su fallecimiento, en ese *Viaje de Retorno*, pudo realizar su segundo viaje a Irán y finalmente cumplir su anhelo de visitar las tumbas de Bastami y Attar y llevar a cabo ese encuentro tan esperado.

Pocos días después de ese último correo, a principios de octubre, mientras realizaba la edición de las imágenes del primer viaje a Irán, compartió conmigo esta cita del libro *El lenguaje de los pájaros* de Farid ud-Din Attar:

> Si deseas que el océano de tu alma
> permanezca en un estado de saludable movimiento,
> debes de morir y has de dejar tu antigua vida,
> y entonces simplemente,
> mantenerte en el mayor de los silencios.

Para Abu Ali, el propósito último era reintegrar la muerte en la esfera de una existencia total e indivisible. Para él, la muerte no era un final, sino un tránsito hacia otro estado: un umbral que marca el paso hacia una nueva fase de nuestra existencia.

Querido amigo, descansa en paz en el mayor de los silencios.

De una amistad en la cuerda floja

Josep Maria Perlasia[78]

1- Esta contribución trata de acercarse a algunas experiencias y ensayos que bien pudieran haber operado en la configuración de los universos creativos de Toni-Abu y de Kheraba Drame en el transcurso de dos décadas, entre 1999 y 2013. Sin ánimo alguno de exhaustividad, nuestro acento recae en subrayar concepciones confluentes en un ánimo reparador, excavado, en parte, en el encuentro con la cultura de reivindicación africana arraigada por aquellos años en Barcelona.

Discurría el desamparado final del siglo anterior. Nuestro trazo comienza con un esbozo de los hechos sucedidos en la canícula del 1999, en un barrio periférico de Terrassa, Ca n' Anglada. Esto es, del pogromo arrancado en el atardecer del domingo al lunes, del 12 de julio. Selecciono esta imagen desde un tiempo presente, cuando el tamiz de lo fugaz apelotona los ecos de aquellos días. Al aflorar las marcas de la memoria, acaso no encajan del todo con un cotejo documental del mosaico centelleante.

Algunas personas tenían muy claro que al poco vendría a promulgarse la (segunda) Ley de Extranjería (la ley 8/2000 se estaba cocinando a todo gas). Los episodios transcurridos en paralelo al choque de Ca n'Anglada fueron leídos en ciertos medios como un futuro posible, prendiendo la señal de alarma.

Recapitulemos: varias facciones se alzaron airadas y predispuestas a apropiarse, mediante el conflicto, de algún lugar

---

[78] Ha sido corredactor del fanzine del colectivo *El gibón* y profesor de Historia en el Instituto Consell de Cent (Barcelona). Participó en talleres sobre recursos orales en Bata y Malabo (Guinea Ecuatorial) como en São Tomé. Ha escrito diversos trabajos acerca de los efectos vividos del sistema colonial hispano y de un acercamiento a la poesía de autor encarnada por Recaredo Silebo Boturu. En el presente, prosigue dedicado a la traducción.

señalado del barrio (Andreu y Marimón 1999a; Díaz 2002). Ya fueran movidos por la rivalidad o por la sensación de revancha, algunos grupos se lanzaron a la calle, señalando y ejerciendo un daño a personas concretas. Algún ingrediente del nexo entre las imágenes discriminatorias de largo recorrido y los rumores de acusación había calado. En suma, se sucedieron cinco días de asalto intolerante contra personas racializadas. Fueron días de alarma, jornadas que dieron para vaciar un afluente de rumores o de imprecisiones. Llamaba la atención la irrupción de viejos pasos que quisieran amplificar justificaciones tramposas y agresivas. Algunas de las cohortes más afiliadas y extremas habían reclamado sus refuerzos.

Cinco días después (el viernes 16 de julio de 1999) se sumó el malestar *popular* contra la cascada de ataques que se habían sucedido. Como respuesta al clima de impunidad, se dio una concentración ante el Ayuntamiento de Terrassa, avalada por ciento once entidades (Andreu 1999b). Un puñado de agresores fueron detenidos, pero la acción institucional llegaba tarde. Se retrasó hasta el lunes 19 la celebración de una *Assemblea de Veïns*. Solo entonces se abrieron paso las palabras y los gestos que invitaban al autoexamen. Allá encontraron voces y razones lxs diversxs representantes de las *partes* (Milián 1999: 31). Aunque en realidad, al identificar el daño de la indiferencia institucional, algunas voces supieron explicar la naturaleza profunda del conflicto.

2- En el medio panafricanista se ha pensado mucho sobre aquellos hechos y sobre el efecto limitado de concienciación que a la postre han comportado. Con diversos matices se previó un posible avance de los estallidos, el afloramiento de un clima de asaltos contra víctimas seleccionadas. Y algo más sucedió. En concreto y con urgencia, apareció el liderazgo de *Kémit* Kheraba Drame, quien apeló a la ayuda de un amigo, Toni Serra. Un Toni ya entonces explorador de mundos intermedios. Tras su etapa neoyorkina, ubicado entre OVNI (Barcelona), Tánger y Fez había departido con Mohamed Chukri, Ira Cohen y otras amistades acerca de la gravitación de los imaginarios autónomos. Pero entonces, era urgente encarar la bola de plomo dirigida contra sectores de la población local norteafricana. A Toni Serra *) Abu Ali le intrigaban las vivencias del residir en la periferia, en el desamparo de la frontera. Conocía el barrio badalonés del Gorg y el sinvivir de los jornaleros en los campos de frutales o en las carnicerías de Alfarràs. Kheraba lo convocó en vistas a ordenar el gesto cancelador de unos ánimos encorsetados y resentidos. ¿Cómo restañar *la convivencia* cuando la implicación social local se resentía a causa de una larga cadena de indiferencias? Parecía razonable recurrir a la mediación que ubicara a los *actores* ante su propio reflejo.

Por lo demás, se sucedían los desacuerdos respecto al análisis de lo ocurrido. Los más críticos alegaron que no es de recibo equiparar a las víctimas de violencia —vecinxs norteafricanxs— con sus victimarios (Nfubea 2021:405-406). Sumándose a otras aportaciones, Kheraba y Toni pusieron de relieve el trasfondo de algún que otro tejemaneje político-administrativo. Y plantearon la pregunta de por qué el empadronamiento y la *nacionalización* resultaban ser caminos divergentes, o recorridos distintos. Al margen de las calles, en las semanas subsiguientes, la escalada de sucesos había generado nuevas adhesiones de corazón. Pero saltaron a la luz nódulos de malestar en el seno de algunas ONGs concernidas, que pasaron a someter a discusión algunas de sus contradicciones.

Mamadou Kheraba Drame provenía de Ziguinchor, en la Baja Casamance. Desde joven se adentró en la conciencia de lo más justo sin dejar de lado la espiritualidad africano-kemítica (Iniesta 2010). Junto con Ras Babiker, Zhabri y algnxs africanxs que frecuentaban la Casa de Sudán de Barcelona, los dos habían promovido el curso de la Escuela de Filosofía Africana (EFA), en la calle de la Cera. Se interrogaban acerca del nexo con la ancestralidad, sin dejar de cuestionar las descargas de violencia de varias instituciones terrenales. Los trallazos de denuncia de Kheraba colisionan la normalización de la violencia de los CIE (Centros de Internamiento de Extranjeros) y la irradiación de violencias ejercidas a una comunidad trabajadora, si bien, no masiva, reportaban una preocupación genuina (vid. *Port Trade Portrait SD*, min. 21:15-30). Dada su entereza y su dominio de lenguas resultaba, entonces, un nítido portavoz de las protestas cursadas con el fin de recursar el imaginario al reconocimiento y al *respeto* civil (del latín, *respicere*, «observar con atención»). Animaba a aparcar los odios y a abrir ambas orillas al trato civil responsable. A la par de la demanda cicatrizante, Kheraba dirigía una asociación dedicada a los lenguajes artísticos, Lukum Taka, al amparo de las amistades, con quienes estrenó varias obras teatrales que acompañaban a los «negros con los ojos abiertos» (*Barrana*, 2009). Las fotografías de Nina Helf (Lukina) o de Enrique Lorenzo han *clichado* algunos perfiles de aquel momento.

3- En los meses que siguieron a los disturbios del verano de 1999 se evidenció imperativo un nuevo aprendizaje: afrontar las agresiones contra personas vulnerables. Algunas de estas personas —fueran de matriz cultural africana, o no— pedían solidaridad en el transcurso de las primeras concentraciones en la Plaza Catalunya (2001). Después, tras sufrir varias incertidumbres administrativas, volverían a pronunciarse en las concentraciones reunidas en diez parroquias. Por ejemplo, en la iglesia del Pi (la *tancada migrant* del 7/3/2001), o en la parroquia de Santa Anna, en diciembre de 2017. No obstante, carecemos, por el momento, de un relato pormenorizado y preciso que nos detalle la articulación de sus praxis de mediación. Es un tema abierto a otras aportaciones, aun cuando tirar del hilo de la gestión de tantos acosos puede acercarnos a advertir el patrón que se deslizaría a algunas de las condiciones presentes.

En aquellos días, el movimiento negro de Barcelona se estaba reorganizando en varios frentes. Tras la dura campaña a cargo del doctor Alfonso Arcelin y de su entorno, en 1997, y, en vistas a conformar un respeto elemental en la ciudad de Banyoles, se sucedieron las acciones de protesta civil tangible, junto con las jornadas de clarificación política. Todo esto ocurría a la par que, entre furias varias, *caían* algunos trozos del *Apartheid* sudafricano.

Mientras que los grupos enunciaban su posición política se iba precipitando el agenciamiento de las denuncias contra las acciones racistas. A este respecto, los sectores (pan)africanos reclamaban una respuesta colectiva, al hilo de lo acaecido en Terrassa y en otros barrios del estado. Su colectivo político tendió a desmarcarse del manifiesto firmado por la mayoría de las entidades locales. Alegaron no compartir una lógica presentista, según la cual, se encuadrarían las jornadas de violencia en un marco aquiescente. Es decir, haciendo olvido de la continuidad de las agresiones contra lxs africanxs, la larga historia que, atrincherada en un correlato de connotación *racial* reclamaba el hábito de juntar indiferencias, trabando todo un eje estructurante para más asfixias (Ajary 2021).

En contraste con un *consenso* insulso, las líneas del radicalismo crítico consolidarían otra mochila. No dejaron pasar que la conciencia de los reconocimientos no se acompasa al ritmo de las fuerzas más perceptibles de la historia. En este sentido, las personas partícipes de entidades autocríticas tales como SOS Racismo (a diferencia de Cruz Roja) agregaron a sus objetivos algunas figuras del saber que ilustran los apuntalamientos y las fusiones entre racismo(s), patriarcalización, capitalismo e hipocresía (Sarr, 2019; Kalunge, 2020). Aun con las dudas de rigor, la acuidad de las astillas neoautoritarias puestas en debate no impidieron profundizar en un trayecto de sumar los repudios a las falsas equidistancias (*Archivas FF* 2020).

¿Y qué ha sido del paisaje sonoro de aquellos días? Depende. Aun sin contar con el pleno apoyo de la industria cultural o mediática, resuenan los alimentos espirituales clamados por Bob Marley, Cheb Khaled, o por las bandas incipientes del hip hop radical, el *afrobeat* molón y tantas otras expresiones de júbilo y rabia. Por entonces, ambos, Kheraba y Toni, habían mantenido su criticismo de juventud en medio del huracán de ira y del gran envelado de *jouissance*. Y, en rigor, venía de lejos la colisión de Toni contra el ordenamiento, en torno a un *centro* expansivo, autoritario y promotor de tenues dosis de miedo de masas (A. Serra 1986: 47, 55).

4- La fineza en modo de *parresia* de Toni y de resolución a hombres de Kheraba Drame (portavoz de la Federació Panafricanista de Catalunya) volverían a encontrarse. Ambos leían las líneas principales de las representaciones más *falsificadoras*. Sin dar excesivo pie a la ingenuidad, han leído el mal anidado en los regímenes de la visualidad que pasan por *banales*. Sin pasar ni una. Sin alegar indiferencia a un trasfondo de espiritualidad (junto a otrxs desarrollos disidentes), avanzaban los espacios que entreabren momentos de revisión del maltrato con excusa. Y aparece tal como es una anomalía en la orientación de las actividades creativas, algo no tan evidente ni común a la luz de los proyectos de organización práctica con acomodo en la plataforma Ca l'Àfrica.

En efecto, sostenida en sus esfuerzos, la Nave de Puigcerdà-127 albergaba una microciudad en gran precariedad. A la par que otros espacios, concertaron el esfuerzo de más de 300 personas en un acopio de revitalización. Cuando Kheraba afirmaba que «la cooperativa es la culminación de nuestro éxodo» estaba apelando a dilatar un efecto simbólico, a reorientar lo humano tangible, la palabra, el gesto, la mirada. No se desdeñaron los recursos de la acampada para asumir algo de resistencia. Artistas, letradxs y personas de signo diverso concurrían en el abanico de faenas. Sumidas en la incertidumbre y el pragmatismo, las personas acogidas persistieron en vivir a lo largo de quince años en la nave industrial junto al delta del Besós, aun con sinsabores y momentos de desencuentro. Mas, al prevalecer la querella, el curso procesal reaccionario se condensó en la amenaza de desalojo. Bajo tanta presión, se tensaron las jornadas de solidaridad y de debate en un foro encapsulado. Al final, la virtud deliberativa del colectivo, en julio de 2013, debió ceder al impulso oficial otorgando el finiquito de los colectivos amparados.

En paralelo a todo ello, alcanzaba cierta notoriedad la intervención *engagé* comisariada por Jordi Balló en la 55ª Bienal de Venecia (2013). Pero no todo serían satisfacciones. Si, en un principio, la pieza seleccionada (*25%: Catalonia at Venice*) atinaba a poner el dedo en la herida, reclutando a ocho conciencias de entre varios entornos locales, *Kémit* Kheraba no pudo asistir a los fastos. Casi en condición de *naked artist*, vería cancelada su documentación oficial (Ribas Tur 2013).

5- Desde la crisis de 2008 venía arreciando la prueba. Mientras que el movimiento 11-M prometía avances legislativos, el tándem Kheraba-Abu Ali exhortaba a no dejar de lado ni la contemplación ni el ímpetu. Claro que no estaban solos en la línea de proseguir con el correr de aquí para allá de la palabra (Barthes, 1977), de la cadencia sonora, o de la visión (Nubla 2005; Ferlinghetti, 2024). Tanto Khereba como Toni se volcaron en primar la generación de saberes procedimentales para hacer un hueco al ánimo interior y a los trazos artesanales. Apelaban a articular las composiciones afianzadas en varias capas de sentido, labradas con esfuerzo. Unas capas dispuestas en base a saberes localizados, pues, «el polvo sobre tus pies vale más que el polvo sobre tus hombros», como reza un proverbio peulh. Las funciones concebidas por Kheraba y por el director teatral Ras Babi Abdalla Babiker arrancaban desde vivencias e intuiciones de iniciación. Anudaban la música con la danza y la plástica filosófica. Fuera en la imantación de la voluntad o en auscultar del espacio interior, los énfasis convergían sin ceder ante modas volubles. Ni ante el afropesimismo ni frente a la revista misional, ni con *ritornello* de la postcolonialidad, ni adoptando el lamento necropolítico; tampoco los atractores académicos hicieron ahí su agosto con sus entregas.

6- Desde esta sintonía se han ido sumando rechazos al clima de desánimo. Y se han juntando los trapillos en dinámicas cooperativas. Era el caso de la Cop. de trabajadores y de artistas de Barcelona que haría gala de presentación el 8 de abril de 2014 (Jardí, 2014). Con posterioridad, el nexo humano se esforzó en consolidar las experiencias del Sindicato de Vendedores Ambulantes de Barcelona (una entidad de reconocidas solidaridades y encomios, dada su ordenación en asamblea eficaz). No sin dificultades, como mostró la llegada de la pandemia. Por entonces ya habían sucedido los años del primer encaje de las políticas del hipercomplejo Euro-FRONTEX-EUROSUR-CIEs y demás lucros blindados. Con sus correspondientes propinas. Si bien los acosos se han renovado en el tiempo, persisten las plataformas para respirar mejor más la renovación de las sororidades.

En la apuesta por afianzar a los procedimientos artesanales y las *colaboraciones eventuales*, Toni-Abu Ali procuró desacoplar(se) de lo acomodaticio. Rebajando las superficies. Concertando y desconcertando los riesgos. Tiraría de ironía para mermar aquiescencias o para abrir la vía de la concentración crítica, advirtiendo de que estamos en un *tiempo de tormentas*. Así, tras una ocasión electoral convocada en Andalucía el 3 de diciembre de 2018, Toni revuelve acotar en la red:

> Las fronteras y lugares como El Ejido llevan décadas siendo laboratorios de la extrema derecha... allí nació el prototipo del nuevo totalitarismo racista que ahora se propaga por los parlamentos... El silencio de muerte con el que todos los partidos y gobiernos han cubierto, permitido y beneficiado de estos lugares es su cómplice y promotor. No valen las sorpresas.

El llamado corría a la par que el servir vasos de té hirviendo con menta. Con estas líneas no proponemos erigir una nueva estatuaria, sino hacer chispa para captar algo desde la intuición de un ritmo largo, capaz de concebir las bases de cada muestra de *reparación*.

Nota: Agradezco el buen ánimo de Xavi Hurtado, convocando esta mirada y la *sprezzatura* de Rosa Llop.

Fuentes

Ajary, Norman (2021). *Dignidad o muerte. Ética y política de la raza*. Tafalla: Txalaparta.

Andreu, Cristina y Marimón, Silvia (1999a). «Los magrebíes de Terrassa se encierran en sus casas por miedo a agresiones racistas», *El País*, 16-07-1999.

Andreu, Cristina (1999b). «Cien entidades reúnen a un millar de personas en la concentración antirracista de Terrassa», *El País Digital*, núm. 1170, 17/07/1999.

Barthes, Roland (1977/2015). *Fragments d'un discurs amorós*. Barcelona: Ático de los Libros.

Batlle Fuster, David (2014). «*Port Trade Portrait SD*» (film. Duración: 00.36:00). Betacam digital-DVD.

Bey Hakim (2022). *Zona Temporalmente Autónoma y otros textos*. Ciudad Autónoma de Buenos Aires: InterZona.

Bosco, Roberta (2014). «Visualización de lo real», *El País-Quadern*, 17/4/2014.

Falcó, Ona (2024a). «Cheikh Drame (SOS Racisme): «Frontex es la máxima expresión de poder del supremacismo blanco»», *Público*, 05/07/2024.

Foucault, Michel; Deleuze, Gilles (1981). *Theatrum Philosophicum/Repetición y diferencia*. Barcelona: Cuadernos Anagrama. Trad. de Francisco Monge.

Jardí, Silvia [i Cristina Casaprima] (2014). «Homes de ferro», *www.silviajardi.worldpresscom/2014*.

Díaz, Fabià (2003) «Lucha antifranquista, violencia xenófoba, vida cotidiana y espacio público: la Plaça de Ca n'Anglada de Terrassa», *Zainak*, 23: 475-486.

Ferlinguetti, Lawrence (2024/2019). *El Chico. Memorias oníricas de un poeta beat, periodista, pintor, editor, pacifista y librero*. [s.l.]: Hip Gnosis. Libros del Kultrum.

Iniesta, Ferran (2010). *Pensamiento tradicional africano. Regreso al Planeta negro*. Madrid: Los Libros de la Catarata.

Kalunge, Susan (2020). «La llei d'Estrangeria s'ha d'abolir perquè genera violència, patiment, exclusió i discriminació». el*Cugantenc*, 23/2/2020.

-- «El cuerpo como archiva». Ciclo Archivas FF-Fils Feministes. [Vídeo de las jornadas: Tabla redonda. Performance]. [La Virreina]. Centre de la imatge, 26-3-2020]. *www.ajuntament.barcelona.cat*.

Nfubea, Abuy (2021). «Del Ejido a Ca n'Anglada», *Afrofeminismo. 50 años de lucha y activismo negro en España*. Madrid: Ménadas.

Nubla, Víctor (2005). «Indicacions per llegir Toni Serra», a *http://fluxfestival.org/05/projeccions/tserra/article.htm*. [consulta: 01/02/2008].

Milian, Alex (1999). «L'avís de Ca n'Anglada», *El Temps*, 27 juliol-2 agost 1999: 30-32.

-- (2021). «Pla Tremall: pesca d'arrossegament contra la reincidència», *http://www.media.cat/03-04-2021*.

Montanyà, Xavier (2011). *L'or negre de la mort*. Barcelona. Editorial Empúries.

Pons Valls, Emma (2011). «Els moviments immigrants, ignorats tot i dècades de mobilització», *Públic*, 18/04/2021.

--«¿Qué hay detrás de las mantas? Muros invisibles en Barcelona», *desorg.org*, 3-3-2016 [Vídeo, v.o. Cast.].

Ribas Tur, Antoni (2013). «La Biennal de Venècia descubreix l'altra cara de l'atur català», *Ara*, 30/06/2013.

Sarr, Lamine (2019). «Un anell perdut a alta mar», *Directa.cat*, 24/07/2019.

Serra, Antoni (1986). «Perifèries», *D'Art*, 12: 46-61.

www.lukumtaka.blogspot.com [2009].

Zurimendi, Ander (2019). «Ca n'Anglada todavía lucha contra el estigma de los disturbios racistas de 1999», *Público*, 18/03/2019.

Esta historia trata de ti

Belén Sola[79]

El museo acababa de terminar un proceso de profunda reestructuración económica como consecuencia de la crisis del 2009 y eso se tradujo en el despido del equipo educativo, además de una significativa reducción del presupuesto. Por otro lado, estábamos asistiendo a un comienzo esperanzador de movilizaciones ciudadanas con el movimiento 15M. Las acampadas en la plaza de Botines comenzaban a preguntarse cómo sería la autogestión ciudadana de la misma. Entre otras cosas, consiguieron articular algunos grupos ciudadanos preocupados por la gestión de la cultura que se estaba llevando a cabo por las instituciones y los políticos.

Cuando Toni llegó al museo acabábamos de formar en enero de ese mismo año el Grupo de Diálogo sobre Cine Contemporáneo[80], un grupo de personas que nos conocíamos por coincidir en los talleres y ciclos de cine del museo. Con Chus Domínguez a la cabeza apostamos por probar otro modo de relación con el museo. Con el Grupo de Diálogo abogábamos por la cogestión ciudadana de una programación de cine, donde el museo sería la institución pública

79 Investigadora y productora cultural entre las prácticas artísticas contemporáneas, la etnografía experimental y las pedagogías críticas. Entre 2004 y 2020 fue responsable del Departamento de Educación y Acción Cultural del MUSAC. En el año 2016 funda y co-dirige con el artista Chus Domínguez el Laboratorio de Antropología Audiovisual Experimental (LAAV_) un espacio transdisciplinar para la investigación y la creación con comunidades. Desde 2021 coordina el área de Didáctica de la Expresión Plástica de la Facultad de Educación de León. Es editora del libro *Exponer o Exponerse, la educación en museos como producción cultural crítica* (2019, Catarata) y otros artículos, exposiciones y obras colaborativas, como las realizadas junto con el colectivo «La rara troupe».

80 Para saber más sobre este grupo de programación: Taibo, Alberto. (2019) Grupo de Diálogo sobre Cine Contemporáneo. En Sola, B. (ed.) *Exponer o Exponerse, la educación en museos como producción cultural crítica*. Catarata.

que facilita los recursos económicos y nosotras[81] las encargadas de programar y decidir los contenidos.

Toni Serra *) Abu Ali apareció en el museo de Arte Contemporáneo de Castilla y León (MUSAC) en el otoño del año 2012, invitado por mi para presentar los archivos OVNI. Ese año la programación de los archivos tenía por título «Del olvido» y giraba en torno a un doble núcleo de programación: *La commune* de Peter Watkins y el *Mahabharata* de Peter Brook. Además, se proyectaron otros documentos y vídeos que venían a contextualizar la contemporaneidad de esas películas.

Toni llegó como una revelación en lo grupal, como evidencia de que otra manera de programación cultural era posible; también fue un profundo impacto en lo personal.

En seguida nos dimos cuenta de la persona tan especial que teníamos delante, no solamente por la reflexión profunda y rigurosa que traía en su programación, sino también por la manera tan honesta de estar entre nosotrxs. En un espacio de arte donde el ego suele estar en el centro y donde las personalidades atraen las miradas hacia su propia imagen, con Abu Ali sucedió tal vez lo contrario. Hablar con él era como mirarse hacia dentro. Nunca olvidaré esa sensación tan profunda que siempre he sentido cuando he estado a su lado.

En abril del 2015, Toni Serra *) Abu Ali volvió al MUSAC, invitado esta vez directamente por el Grupo de Diálogo sobre Cine Contemporáneo. En esta segunda ocasión, venía a presentar sus propias obras y también a compartir su proceso creativo en una clase magistral donde nos contó sobre sus métodos de trabajo y sus búsquedas. Ahí es cuando definitivamente nos atrapó del todo. Abu Ali era un artesano de la imagen, para él el vídeo era un medio con el que reflexionar y cuestionar el mundo, pero sobre todo, más allá de la pantalla, el vídeo era una puerta al conocimiento; una manera de percibir y experimentar la vida. Sus búsquedas eran artísticas, políticas y espirituales; todo formaba parte de un mismo camino, un camino que estábamos deseando de atravesar con él.

---

81 Pese a que yo era en ese momento la responsable del departamento educativo del museo, siempre me sentí como una persona más del grupo.

En esa ocasión, el título del programa «Entremundos, entre el sueño y la realidad», nos proponía embarcarnos en un trayecto de la mano de sus obras, exploraciones sensibles de diferentes visiones en los límites del trance y la realidad; creaciones audiovisuales que estaban en los *entres* del ensayo filosófico y la poesía.

Las siete películas de este programa fueron[82]:

- Fragmentos del proyecto *Fez Ciudad Interior* (2002). Un viaje iniciático al interior de la ciudad de Fez y de una cultura. Utilizando segmentos audiovisuales que ilustran diferentes aspectos del tejido antropológico, sociológico, urbanístico y religioso de la ciudad.

- *Wahab* (1994). En esta pieza, unas polvorientas canciones egipcias acompañan la danza que una bolsa de basura común realiza en el aire impulsada por un viento efímero, remolino que en cuanto expire terminará con aquella composición. Mientras sople el aire, una realidad se conformará ante nuestros ojos, y aparecerá una objetividad y una materialidad en la que todo parece responder a un ritmo preestablecido, acorde a nuestros pensamientos.

- *Istishara* (2003). Este vídeo, realizado con una gran sencillez y cercanía, se compone de varios pasajes (entrevistas a distintas personas) hiladas mediante fundidos a negros e imágenes transitorias de una naturalidad tal que nos hacen entrever el lado poético que toda nuestra vida y los elementos que la conforman a nuestro alrededor. La materia con que están hechos los sueños parece moldear la superficie pero también encontramos miedos, satisfacciones, deseos, símbolos y metáforas.

- *Anoche dhikr* (2007 Marrakech). La búsqueda del agua, el descenso al pozo del corazón. Sobre un poema de Najmudin

---

82 https://al-barzaj.net/entremundos/

Kubra (S. XII, Persia). Lo más probable es que tarde o temprano nos encontremos en un paraje en apariencia seco y árido. Inesperadamente nuestros pasos nos han dejado allí, todos los caminos son posibles, pero ninguno parece llevar a ninguna parte. En nuestra soledad encontramos la única compañía de la contemplación.

- *Al Barzaj* (2010). Paseo entre mundos. Divagando por caminos complejos en torno a la luz y la oscuridad, donde la mirada se halla constantemente sorprendida y adaptada por el contraste. Entre la ceguera y la máxima iluminación. Travesías vericuetas por los interiores de cualquier ciudad marroquí donde aparecen, con la misma rapidez que desaparecen, personas y objetos. Un tránsito oscilante entre vida y muerte en los márgenes de hogares anónimos.

- *Satsanga* (2014). Vídeo realizado a partir de una conversación grabada en los años 70 en Mumbai (India) entre un viajero y el filósofo indio Nisarghadata, autor entre otros de *Yo soy eso*, uno de los exponentes más recientes e importantes de la escuela Advaita vedanta.

- *El Amor es tu Destino* (2010). Vídeo-lectura intervenida de un concierto del músico egipcio Abdelhalim el Hafiz, interpretando *La lectora de tazas* del poeta Nizar Kebani.

Fue precioso ver cómo nos unimos a ese viaje y fuimos cayendo en un mismo sueño; sentíamos que nos acompañaba una presencia especial y que se nos revelaba con cada película, con cada palabra. Abu Ali era una suerte de anarcomesías de la imagen, nos invitaba a tener fe y esperanza en un momento de desgana generalizada, de máxima desesperanza, cuando el movimiento 15M estaba ya tocando fondo.

En el año 2018, el curso anual de cultura contemporánea que programaba desde el departamento de educación llevaba por título «Periferias y fronteras, apuntes desde aquí». El curso quería ofrecer en la ciudad de León una aproximación al pensamiento decolonial desde las voces de colectivos de la ciudad y otras personas aliadas que nos pudieran ofrecer una lectura situada en nuestra comunidad. «Periferias» y «fronteras» hacían referencia a espacios que habían sido marginalizados y olvidados, bien porque resultaban improductivos para el orden económico capitalista o bien porque se mostraban impropios para el orden moral y simbólico que la Europa blanca y democrática de la modernidad decía defender. Se trataba de reivindicar esos lugares que estaban siendo amenazados ya entonces por las industrias del ocio y la turistización disfrazadas de cultura. Queríamos subrayar la urgencia de espacios con los que ayudar a imaginar otros modos de habitar el mundo menos explotadores de la vida. La última sesión del curso, el 28 de noviembre, llevaba el título «La frontera como centro» y esa fue la última de las colaboraciones de Toni Serra *) Abu Ali con nosotras en el MUSAC[83].

En 2022, el Grupo de Diálogo sobre Cine Contemporáneo y todas las personas amigas de Toni Serra*) Abu Ali en León, organizamos junto con Palmar Álvarez-Blanco un homenaje a Toni en el museo[84]. Durante los días 10, 11 y 16 de junio hicimos varias proyecciones de sus películas, acompañadas de una contextualización biográfica y teórica de mano de Rosa Llop, Gabriel Villota y Palmar Álvarez-Blanco. En este homenaje proyectamos también fragmentos de su última obra *Asemanstán – La tierra de los cielos* (2019), piezas esbozadas para el proyecto inacabado que Toni estaba realizando en Irán y que llevaba por título, *Iluminaciones: La experiencia de la Luz.*

Toni Serra *) Abu Ali llegó al museo y a nuestras vidas proponiéndonos un viaje interior hacia el conocimiento y la

---

83 https://vimeo.com/303669944
https://al-barzaj.net/la-frontera-como-centro_-zonas-del-ser-y-del-no-ser/

84 https://www.youtube.com/watch?v=Gkeu3M5Y0KE
https://www.youtube.com/watch?v=kurPE-3yEcw
https://www.youtube.com/watch?v=O0cbvZ5ITjQ

transformación, desde una suerte de calma y promesa. Nos acompañó en un viaje que ahora continuamos con la gratitud de haber podido compartir fragmentos de vida a su lado.

Hacia las respuestas... con juego... y con amor

Antonio Vilar[85]

Conocí a Toni Serra gracias a mi amigo el cineasta Chus Domínguez. Llegaron juntos y enseguida comencé a encontrar parecidos entre ellos. A ambos les envuelve un aura de talento y honestidad; comparten cierta forma de mover las manos y de vestirse, un pelo rebelde, una mirada amable y profunda se alterna con constantes destellos de audacia, levedad y humor. Se generó desde el primer instante una atmósfera de complicidad, juego y creación que convirtieron aquel día en una arcadia temporal a la que ya siempre querría volver.

Nuestra vida está llena de miles de amaneceres, aunque pocas veces nos paramos a admirar ese proceso increíble que cada día nos libera de la oscuridad de la noche y nos muestra paulatinamente el horizonte y las formas. Son momentos en los que la luz anuncia que la plenitud del sol ha de llegar para todos y en los que ocurre la magia de transformar el frío en frescor y luego en un calor más amable y acorde con nuestros cuerpos. Conocer a Toni es un amanecer que nunca se puede olvidar.

Si no hubiera sentido a la persona podría, igualmente, a través de sus obras, haber llegado a una parte muy profunda de su espíritu. Él diría que con eso es suficiente. Quizás, pero vivirlo a él es lo más parecido a conocer a un profeta, un *kahin* de nuestro tiempo, uno de esos arúspices que se adentran en lo más profundo de las entrañas por difícil que sea el viaje. Lo mesiánico en su caso es

---

85 Licenciado en traducción e interpretación por la Universidad de Granada. Se formó como fotógrafo en los cursos de la School of Visual Arts, en Parsons School of Design y en el International Center of Photography de Nueva York. Ha escrito artículos para Tam Tam Press, el diario *El Salto* y colaborado con *Tomalatele.tv*. Su actual proyecto audiovisual oscila entre el cine-ensayo y el documentalismo.

sustituido por una invitación a la reflexión y a la exploración interior, una suerte de autochamanismo para el que solo es necesario desvestirse de lo accesorio, dejar caer los muros impuestos o autoimpuestos, y permitir el acceso de lo invisible.

Me lo imagino, según escribo esto, riéndose a carcajadas ante esta afirmación y a mí viéndome obligado a explicarme, diciéndole que lo que parece una exageración no es tal, ya que los llamados profetas no son más que seres que pueden ver más allá que la mayoría; son quienes llevan la antorcha por lugares oscuros y nos ayudan a descubrir las trampas y los tesoros escondidos dentro y fuera de nosotros mismos. Y, en esa tarea visionaria, él ha sido especialmente hábil. Podría además concederle —y creo que le gustaría— que es cierto que trabaja más bien a modo de *Yinn* benévolo y travieso a la vez.

Recuerdo que vi casi todas sus obras en poco tiempo. Era como estar sentado a una mesa llena de manjares, algunos intuidos, otros desconocidos, todos deliciosos; aunque muchos de ellos hechos con ingredientes amargos o inesperados.

Una vez que comencé a ver sus vídeos me fue difícil parar, porque funcionan a modo de últimas piezas de ese puzle que siempre has querido completar. Esperaba el final del día para sumergirme en un nuevo vídeo y repasar de nuevo el de la noche anterior. Trataba de libar cada gota de esas extrañas frutas; gotas que siempre aparecían y aún hoy siguen apareciendo, pues algunas de ellas no se manifiestan hasta que estás preparado para saborearlas.

Él utilizaba las imágenes como un sistema de pensamiento que trasciende al pensamiento mismo y que propicia abrirse al espacio de la oportunidad y lo arcano. En esos días de visionado entendí claramente y en primera persona el significado de la palabra impregnar.

Un día le oí decir a Oliver Laxe, otro nabí de nuestros tiempos, que él hacía películas para que lo quisieran. Muchos años antes Federico García Lorca decía lo mismo refiriéndose a su escritura.

Hay una declaración de íntima sinceridad en esas palabras que no todos los creadores son capaces de formular y reconocer. Está claro que Toni era uno de ellos; grababa y escribía para ser querido, para quererse y para querer. Es curioso que este verbo en su etimología latina *quaerere* tenga la acepción de «buscar», que es precisamente algo que él hacía de forma incansable.

El planteamiento filosófico-artístico que nos propone hunde sus raíces en diferentes tradiciones espirituales, en corrientes de pensamiento contemporáneo y en una pura y perspicaz observación de la existencia. Para él son igualmente válidas la opinión de un gran ensayista o la de un mantero inmigrante senegalés, el comportamiento de una abeja o el contenido de los Yoga Sutras. Investiga, actualiza, combina y crea; enfrentando así tanto a los enemigos seculares como a los propios de nuestro tiempo que impiden que demos prioridad a comprender al ser, la conciencia y su verdadera naturaleza.

Subyace en su obra un profundo amor y curiosidad por la vida, un deseo de desvelarla entre las realidades aparentes, una lucha por la libertad y por manifestar los elementos comunes de las personas, de todo lo vivo.

Siempre en contra de los totalitarismos y del capitalismo de alta intensidad que nos acechan, su trabajo trata de deconstruir y desactivar los mecanismos de poder mediante una crítica radical de la noción de visión que se ha impuesto en la cultura dominante global y con la que se intenta hacernos ver una única realidad, estrecha, dura y superficial.

En una pluralidad de planos de reflexión van emergiendo y manifestándose los diferentes niveles de realidad que nos acercan a una mayor plenitud. Al ir cosiendo las separaciones y las cicatrices a las que se ve sometido nuestro ser y nuestro mundo actual se nos permite ver el entramado del juego de lo real; se rasgan sus velos y sus miedos para poder dar lugar a nuevos imaginarios. Los ignorados o despreciados mundos intermedios aparecen, concediéndose así un espacio para lo incorpóreo, generando una oportunidad de abrir la visión, proporcionando la posibilidad a los momentos de cambio, de trance, a lo oculto.

El aspecto que más me embelesa de su obra es la atención por lo pequeño y lo sencillo; desde su forma de trabajar con una cámara de vídeo, un portátil y tiempo para montar, a sus estrategias para trascender la realidad construida y adentrarse en capas de realidad cada vez más profundas. Simples actos como contemplar, abrirse a escuchar una intuición o a lo que nos dice una enfermedad, adquieren de su mano un inusual protagonismo.

Toni hace hincapié en limpiar aquello que dificulta la posibilidad de ver; trasmite la necesidad de parar, de tomar conciencia y de prestarle atención a aparentemente irrelevantes existencias cotidianas; nos dispone a escuchar las causas interesadas de dolor, la convivencia con lo etéreo. Y así, con diminutas teselas, va creando, poco a poco, un camino de conocimiento que va más allá del conocimiento intelectual, por el que también estamos en parte colonizados; un camino por el que podemos acceder a un grado de mayor visión y a ser conscientes de la gran capacidad transformadora de la misma. Todo ello, siempre, desde la propia experiencia, filtrándolo todo a través de sí mismo.

Al ver las grabaciones realizadas en Irán para su última obra inacabada, *Asemanastán*, una vez conseguimos silenciar la mente analítica y entregarnos, es fácil sentir que nos habla desde un lugar ulterior, desde el misterio mismo; un misterio para el que había ido desarrollando la capacidad de permitirse el acceso en su vivir.

Siguiendo sus enseñanzas estaré atento a las voces de los *hatif*, al momento del sueño, la imaginación o la muerte, donde podamos volver a encontrarnos...

Amor siempre.

La paja y el velo

Laura Corcuera / LCGG[86]

> «¿Y por qué miras la paja que está en el ojo de tu hermano, y no
> echas de ver la viga que está en tu propio ojo?».
> *Evangelio según San Mateo*

> «El velo oculta aquello que es revelado,
> pero sin el velo nada se puede ver».
> *Filosofía sufí*

Conocí a Toni Serra *) Abu Ali en el encuentro de ALCESXXI de
Zaragoza en 2017. Aquellos días intercambiamos vivencias, ideas y
brincaderas. Fue un encuentro maravilloso donde pude conocer el
ingente trabajo realizado por Toni y por el Observatorio de Vídeo
No Identificado (OVNI).

Este texto/tejido del corazón está cosido desde Río de Janeiro en
el otoño tropical de 2025. Los diálogos son fragmentos seleccionados
de un intercambio de correos electrónicos que tuve con Abu Ali en
2019, para tratar de dar continuidad a la investigación audiovisual y
performática sobre la materia y simbologías de la paja que realicé
con la marionetista Juliana Notari entre las tierras llamadas Brasil,
España y Francia (https://palha.noblogs.org)

Quería ir al sur de Marruecos, estudiar con la gente del campo
cómo la paja es importante también en esas tierras. Quería expandir
mi entendimiento de la paja como organismo que vive y muere en

---

86 Artista performer y licenciada en Periodismo y DEA en Semiótica de la Comunicación
de Masas con la investigación «El hecho escénico como herramienta de dinamización so-
ciopolítica» por la Universidad Complutense de Madrid. En la actualidad es directora y co-
misaria del Taller Colab Lesbo-Transfeminista La Perereka en Río de Janeiro (@laperereka),
creadora del FESTIVAL RESTOS de Río de Janeiro. Autora de la performance manifiesto A
QUEDA / LA CAÍDA, producida como investigadora Asociada del Círculo de Bellas Artes
de Madrid y la Universidad Federal Fluminense de Niteroi (2022-2024).

una condición permanente de migración, que desvela y revela. Quería ver qué podía pasar en el continente originario con esa paja que había paseado con Ju desde Braojos hasta Brasil. Así la vida nos fue llevando por otros derroteros, sorpresas, alegrías, duelos y enseñanzas. Y del legado mirada de Toni seguiremos bebiendo tantas y tantas, humanas y no humanas.

La Paja – Me disolveré y me cubrirás.

El Velo – Así permaneciste eterna.

LC: La paja es una palabra singular que conlleva colectividad. Es una materia transitoria, migratoria. La materia de la paja envuelve al ser humano en forma de casa y sombrero. La paja también protege del sol a todos los cuerpos, vivos y muertos. La paja nos cubre como un velo. La paja es fiesta y danza, también dolor y misterio. La paja puede ser fuego. Se aferra al viento, a la cinética del gesto. Materia que vuela, arrastra la tierra, levanta polvo y fuego al mismo tiempo. Ahora necesitamos estrategias porque el fuego es demasiado doloroso. Se trata de dar un paso más en las luchas identitarias de resistencia a la opresión y a la dominación.

AA: ¿Quizás parte de la lucha sería que fuesen menos identitarias…?, ¿menos identificables también…? quiero decir, no etiquetables ni autoetiquetables... me resguardo en el velo porque ni yo misma sé quién soy... pero si sé lo que no soy... ¿Soy ese no saber... inaprensible... irrepresentable... inapropiable... y también su búsqueda?

LC: ¿Cómo podemos explotar imágenes? ¿Explotar las condiciones miserables en las que se dan las relaciones de producción y reproducción de la vida?

AA: No se trata solo de lo que podemos hacer, que es mucho, sino también de no hacer mucho de lo que hacemos: no colaboremos más, no nos autocensuremos más, no nos engañemos más... no nos callemos más... llamamos trabajo a la colaboración con este creciente sistema totalitario... llamamos paz de espíritu a la autocensura y solidaridad a nuestra impotencia... Hablemos ya con la desobediencia a los ídolos del poder; es decir, hablemos con la Vida... que es Una pero única en cada unx de nosotrxs. Dejemos de colaborar con nuestro trabajo... transformemos y aprovechemos ese esfuerzo... abramos agujeros en su casco... que entre el agua, que se hunda... no estoy hablando de odio y resentimiento, eso ya lo reproducen sin descanso... sino de amor desde la raíz... radical.

LC: Se trata de hacer comunidades no para ser más fuertes, sino más vulnerables. Una comunidad rompe porque desconoce a la otra. Devolver el gesto sin reproducir la misma violencia. Éste es el desafío. O el error histórico en su formulación inversa. Necesitamos estrategias basadas en el amor desde la raíz. Amor desde la raíz, ese misterio que toma haceres palpables...

AA: y si no las toma ... no es misterio, es una marca del súper [mercado]

LC: No replicar violencias es difícil, requiere de meditación, estudio y servicio.

AA: Punto clave que tan fácilmente se cuela en los contagios de la lucha y en la desatención del frente íntimo. No se puede destruir al amo/opresor/dominador/colono con sus mismas herramientas... Otro buen punto de reflexión... ante los colectivos que proponen apropiarnos divertida o tácticamente de las herramientas y lenguajes del opresor... darles la vuelta y... mmm... fácil perderse en ese giro...

LC: En la relación entre paja y grano reside el diálogo entre fondo y forma, entre muerte y vida, entre realidad y ficción o incluso entre valor y precio. Existe una gran diferencia entre el mundo rural y el urbano en relación con la paja (y quizás con el velo), utilizada desde las primeras civilizaciones por los pueblos, en rituales y arquitecturas, como protección y vestimenta.

AA: Me comentaban un dicho del Imam Ali:

> Se encontraban descansando en una pausa de la batalla... Ali pidió agua... un amigo se la trajo, bebió, pero como el cuenco estaba agrietado el agua le caía también por encima de las ropas. Alí preguntó ¿pero qué es esto?... su amigo le contestó: Ali, ¡estamos en plena batalla!... esto es lo que hay. Ali le comentó entonces: pero, hermano, ¡es por esto por lo que estamos luchando!.

Para que la vida no se desprecie... para que el agua no se malgaste ... Historias de otro tiempo, lugar y tradición... pero igual no hay otro tiempo tradición ni lugar... igual todo es ese instante que se nos escapa... Aquí en el *duar* [aldea] nuestra presencia es ligera... respetuosa con las maneras y tradiciones... ¿por qué? Porque así nos sentimos en com_unidad en una aldea. ¿Qué quiere decir? ¿Que nos sometemos a una monoforma local? Bueno, aquí la forma es el velo, que protege intimidades bien variadas y diversas... A veces parece el lado inverso del espejo del mundo global, donde se tiende a que las apariencias sean bien diversas... y el mundo íntimo casi clónico... Nos gusta que nuestra intervención sea armónica. ¿Cómo hacerlo entonces? No lo sabemos, ¿verdad? Y por eso nos ponemos a caminar...

En palabras de Toni Serra *) Abu Ali

Había que irse, buscar, no solo un cambio de lugar físico, sino también de lugar interno[87]

Colectivo Yihad con amor

—Nuestro principal interés en esta entrevista es hablar de tu particular trabajo artístico. Para empezar, ¿podrías explicárnoslo para aquellas personas que no te conozcan?

A finales de los 80 descubro el vídeo como un medio que me permite reflexionar, criticar, romper con los imaginarios que encierran y, sobre todo, como un medio de iniciar un viaje de conocimiento. Un conocimiento que no es una conquista, no es un saber ganando espacios, no es el acceso a lo desconocido, sino el acceso de lo desconocido, abrir un puerta a ese lugar donde acabamos, esa experiencia que nos supera, «así como los ríos van mar, y la vida hacia la muerte, así el conocimiento fluye hacia lo desconocido».

Estoy hablando de una forma de escribir imágenes que poco o nada tiene que ver con la industria de la imagen. El vídeo independiente se mueve yo diría que al margen de presupuestos. En mi caso, al menos, tiene mucho de artesanal, una cámara, un ordenador para editar y tiempo sin límites para soñar y viajar en ese mundo intermedio de las imágenes. Colaboraciones esporádicas con músicos, conversaciones, y una forma de editar, de montar que cada día descubro más cercana a la poesía, al sueño, a la visión. Muy pocas veces o ninguna he trabajado en forma de proyecto; es decir, una idea, un guion y una posterior plasmación en imágenes. Trabajo, por así decirlo, directo con las imágenes sin guion

---

87 Este texto procede de una entrevista para Webislam realizada por el colectivo Yihad con amor en 2013. Se ha transcrito el texto tal cual fue publicado.

convencional, siguiendo líneas no escritas, sino intuidas. No con ideas, sino con imágenes que antes he *visto* en algún lugar de mí, o en una conversación, o en los ojos de alguien. Y muchas otras veces, las más, buscando imágenes que quiero ver, que pido ver por qué no sé como son, por eso parto en su búsqueda sin saber si las encontraré, si esa parte de mi quedará ciega por el momento, o si quizás debe ser así.

Así cuando grabo no tengo la sensación de *capturar imágenes* —una expresión muy usual en el mundo de la imagen— respecto a la cual la primera pregunta debería ser: ¿Quién captura a quién? (pues en realidad es el cazador de imágenes el cazado por ellas). Si acaso, a veces he tenido la sensación de leer algo que estaba allá escrito y cuya naturaleza profunda desconozco. Otras veces me he despreocupado y he bailado con las imágenes, me he dejado llevar por ellas, sintiendo que hay una danza sutil en las cosas, en los lugares, en las luces, sombras... Otras me he sumergido en la contemplación y he pedido ver.

Perderme

Mis primeros videos, *Pura Fe* y *Wahab*, respondían a ese querer entender. ¿Por qué me atraía ese predicador solitario vociferando en una esquina de Brooklyn?, ¿por qué quería ver papeles movidos por el viento en un callejón perdido?, ¿qué había en ello que me interpelase de tal forma?, ¿qué había de mí o de nosotros allí? Allí me perdía, allí había la posibilidad de reencontrarme, o no.

Grabé *Wahab* al perderme en Tánger. Había buscado durante años esos papeles al viento en otros lugares, pero aparecieron entonces, allí estaba también una cámara y una enorme tristeza por la separación que acababa de vivir, allí sonaba la música de Mohammed Abdelwahab, que dió nombre al vídeo. Más tarde supe que *Wahab* es el que da.

Pero hace poco que escribí: unos papeles al viento en un callejón tangerino, la danza de lo efímero, la fragilidad del instante. Diarios, bolsas de plástico, pañuelos de papel, todos ellos destinados a desaparecer. Pero la contemplación colapsa el tiempo del instante y abre una puerta a otro lugar sin medida. Aquí es el eterno baile de los encuentros y desencuentros, ahora en forma de un diario y una bolsa de plástico que se rozan atrapados en un remolino de polvo. La hoja del diario se abre, caprichosamente la bolsa se posa sobre ella, y vuelven a repetir una y otra vez el juego. Alguien pasa ajeno a la escena desapercibida, invisible sin el estado de contemplación. Y allí sentimos que es la vida la que nos toma, la que nos lleva en brazos, la que nos hace encontrarnos en la pérdida. Allí están todos los posibles e imposibles de nuestras historias...

La ilaha
—*¿Pero cómo asirse allí a lo efímero, como mantener esa danza con las cosas?*

Alejado de ese lugar frágil que me acogió, volví a sentir todas las cosas que me impedían, que me encerraban, todas las construcciones que nos secuestran de ser plena y libremente, mecanismos íntimos y dispositivos sociales que engarzan entre sí. Vivimos en un mundo mediatizado por imágenes que nos ciegan. Miles, cientos de miles, millones, de imágenes, y, pese a su aparente banalidad, no lo son en absoluto: responden, emanan y se infiltran en nuestras identidades. Fundamentalmente, en las coordenadas del deseo y del miedo. Mientras nuestras identidades respondan de forma automática, no consciente, a los estímulos de miedo y deseo, estamos indefensos ante las manipulaciones más básicas y lamentables, en manos de la moderna magia negra de la publicidad, cine de consumo, videojuegos, etcétera... que no harán otra cosa que alimentarlos, acrecentarlos.

En esta época monté vídeos en los que utilizaba únicamente imágenes mediáticas, en un intento de deconstrucción: de mostrar toda la fealdad y la enfermedad que se escondía bajo esa capa de seducción y adrenalina, así entre otros: *La Noche,* agentes psíquicos se infiltran mediante secretas punciones mediáticas, pesadillas publicitarias y *mass media monsters*; *Minnesota 1943,* en esa fecha la Universidad de Minnesota realizó, por encargo del ejército americano, un test psicológico para la selección de oficiales. Más tarde y muy significativamente este mismo test fue utilizado mundialmente en la selección de personal para empresas. O *Magia en el Aire*, editado a partir de las imágenes que publicitaron en el cine la futura aparición de la televisión, imágenes que parecían anunciar eufóricamente el advenimiento de una religión oscura, el vídeo acababa con la imagen fija de un niño cautivo, cautivado inmóvil ante una pantalla, una especie de réquiem de la infancia. Acabé esta época con un cd rom interactivo —*Oigo Voces*—, una reflexión compulsiva sobre la locura y adicción que llevaba consigo esa fe en el consumo y la tecnología. Y con *WSB Hassan Sabbah*, un texto de William Burroughs superpuesto a una sucesión frenética de presentadores de telediarios: «Vosotros traidores, colaboradores, que habéis vendido la tierra de los que ni tan siquiera han nacido, vosotros mentirosos... en nombre de Hassan Sabbah».

La verdad es que todos estos vídeos respondían a una necesidad quizás infantil: digerir, vengarme de esa enorme avalancha de imágenes no deseadas que a todas horas nos asaltan, entender cómo funcionan esos mecanismos de manipulación y ver cómo se insertan en nosotros. Desde luego no como un observador privilegiado que anota desde un espacio seguro e inalcanzable, sino desde dentro.

Estas visiones, estos vídeos, me dejaron en un lugar bastante desolado y frío, sin apenas nada a lo que asirme. Solo el *no* estaba claro. Y quedarse *allí*, repitiéndolo, no tenía ningún sentido y representaba una contradicción, una trampa. Había que irse, buscar, no solo un cambio de lugar físico, sino también de lugar interno. Despedirme de esas alucinaciones de supuesta belleza, o de confort, poder, seguridad, eterna juventud, acumulación, etcétera... o de los peligros sin fin, paranoia, vejez...

Ila al.lah

—¿A dónde ir? ¿A lo entrevisto en los primeros vídeos?

La confianza en un sentimiento de amor inexplicable suspendido en la fragilidad, confiar en esa danza en las cosas, acompasarnos con ella, confiar en la Vida, librarnos a ella, no venderla, aceptar su presencia irrepresentable, irreductible, y nuestra nada.

Ese *no* me había dejado ante un vacío; un vacío lleno de todas las posibilidades y a la vez calmo y quieto. ¿Qué nombre darle? Y a la vez... ¿qué nombre no le pertenece?

Empezaron nuevas lecturas, sobre todo poesía persa: Farid ud´din Attar, Mahmud Shabistari, Najmu ud.din Kubra, y también Ibn Arabi, ad-Darqawi... estas lecturas dialogaban casi involuntariamente con los ecos de las anteriores: Michel Foucault, Guy Debord, George Bataille, William Burroughs... y, así, aparecían nuevos sentidos y vías.

El viaje tuvo también su reflejo físico, empecé a vivir largas temporadas en Marruecos, en Tánger, y en el campo cerca del Atlas, vídeos sobre sueños, sobre el sacrificio, sobre la muerte, con personajes que iba conociendo... En Fez grabé durante meses, como en círculos, viajando por los diferentes niveles de la ciudad, sus murallas, sus mercados, los barrios interiores, las numerosas mezquitas y *zawiyas*, encontrándome con gente y compartiendo... buscando relatos de sueños y rituales, conversaciones que me mostraban perspectivas que desconocía... de esa vivencia nació *Fez, Ciudad Interior*, y fragmentos suyos que aparecen en vídeos como *Seffar*.

Y lo cierto es que mi corazón revivió al encontrarme con una gente cuya vida material rezumaba espiritualidad sin apenas nombrarla y, a la vez, presente con tanta fuerza... acentuada por la humildad natural y espontánea, la renuncia a cualquier escenificación, quizás por saberla vana... y, en cambio, en cada gesto, en cada atención: la Presencia, el vaso de té se llena mientras conversas, un cojín se desliza entre tu espalda y el muro frío, un encuentro entre lo material y lo espiritual, esa herida que por fin se cierra, esos hemisferios de nuestro ser que se encuentran...

Empecé a tener también la consciencia de que a través de los vídeos trabajaba con luz; más exactamente, con luces y manchas, sombras y colores que creaban visiones, presencias intangibles. Empecé a ver la relación entre el vídeo y los sueños y, sobre todo, las visiones. La necesidad de contemplación que comentaba antes, pero también el hecho de moverme en un *barzaj*, en un mundo intermedio entre lo real y lo irreal, lo visible y lo invisible, el sueño y la vigilia... el espacio de Jadir, Khezr.

No ideas, sino imágenes que quieren ser vistas, que nos visitan a través de sueños o de espacios intermedios, pausas, contemplaciones. Inicio los vídeos siguiendo ese delicado hilo. La búsqueda del agua, el descenso al pozo del corazón. *Anoche Dhikr*. Pues lo más probable es que tarde o temprano nos encontremos en un paraje en apariencia seco y árido. Inesperadamente, nuestros pasos nos han dejado allí, todos los caminos son posibles, pero ninguno parece llevar a ninguna parte. En nuestra soledad encontramos la única compañía de la contemplación, la mirada aquietada nos muestra un mundo aquietado, un mundo que lentamente empieza mostrarse al margen de los parámetros del deseo o la funcionalidad, un mundo sin afuera ni adentro. Comprendemos mejor ahora que aquello que vemos no es extraño a nosotros y el viaje cobra así un sentido diverso e interpretativo. Un pequeño grupo de hombres aparece en la lejanía, nos acercamos y les seguimos. Uno de ellos es un zahorí, busca agua con una rama de olivo, el paso es rápido, súbitamente como si recibiera un golpe se tambalea, y quizás cae, caemos... En el páramo un arbusto seco ha abierto unas pequeñas flores, nuestros pasos toman ahora un camino de polvo,de piedras, de zarzas y acacias, cruzando puertas y murmullos, rumores o risas de niños...

Tumbados en la tierra, como tierra, para que un pozo se abra en nuestro pecho y la conciencia descienda cerca del corazón, allí veremos sin palabras, con los sonidos de la respiración latido, un recuerdo del lugar de donde venimos, del lugar que somos, de donde brotan las apariencias, como esas nubes que forman figuras caprichosas que apenas perduran...

Una búsqueda de lo que hay de vida en nosotros. La presencia de lo que nos hace vivir.

—*¿Tú interés por el islam viene una vez consolidada esta trayectoria artística?*

Supongo que el camino que emprendí con los vídeos forma parte de este fluir en el islam.

Luego aparece una consciencia del proceso de búsqueda, del encuentro que se está llevando a cabo... y eso permite profundizar, limpiar, descartar actitudes.

Adentrarse en el umbral abierto, como en el video *Al Barzaj*... a veces ese umbral conduce a un largo callejón de tierra dentro de la tierra bañado de oscuridad. Avanzamos guiados por la luz que aparece en las intersecciones con otras callejas, luego ya solo por la luz al final, como en un largo túnel. Los últimos pasos ya los damos en la oscuridad completa, los sentimos resonar entre las paredes. Guiados ahora por una luz interior, intangible, inasible, pero que de alguna manera recordamos como fuente de todo...Y así entramos en espacios de suspensión del tiempo y el espacio, jardines interiores bañados por el silencio y un eco lejano de presencias ausentes... un pajarillo que parece muerto revive y cruza una puerta que se abre, y esta vez nos inunda con su luz blanca... que nos acoge. No vemos y sin embargo todas las imágenes están ahí. Lentamente, salimos de esa luz, el mundo vuelve a aparecer, ahora como motas de polvo suspendidas en el aire, danzando como planetas y universos...

—*El islam suele suponer una ruptura con muchas inercias o prejuicios heredados. En tu caso, ¿cómo se dieron estas rupturas (paulatinamente, de golpe...) y cómo afectó tu expresión artística?*

No siento que el islam venga de fuera, esa ruptura con prejuicios e inercias ya se había dado. La consciencia de descubrirme en el islam le dio en todo caso un sentido. Todas aquellas inquietudes, pérdidas, rupturas, aquella ansia, cobraban un sentido. Pero no un sentido cerrado, no un manual, ni a una meta alcanzada, sino la posibilidad de continuar el camino, de amar la vida, de seguir aprendiendo... y una orientación hacia la Kaaba del corazón.

Otras veces, uno intuye la fosilización de ese impulso en una serie de normas vacías de su sentido interior. Las formas entonces se amplifican y se exhiben, los nombres se vuelven ampulosos, aparece la típica rigidez de lo muerto, desaparece la dulzura de la experiencia directa, y rápidamente se crean estructuras y círculos de poder que secuestran ese «pedir» espiritual. Vanamente, todo hay que decirlo.

Hay siempre una tensión que es síntoma de vida, ese juego entre la contracción y la dilatación. El fruto interior de la almendra requiere de la dureza exterior de una cáscara que la proteja. Pero no nos satisface una cáscara si está vacía, es rígida, difícil de tragar sin el aroma de su fuente viva. Esa cáscara que no se abre mata el fruto, debe abrirse para que la semilla crezca y dé lugar a vida. No son dos cosas diferentes.

—¿Logras compatibilizar tu trabajo con las exigencias del mercado artístico o de los circuitos culturales? ¿Crees que hay un interés para este tipo de propuestas?

Es importante que hagas esta cuestión pues es inseparable del concepto de *profesionalidad*. Y, curiosamente, el mercado de la creación está saturado de profesionales, yo diría cansado; cansado de tanta obediencia a las exigencias, e incluso de tanto *ocurrencia rebelde*... y lo que ese mercado acaba recibiendo es un reflejo de su misma vacuidad y codicia.

Y es también una cuestión muy usual. Responde a una lógica respecto a la cual siempre me he sentido extraño. En mi resuena como: »¿Logras compatibilizar el islam con las exigencias del mercado espiritual o de los circuitos religiosos? ¿Crees que hay un interés para este tipo de propuestas?».

No, no creo que podamos separar las cosas de esta manera: la vida, lo que somos, lo que hacemos. Para luego someterlas a poderes. ¿Puede mi vida, nuestras vidas, nuestros afectos, nuestros sueños compatibilizar con las exigencias del mercado? Prefiero no preguntarme esto. Mi trabajo, no solo el artístico, es parte inseparable de mi camino en el islam, parte inseparable de mi vida, de mis afectos, pérdidas, sueños... de hecho ni siquiera le llamo trabajo.

Escojo como muchos otros: soñar, vivir, orar, contemplar libremente, como un camino que tiene su propia lógica, una lógica que me supera completamente, y en la que, paradójicamente, soy y me voy des-cubriendo. Mis vídeos están en ese mismo camino. Una vida en la que me parece justo tener lo justo para vivir.

La sociedad capitalista —como otras anteriores, pero quizás

con mayor intensidad— se ha hecho fuerte en la separación. Separando no solo a las personas entre sí, sino también a las personas de las cosas, a las personas y la naturaleza, a las personas de su trabajo. Más aún: nos separa de nosotros mismos, abre una brecha entre nosotros y lo que hacemos, soñamos, amamos... En esa brecha penetra la ignorancia de nuestro verdadero ser, y en esa ignorancia habitan los expertos, los intermediarios, los que *soplan sobre los nudos de las cuerdas*, los que fabrican los miedos y los deseos y las *razones* que tan a menudo nos desvían.

Obviamente, si atendemos a esa *exigencias* tenemos la posibilidad de una supuesta brillante carrera, una posibilidad. Para muchos, para la mayoría esa posibilidad se esfuma, pues las exigencias aumentan, y a menudo consume las vidas. Habría que preguntarse ¿quién exige?, ¿qué nos exige?, ¿qué quiere de nosotros?, ¿de nuestros sueños y visiones?, ¿de nuestra necesidad de ver? Quizás ese *mercado* quiera nuestra vidas pues está muerto, nuestras visiones pues está ciego. Y no está solo afuera sino también dentro. Engarza con una forma de entendernos a nosotros mismos, de construirnos como identidades.

Viene bien ahora recordar una carta del Shaikh ad-Darqawi: «Que sus insinuaciones no te inquieten ni te asusten, diga lo que diga, antes bien continúa sentado si estabas sentado, o de pie si estabas de pie; continúa durmiendo si dormías, comiendo si comías, bebiendo si bebías, riendo si reías, rezando si rezabas, recitando si recitabas, y así sucesivamente».

Al seguir nuestros caminos y no dar realidad a esos cantos de sirena, nada queda resuelto, pero nada queda cerrado. El camino está abierto, es un camino exigente, no es autocomplaciente, en él hay un afrontar el vacío y a menudo la pérdida, y conlleva un pedir; es decir, un reconocimiento de nuestro estado incompleto... y a la vez un agradecimiento sin condiciones.

Cuando miro alrededor o en el tiempo, veo que aquello que aquello que cuidamos con amor cuida también de nosotros. Y recuerdo: «Hijo mío no te entristezcas, el amor es tu destino». Pero *Al.lah ualem.*

4. Viaje hacia la luz (viaje a Irán)

Viaje final en busca de la luz.
Asemanastán de Abu Ali *) Toni Serra

Laura Baigorri[88]

Cuando en noviembre de 2019 nos dejó, Toni Serra *) Abu Ali se encontraba en la mitad de un viaje que podría definirse como el proyecto de su vida: viajaba a Irán en búsqueda de la luz, una iniciativa largamente acariciada durante años que representaba un hito en su trayectoria, por fin podía ir a capturar y ser capturado por la luz de la tierra de los cielos. Este fue su último viaje de conocimiento.

En 2018, Toni ganó una Beca Multiverso de Videocreación (Fundación BBVA) para realizar una pieza de videoarte en Irán que inicialmente se titulaba *Iluminaciones, la experiencia de la luz* y entre abril y mayo de 2019 grabó muchísimo material durante su primer viaje. Justo cuando iba partir para el segundo, el agotamiento pudo con él y tuvo que renunciar al viaje y a la vida.

Antes del viaje Toni escribió:

> Para la realización de este *Iluminaciones* es necesario realizar un viaje.
> Un viaje que no es solo físico, como desplazamiento en la geografía,

---

88 Es catedrática de Artes Mediales en la Facultad de Bellas Artes de la Universidad de Barcelona. Combina su experiencia docente e investigadora con la crítica, la curaduría y la realización de proyectos de *media art*. Ha organizado numerosos seminarios y exposiciones sobre arte y nuevos medios; entre sus comisariados destaca *Asemanastán. La tierra de los cielos* (2023) de Toni Serra/Abu Ali en el Museo de Bellas Artes de Bilbao. Ha publicado un amplio número de artículos y ensayos sobre arte y activismo en la red, vídeo y *game. art.* Entre sus libros destacar su última publicación: *Arte identitario en la no presencialidad* (2024).

sino también cultural y anímico. Todo viaje es también un viaje en la experiencia interior, más si su motivo es la reflexión sobre la luz y la búsqueda de la contemplación. Esta presencia del viaje interior será pues también en sí mismo uno de los elementos clave de reflexión y creación en este proyecto. Parte experimentalmente de la arquitectura y poesía mística islámica iraní de los siglos XI-XII, pues es en esa cultura donde el uso de la luz como vehículo místico tiene una tradición más antigua y matricial, y donde ha alcanzado su más alta expresión, ya desde tiempos pre-islámicos con la cosmovisión zoroástrica en torno a la luz y la oscuridad. Esta búsqueda de la luz pretende ir más allá del enfoque puramente físico y la visión óptico-céntrica para recomponer su vínculo con la experiencia interior y la contemplación. Iluminación y Contemplación: ambas son una constante en mi obra.

En febrero de 2020, un equipo de profesionales amigos, revisamos el material grabado y completamos el trabajo a partir de su preguion. Ante la imposibilidad de realizar el vídeo que él hubiera hecho, se evitó realizar un montaje lineal y la pieza principal se concibió en bloques de secuencias completas con forma de díptico, de manera que éstas van apareciendo alternativamente en una y otra pantalla, fundiéndose después a negro. En la instalación, que se exhibió en el Museo de Bellas Artes de Bilbao en mayo de 2023, este díptico ocupaba toda la pared más larga del espacio, pero en la antesala había dos vídeos más. Uno estaba en pantalla grande y mostraba un charco de agua en la oscuridad sobre el que se reflejaba la luz; y otro pequeño, donde un sencillo trabajador recitaba en farsi un poema de Hafiz que a Toni le cautivó.

En este proyecto, su objetivo estético era:

adentrar al público, a través del vídeo y el audio, en una atmósfera de ensoñación, en la que los límites entre lo real y lo irreal, el sueño y la vigilia quedasen en suspenso a través de un trance contemplativo. Un mundo intermedio, que Henri Corbin llamó 'el mundo imaginal', en el que la experiencia de la luz deviene elemento matricial.

En el díptico, se suceden bellísimas y, a veces, desconcertantes secuencias en las que la luz se despliega en toda su armonía —como en el campo de olivos donde llueve al revés (debido a un efecto óptico las gotas de lluvia iluminadas van hacia arriba)—, con toda su fuerza —como en la furiosa tormenta nocturna de arena, donde la luz de su linterna es lo único que atraviesa el viento y las sombras—, o en su complejidad —como en la secuencia final de luz gris, una imagen del limbo, del umbral entre las luces y las sombras en la que es difícil discernir donde acaba el cielo y donde comienza el mar—.

La imagen fugaz de su rostro o de sus manos, de sus pisadas y de su sombra aparece tímidamente en algunas secuencias, pero la mayor sensación de proximidad con Toni se produce durante una larga panorámica circular en el interior de un pozo de hielo en el desierto, en la que se superpone el audio de su propia voz, potente, cantando a Alá. Es en esta secuencia en cámara subjetiva donde su presencia es más viva, al adoptar su punto de vista y escuchar su canto permitiéndonos compartir ese momento «desde un mismo cuerpo».

Pero aunque el cuerpo de Toni viajara lejos, su corazón siempre permanecía con su familia. Una de las secuencias más impactantes se encuentra al inicio del vídeo, es la única montada premonitoriamente por él mismo porque se trata de su despedida, con sus manos rozando primero y separándose después de las de su hija Yasmina, justo antes de iniciar el viaje. Y hay otra también muy evocadora, donde la cámara pasea lentamente por el tronco talado de un enorme árbol ya seco, para acabar parándose justo al lado, en el brote de un arbolito que inicia su vida… como la de Adam, su hijo de un año, o como la de su hijo mayor Ali, siempre presente en su pensamiento; diez años antes ya tenía esa perspectiva:

> Hijo mío tienes 10 años, miro tu vida por venir y hoy siento un gran vértigo. Pero es injusto, pues la veo tal vez desde mi ocaso, no tengo ya el impulso que en ti está naciendo con fuerza, creciendo cada día; ese torbellino de polvo, pero también de belleza que cogerá tu vida, como las nuestras, como una hoja al viento.[89]

---

89 En El amor es tu destino (2010) 10'. https://al-barzaj.net/el-amor-es-tu-destino/

Asemanastán es la obra póstuma de Toni. Una palabra inventada por él para referirse a Irán, que en persa o farsi es Aseman o *la tierra de los cielos*. Jugó con la denominación y lo bautizó como *Asemanastán* —haciendo alusión a nuestro *Españistán*—; aprendió, incluso, a escribirlo en farsi y nos pareció muy oportuno utilizar este nombre inédito. *Asemanastán* ahora no es su obra, sino un homenaje, un tributo a su visión[90]. Estamos convencidos de que Toni hubiera hecho otra pieza completamente diferente, pero también intuimos que en estas secuencias se encuentra la esencia de su especial forma de habitar este mundo.

--

Es demasiado intenso escribir sobre Toni. Dejó una huella tan profunda en quienes le conocimos... su recuerdo nos sigue conmoviendo. No es solo su potente espiritualidad, es la mezcla de inteligencia, humor, desapego, compromiso, valentía y honestidad; su carácter empático y sensible... su capacidad para vibrar en la misma frecuencia que uno. Era, a la vez, uno de nosotros y alguien que ya estaba en otro lugar; sobre todo en esta última época, alguien que verdaderamente habitaba entremundos. Aquí andábamos todos como moscas contra el cristal... pero él sabía traspasar el umbral cada día, al amanecer y al anochecer, cuando llegaba y cuando se iba la luz. Esta dualidad atravesó toda su vida. Toni pensaba siempre la imagen —como la vida— en un amplio recorrido entre mundos, el presencial y el de los sueños, el político y el poético; desde la simpleza de lo cotidiano a lo sublime de la espiritualidad (sufí), desde la preocupación social a la búsqueda interior. Repartió su tiempo entre una vida familiar sencilla —con tareas de campo y pastoreo— y una vida intelectual y artística coherente y comprometida —textos, conferencias, clases, exhibiciones y festivales—. Tuvo dos nombres: Toni Serra y Abu Ali (padre de Ali)... y al final de su vida, cuando más la amaba —¡qué bella es la vida, que bella!—, nos dio una gran lección de aceptación de la muerte.

---

90 Gracias Álex Muñoz, por el maravilloso y respetuoso montaje audiovisual que realizaste, y Barbara Held por el sonido; sé que para vosotros fue especialmente doloroso sumergiros en su mundo para editar de forma intensiva, con la pena tan reciente y en la soledad de la pandemia.

Sonido e imagen en movimiento

Bárbara Held[91]

Conocí a Toni por primera vez cuando trabajaba como coordinador de programas en el espacio de arte alternativo Metrònom. Yo había llegado a Barcelona para comenzar a desarrollar la primera edición de un festival de música experimental, una iniciativa que más tarde se convertiría en una cita anual dentro del programa de Metrònom.

En aquel entonces, Toni estaba a punto de trasladarse a Nueva York, donde yo todavía residía. Poco después de su llegada, me contactó para pedirme que diseñara el sonido para su proyecto *Pura Fe*. Más adelante, creó una obra audiovisual titulada *Migra*, en la que aparecían imágenes desérticas de Lleida —la cámara deslizándose suavemente sobre la tierra árida, como si leyera el paisaje— acompañadas por una banda sonora que yo había compuesto originalmente para la compañía de danza de Nancy Zendora en Nueva York.

Esa composición se inspiraba en un sello cilíndrico sirio y combinaba sonidos terrestres como base rítmica con fragmentos de música y voces de Medio Oriente. Las grabaciones de voz fueron realizadas por Bob Bielicki y Connie Kieltyka durante sus viajes por el mundo con el grupo de Philip Glass, mientras recolectaban sonidos para la película *Koyaanisqatsi*. Más tarde, Bob y Connie

91 Barbara Held es flautista y compositora. Conocida por su sutil exploración del material sonoro, su trabajo se caracteriza por una sensibilidad enfocada que expone tanto el detalle del espacio físico de la escucha como una aguda atención a la manera en que escuchamos como cuerpos en movimiento a través del mundo.Ha desarrollado un repertorio muy personal de nuevas obras para flauta, colaborando con compositores españoles y estadounidenses. Entre estas se incluyen *Self-Portrait* de Alvin Lucier; traducciones radicales de poesía antigua a través de la flauta con Yasunao Tone; *La bifurcación de la naturaleza* de Seth Cluett; y películas realizadas junto a Carles Santos y Joan Brossa. Actualmente colabora con NEW EAR::SPATIAL, una serie de performances de sonido espacial en la Fridman Gallery de Nueva York.

conservaron ese material como archivo sonoro y lo pusieron generosamente a disposición de otros artistas.

Toni también filmó imágenes hermosas y enigmáticas durante una de mis sesiones de grabación de *Lyrictron*, una obra de Yasunao Tone, y convirtió ese material en una breve pieza audiovisual. Años después, ya de regreso en Barcelona, colaboré nuevamente con él en el diseño sonoro de su instalación de vídeo *Al Barzaj*, una obra que combinaba música y sonidos naturales misteriosos, y que, como él explicaba, abría puertas a un espacio de transformación e iniciación: «Un mundo intermedio entre lo real y lo irreal, lo visible y lo invisible, el sueño y la vigilia». En este proyecto, experimentaba con proyecciones sobre agua y sobre cortinas transparentes, creando así la sensación de imágenes como capas de luz y formas.

No lo conocía bien en ese momento, pero creo que las piezas que realizamos mientras él estaba en Nueva York fueron algunos de sus primeros trabajos en vídeo. Como muchos artistas experimentales de la época, supo aprovechar la vitalidad de lo áspero y marginal, lo impredecible y decadente del paisaje urbano. También fue una de mis primeras experiencias creando una «banda sonora» para imagen en movimiento, algo que me apasiona y que, como música formada en la música clásica, encuentro liberador. Hasta hoy, la composición audiovisual sigue siendo el eje de mi práctica artística.

Hace unos días, en el Spanish Harlem de Nueva York, escuché por primera vez a los dramáticos predicadores callejeros que él filmó durante su primera estancia en la ciudad. A lo largo de su vida, su obra fue una expresión de su espiritualidad, llena de respeto por la expresión de los demás: desde la contemplación de un pájaro en el granado del patio de su casa hasta una película de su hija pequeña bailando.

Toni tenía una sensibilidad especial para el sonido y una musicalidad profunda. Me encantaba cómo cantaba y jugaba con las palabras con sus hijos. El sonido de su cámara y su forma de editar se nutrían de los sonidos inusuales que captaba junto a las imágenes en movimiento. Cuando trabajaba con él, en general seguía lo que intuía que él estaba oyendo y desarrollaba la pieza a partir de eso. Mi trabajo con él no trataba de imponer una banda sonora musical a su obra; simplemente intentaba ampliar sus ideas sonoras y dejar que fluyeran al compás de las imágenes.

Trabajé de esta forma con él desde el primer proyecto que hicimos juntos hasta la composición sonora que realicé para los fragmentos de su vídeo sobre Irán, después de su muerte. En ese caso, cuando me invitó a colaborar en ese proyecto futuro, me dio instrucciones hermosamente detalladas sobre cómo imaginaba el sonido, aunque aún no había decidido cómo quería trabajar con las imágenes. Juntos rescatamos una biblioteca conformada con lo que, para mí, eran los sonidos más interesantes que había captado con la cámara. También había guardado un vasto archivo de música de su viaje a Irán, que utilicé a lo largo de toda la pieza.

Viajé a Marruecos para trabajar con él e hicimos excursiones a las montañas y a Marrakech para grabar esos paisajes sonoros especiales que él amaba. Camuflada con uno de los vestidos con capucha de Zoubida, logré llevar el equipo de grabación a pequeñas capillas silenciosas dedicadas a místicos y santos y registrar los sonidos quietos del lugar. Grabamos el chisporroteo de un tajine durante el almuerzo en una posada de montaña y ese sonido se convirtió en parte de la banda sonora de su espacio *Al Barzaj*, con la «lluvia al revés». En mi mente lo veo aún, sentado en silencio en el bosque, haciéndome señas para que grabara los sonidos casi imperceptibles que venían desde muy lejos, al otro lado del lecho seco del río.

Ahora sabemos que en ese momento ya estaba gravemente enfermo, pero, aun así, descendimos juntos la montaña.

Siempre me ha gustado trabajar con cine y música haciendo confluir energías de pura luz y tiempo. Cuando nos preparábamos para colaborar en el proyecto de Irán, Toni me escribió una larga carta sobre la luz; detalló su propuesta original, que recibió financiación de la Fundación BBVA, y que llevaba provisionalmente el título *Iluminaciones*. Su viaje a Irán fue una experiencia única, un recorrido iniciático que llevaba años investigando y preparando y en el que capturó imágenes asombrosas del espacio arquitectónico, la luz y la oscuridad.

«La luz es un velo y la oscuridad es un velo. En la línea entre ambas encontrarás lo más beneficioso», Ibn ‹Arabi.

Para mí es muy importante que este trabajo no se pierda, aunque creo que ese espacio meditativo y privado de cada artista pertenece siempre a la vida interior del «peregrino» y solo se revela una pequeña parte a través de la obra de arte. Tras su muerte, propuse a sus amigos intentar crear algo a partir de los fragmentos de vídeo editados que Toni me había dado, con los que yo empezaba a pensar cómo colaborar en este nuevo proyecto. Estas son algunas de las notas que tomé mientras ideábamos una obra de instalación, sin Toni, pero usando el espacio y el sonido para transmitir una sensación de algunas de las experiencias de su viaje:

En cierta medida, hemos logrado abrir un proceso continuo que da forma a parte de lo que él capturó en ese último viaje tan significativo, permitiendo que pueda ser visto, especialmente por sus personas queridas. Para mí significa un pequeño regalo para él, desde el corazón. Su viaje espiritual está en estas imágenes.

Me gustaría proponer una estructura para una instalación basada en las notas que tomé de mis conversaciones con Toni cuando trabajé con él en Marruecos. Creo que las ideas que él tenía sobre cómo quería que fuera el sonido pueden funcionar también como estructura para el vídeo. Podemos organizar los fragmentos que Toni había editado como *pruebas*, siguiendo el mapa mental que encontramos en su ordenador. Dejamos pausas entre ellos, ya que no se trata de una estructura narrativa con principio y fin.

La visión de Toni para el sonido partía de la oscuridad (el espacio íntimo, lo desconocido) como una esfera de sonido denso y comprimido. Respiración. La luz o el resplandor podían pensarse como silencio o transparencia. La luz es la aparición del mundo, más allá de nuestra percepción. Imaginaba sonidos *desgastados* por el paso a través del espacio, transformados por el tiempo y el entorno físico. Premoniciones, sonidos desplazados, que llegan antes o después de la imagen que los representa, sonidos que se repiten. 'Otro cuerpo, otros ojos' — sol reflejado en el agua. *Heaven's Earth*.

»Estas ideas también podrían servir para estructurar las imágenes. Grabó muchas secuencias que, aunque no llegó a pulir, fueron filmadas con ideas muy claras, especialmente experimentos con la luz, a veces manipulando dramáticamente la lente de la cámara. Propongo utilizar algunas de esas secuencias más crudas mediante una estructura rítmica proporcionada por el sonido.

Si usamos varias proyecciones, como en el montaje de sonido multicanal a cuatro canales, podríamos aplicar las mismas posibilidades de densidad frente a apertura.

Las secuencias de vídeo, *pruebas* que Toni había editado, pueden considerarse escenas en cierto modo compuestas. Algunas de ellas son similares a su obra *Contemplaciones* y deberían tener una duración que permita al espectador sumergirse en ellas, o bien estructurarse como las proyecciones sobre agua y cortinas transparentes que utilizó en su instalación *Fez Ciudad Interior*. Describía el recorrido individual que cada espectador podía realizar al desplazarse entre las diferentes proyecciones, revelando lo oculto o lo desconocido, 'en el que cada nivel significa un cambio de perspectiva sobre lo visto anteriormente, así como una puerta de acceso al siguiente nivel' (Toni Serra*) Abu Ali).

Propongo crear una estructura rítmica: las 'escenas' compuestas con las que Toni experimentó podrían constituir los momentos centrales. Los espacios entre estas escenas, que no tienen por qué seguir un orden lineal, podrían aprovechar las múltiples pantallas de proyección para incluir imágenes que no sean aleatorias, pero sí más libres en ritmo y movimiento, *viajando*.

Nunca podremos reproducir el modo de editar de Toni, la manera en que superponía imágenes y luz, pero sí podemos seguir el ritmo de lo que filmó y componer algo a través de las proyecciones múltiples».

No sabemos con certeza qué imaginaba Toni para el proyecto sobre Irán. Me dijo que no sabía aún qué haría, pero que pensaba realizar una primera versión como instalación, para cumplir con el propósito de la beca, dejando la posibilidad de desarrollar un vídeo monocanal en el futuro.

Aunque no sabía que tenía cáncer, ya estaba bastante enfermo cuando comenzamos a trabajar en ello y no tuvo tiempo de editar gran parte del material. Pero las imágenes que me dio para comenzar y el material que encontramos en su archivo digital, pueden leerse a la luz de sus escritos y sus proyectos anteriores. Filmó estas escenas con una claridad de propósito conmovedora: directamente con la cámara, desde el corazón. Naturalmente, más adelante habría trabajado profundamente con las imágenes, pero incluso así, su visión estaba totalmente presente y su espíritu, su voz, su respiración, sus pasos... siempre estuvieron allí.

Nueva York, octubre, 2024.

Toni *) Abu Ali – El exilio interior

Toni Cots[92]

> «Los meses y los días son viajeros de la eternidad.
> El año que se va y el que viene también son viajeros.
> Todos los días son viaje, incluso nuestra casa es viaje».
> Matsuo Basho

En un correo que Toni *) Abu Ali me envía desde su casa en Marruecos el 9 de junio de 2019, al regreso de su viaje a Irán, escribe:

deixant un espai de silenci després del viatge... sobretot per que no hi ha després... i perque espera un altre..

o potser perque em va portar més enllà d'on pensava... més enllà d'on volia...

i potser més enllà d'on mereixia...

aleshores l'ànima es retrau i vol tornar a la seguretat del forat fosc i humit... que l'empresona.

.. i sento les paraules:

Yo no había viajado sino en mí mismo y era hacia mí adonde había sido guiado, por eso supe que yo era un mero servidor, sin la más mínima traza de supremacía

llegir-ho és... bé... viure-ho és... ja saps... vaig sentir molt fort quan

92 Actor, dramaturgo, director y profesor de artes escénicas. Ha sido actor y miembro del Odin Teatret de Dinamarca, y miembro del equipo I.S.T.A. (Escuela Internacional de Antropología Teatral); miembro co-fundador de la asociación CRA'P – Prácticas de creación e investigación artística - en Mollet del Vallés (Barcelona) http://www.cra-p.org/?lang=es; director artístico de un buen número de festivales internacionales; director del Master in Contemporary Arts Practice & Dissemination (MACAPD) y desde 2011, es miembro co-fundador de la asociación CRA'P – Prácticas de creación e investigación artística - en Mollet del Vallés (Barcelona) http://www.cra-p.org/?lang=es

s'inscrivien les lletres al cos_retina... escriptura que diu el que diu, no el que volem llegir...i el que diu es mou, està viu...
així és el camí suposo... i..
no res.. millor el silenci... els ulls de lala hadush... les mans de zoubida... la necessitat de adam... la dolçor de yasmi.. l'asperesa de l'ali
i el rec de les plantes seques
ojalà tot això ens ajudi germà a ser més atents amb els altres... ... a ser millors...
i sobretot a ser menys
a acceptar el que la vida ens escriu i fer-ho nostre...fer-nos seva
a que el nostre agraiment el rebin els demés com un pluja fresca i viva... generosa i tendre
no el pes insoportable del jo insaciable
sino Tú l'estimat... Tú a qui si traiciono em perdo... Tú a qui si menteixo m'ofego..
Tú... que em portes a casa si t'estimo. (*)

(*) dejando un espacio de silencio después del viaje... sobre todo porque no hay después...y porque espera otro..

o quizás porque me llevó más allá de donde pensaba... más allá de dónde quería.../ y quizás más allá de donde merecía.../ entonces el alma se reprocha y quiere volver a la seguridad del agujero oscuro y húmedo... que lo encarcela./.. y siento las palabras: *Yo no había viajado sino en mí mismo y era hacia mí adonde había sido guiado, por eso supe que yo era un mero servidor, sin la más mínima traza de supremacía.*

leerlo es... bueno... vivirlo es... ya sabes... sentí muy fuerte cuando se inscribían las letras en el cuerpo_retina... escritura que dice lo que dice, no lo que queremos leer... y lo que dice se mueve, está vivo.../ así es el camino supongo... y.../ nada... mejor el silencio... los ojos de lala hadush... las manos de zoubida... la necesidad de adam... la dulzura de yasmin... la aspereza del ali / y el riego de las plantas secas / ojala todo esto nos ayude hermano a ser más atentos con los otros... ...a ser mejores.../ y sobre todo a ser menos / a aceptar lo que la vida nos escribe y hacerlo nuestro...hacernos suya / a que nuestro agradecimiento lo reciban los demás como una lluvia fresca y viva... generosa y tierna / no el peso insoportable del yo insaciable / sino Tú el amado... Tú a quién si traiciono me pierdo... Tú a quién si miento me ahogo.../ Tú... que me llevas a casa si te amo.

En su último proyecto *Iluminaciones* [93] cuyo material queda inédito, a excepción de algunos fragmentos que había empezado a editar partiendo de grabaciones de video y de sonido realizadas en diferentes lugares, paisajes y parajes, así como entrevistas con personas en Irán en mayo del 2019, Toni escribe:

> Empecé a tener la consciencia de que a través de los vídeos trabajaba con luz, más exactamente con luces y manchas, sombras y colores que creaban visiones, presencias intangibles en la oscuridad. Empecé a ver la relación entre el video y los sueños. La necesidad de contemplación.

Finalmente, habla en *Iluminaciones* de su aportación al campo audiovisual, de forma que contribuya a la búsqueda y creación de la imagen en tanto rito de paso de un imaginario que incluya la experiencia no solo de lo visible sino también de lo invisible, constituyéndose en una experiencia de contemplación. Su última creación audiovisual en 2016, en la que sigue la búsqueda de su exilio interior, a mi entender conecta con *Iluminaciones* y fue enteramente grabada en su casa de Duar Msuar en Marruecos, y precisamente la tituló *7 contemplaciones*.

***

El encuentro con Toni y el tiempo compartido con él me ha ayudado a poder seguir trabajando y buscando una aproximación a la creación de manera artesanal, a partir de una búsqueda interior que exceda lo formal y encuentre maneras de abrirse a una poética del lenguaje.

A veces, la imaginación poética es necesaria para ver lo que tenemos delante y lo que está por venir. Está cargada de memoria, de la memoria de las imágenes, de la memoria del lenguaje; en definitiva, está cargada de una herencia que nos excede. Es la

---

93 *Iluminaciones la experiencia de la Luz* es un proyecto de experimentación videográfica que parte de la experiencia poética y mística persa, cuyos autores están profundamente centrados en las nociones de luz, color y contemplación.

herencia de los cuerpos que nos precedieron y que nos seguirán y solo con esta herencia podemos ver y solo gracias a ella podemos actuar.

En este tipo de procesos de creación cruzamos umbrales que nos conducen a un largo callejón de tierra dentro de la Tierra, bañado de oscuridad. Avanzamos guiados por la luz que aparece en las intersecciones con otras callejas. Pero los últimos pasos los damos en la oscuridad. Los sentimos resonar entre las paredes. Guiados ahora por una luz interior intangible, inasible, que de alguna manera es la fuente de todo. Y así entramos en jardines interiores suspendidos en el tiempo y el espacio, bañados por el silencio y un eco lejano de presencias ausentes.

5. Camino de retorno

De_paso

Rosa Llop[94]

Ante el folio en blanco, no sin dificultad, evoco los días en que llegaste de paso, una estancia corta en casa antes de tomar de nuevo el camino de retorno a Irán, para acabar el proyecto que con tanta ilusión y entusiasmo habías empezado en el mes de mayo anterior. Un viaje en busca de la luz. Necesitabas volver para acabar de completar el ciclo; la búsqueda de la luz del otoño, de todos sus matices, reflejada en los lugares, paisajes y parajes que tanto te habían inspirado y cautivado.

Llegas cansado, muy cansado. El último año te ha dejado exhausto. No es la primera vez que te veo con un fuerte cansancio acumulado, pero esta vez hay algo más. Veo un cansancio profundo y una carencia de energía extraña en ti... como un dolor latente interior...

Nos llega entonces la certeza de un viaje de retorno final y yo me veo a tu lado, sin poder hacer otra cosa que estar acompañándote por todos aquellos pasillos, en largas conversaciones y en silencios, sentados juntos en nuestro rinconcito de la séptima planta, al que llamas con tu socarronería habitual «el gabinete de crisis»... me veo

94 Nacida en Flix (Tarragona) y residente en Barcelona. Licenciada en Historia del Arte por la Universidad de Barcelona y diplomada en Patrimonio Cultural. Su trabajo se desarrolla entre la coordinación, gestión, producción e investigación cultural, abordando cada proyecto como un espacio de experimentación, diálogo y creación colaborativa. Desde 1996 forma parte del equipo de dirección del Observatorio de Vídeo No Identificado, donde desarrolla tareas de investigación coordinación, producción y difusión de muestras, programas educativos, actividades y publicaciones del archivo OVNI.

en el silencio táctico que hemos pactado, en el devenir de una cotidianidad externa excepcional, tratando de asumir una normalidad que no tiene nada de normal; viviendo en un mundo paralelo, cerrado e invisible, en la creencia de no querer hacer sufrir a los seres queridos más próximos... una vana ilusión que se deshace como un terrón de azúcar cuando se pronuncian las primeras palabras; asoma entonces el primer silencio y toda la fuerza en la respiración y el llanto contenidos, en el hálito entrecortado y, finalmente, el conjunto liberador, reconfortante y reconocedor...

Todos estos días en el fondo pasan deprisa, demasiado deprisa. Y ahora, en mi memoria, permanecen inmóviles, anclados en un tiempo, los puedo visionar secuencia tras secuencia... me veo a mí misma y a todos los que te acompañamos como parte de un engranaje perfecto que ninguno de nosotros sabía que estaba hecho para funcionar como tenía que ser y no podía ser de otra manera... tú con tu aceptación y entrega absoluta, en paz, dándonos a todos la fuerza para tomar el camino de retorno, una lección de vida... de nuevo me veo a mí misma haciendo lo que tantas mujeres han hecho durante generaciones, estar presentes y acompañar, ocuparse de la vida que se empecina en seguir, para liberar, abrir e iluminar el camino de los que se marchan en paz.

Tú te dejaste llevar y con tu generosidad nos diste a todos la posibilidad de acompañarte, lo hiciste consciente. Te habías ido preparando, te fuiste despidiendo de todos nosotros; y nosotros estuvimos allí a tu alrededor, silenciosos, para no estorbar tu respiración y tu latido pausado y... Sí, partiste, y te pudimos velar en casa, un tiempo precioso para todos, un tiempo necesario para estar todos juntos, reconfortados en esta presencia del Ser, antes de traspasar el umbral de la puerta. Familia, compañeros y amigos prepararon tu cuerpo con el ritual requerido y llegó la despedida final, todos contigo presente, con el silencio, las miradas reconocedoras y reconfortantes, el llanto contenido, los abrazos, la palabra, la oración y las plegarias, la recitación en la voz del más pequeño... y te devolvimos a la tierra, rodeados de los cantos corales que acariciaron nuestros espíritus, bajo un velo invisible, para dejarte partir en paz... y cantaron los pájaros... y llegó la lluvia con la larga noche… y cayeron las hojas de los árboles… y un largo vacío silencioso nos tomó…

«Nec sine te quidquam dias in luminis oras, exoritur, neque fit laetum, neque amabile quidquam». Lucrecio

Warda Dib Rosa

Sant Genís dels Agudells, 21 de abril de 2025.

El sentido de tu imagen

Marc Peris[95]

...escuchando *Astrakan Café* de Anouar Brahem, que tanto estimábamos, no puedo sino recordarte como alguien que ha estado presente gran parte de la vida bajo la atenta atención de multitud de miradas que nos guiaban a través de la jungla de la existencia, como decías tan a menudo...

...recuerdo momentos de aprendizaje universitario donde de forma revolucionaria nos manifestábamos en las calles o en los mismos centros, llevando nuestra discrepancia hasta los cenáculos intocables de la cultura política de la Transición...

...sin embargo y sin duda, fue la capacidad de tu pensamiento lo que me atrajo; allí germinaría la idea de pensar el arte hacia la existencia del arte pensante; allí nacieron grandes aforismos entre los cuales crecimos...

...pero, sobre todo, te recuerdo siempre como instructor de la imagen; conducirías lejos la idea semiológica de la imagen convirtiéndote en creador de su sentido, alejándote paulatinamente de su significado...

...es este concepto que irías llevando y trabajando a través del tiempo bajo el marco del sufismo, enriqueciéndolo con la aportación de la poesía Oriental y sasánida, así como la omnipresencia de la percepción del ser...

...es entonces cuando crearías estas imágenes envolventes donde el mundo del sentido imaginario se iría superponiendo a cualquier significado estricto, dejando un rastro lleno de poesía

---

95 Nacido y residente en Barcelona. Licenciado en Historia del Arte por la Universidad de Barcelona, Diplomado en Patrimonio Cultural por la Generalitat de Cataluña. Historiador y docente. Participó en la creación de la revista colectiva *El Gibón*, el seminario *Pensar l'Art / l'Art Pensant*, y el ciclo *Vanguardias Artísticas*.

visual donde la luz y el contraste irían tomando forma....

...Es así cuando escuchando Anouar Brahem y a pesar de tu pérdida física, no hay duda que tu sentido de la vida y la de tu imagen se me hacen más presentes que nunca...

Abrir la visión

En palabras de **Toni Serra *) Abu Ali**

Camino de retorno. Visiones, silencios, oscuridad

Hace un par de años —justo después del OVNI de «La frontera como centro»— y quizás como consecuencia de él, entramos en introspección, y en ese espacio abierto hacia dentro se iban repitiendo una y otra vez las imágenes de un film de Bela Tarr, *El Caballo de Turín*[96]. En especial tres secuencias.

En la primera, un hombre mayor conduce con gran esfuerzo, un pesado carro rural, a través de un paisaje dominado por la niebla. Poco a poco vamos entreviendo la particularidad de tanto esfuerzo el conductor es manco y el carro pensado para dos caballos es arrastrado solo por uno. Algo falta en ese mundo desangelado, un profundo desequilibrio a la vez lo agrieta y paraliza. La materia mutilada de aquello que lo anima, mutilada de sí misma, sufre aplastada por su propio peso y se hunde en su extremo ciego. Cualquier gesto, cualquier trabajo incluso alimentarse resulta penoso.

En la segunda escena, un personaje aparece y lanza un frenético y lúcido monólogo en el que señala la deriva del mundo: «todo está degradado desde que lo han adquirido...Todo lo que tocan, lo degradan, y lo tocan todo. Comprar, degradar, ...degradar, comprar, o dicho de otra manera tocar, comprar y de ese modo degradar... (...) un cataclismo que proviene del juicio del hombre sobre sí mismo».

Palabras a las que el conductor del carro responde con un lacónico «déjate de estupideces»[97].

Luego el viento, el páramo, la soledad.

En la tercera, ya al final del film... los dos protagonistas, el padre y la hija, intentan al caer la noche oscura encender alguna lámpara o al

96 *El caballo de Turín* (*A Torinói ló* como título original en húngaro) es una película de 2011 dirigida por Béla Tarr y Ágnes Hranitzky.

97 Tomado de la transcripción del monólogo de *El Caballo de Turín*.

menos una vela, pero la luz no prende. La luz se ha ido ya de ese mundo. La luz se va del mundo.

Como os decíamos estas tres secuencias se quedaron en *loop* dentro de nosotras durante meses y meses, cómo intuiciones de un posible camino y a la vez hundiéndonos imperceptiblemente en su espesa niebla. Intentamos orientarnos en ella, pero apenas podíamos ver nuestra propia mano delante, así que caminamos un tiempo por lo invisible, y poco a poco aprendimos a confiar en esa niebla, en ese no saber, en ese no ver con los ojos, hasta que de alguna manera nos reconocimos en ella … Cuando este estado se asentó lo compartimos con el rizoma del que nace OVNI, y así fue como un par de personas nos hablaron de la muerte y las muertes[98] … y cómo el «Camino de retorno» surgió inesperadamente de entre la niebla, no negándola, sino incorporándola dentro como un velo protector del misterio que a cada instante nos rodea y penetra.

Este OVNI de la niebla aparece pues como viaje anímico por el mundo intermedio, por la experiencia de la muerte física y las muertes del ego.

Planteado no como una programación habitual de vídeo sino como un ritual de paso donde las visiones (vídeos), los textos, sonidos, rituales y respiraciones se entrelazan con silencios y oscuridades compartidas.

Nos gustaría abrir la visión[99], abrirnos a la consciencia de que eso que llamamos cine, vídeo… esas extrañas proyecciones de luces y sombras que dibujan mundos y vidas, paisajes y sentimientos, se dan en la cueva de la sala oscura. Y es en esa oscuridad compartida o solitaria donde se incuban las visiones de los mundos… antes de que se establezcan las fronteras entre lo real o lo irreal, el sueño y la vigilia, la vida y la muerte… Visiones sobre una pantalla blanca que permanecerá blanca cuando las visiones de los mundos desaparezcan[100].

---

98 Pienso en Palmar Álvarez Blanco, en Marco Antonio Regueiro… y también en todas las personas que ya han partido durante este largo periodo de búsqueda.

99 Abu Ali, *Abrir la Visión, 2016.* Texto incluido al final del volúmen.

100 Una imagen que a menudo utiliza Ramana Maharashi.

Quizás así, una vieja herida en nuestra cultura y vidas se cierra, los hemisferios se reúnen, otros ojos se abren y el caballo de Turín ya no es apaleado[101].

A fin de no escindir la muerte de la vida, iniciaremos cada día el viaje por las puertas del sueño —hermano gemelo de la muerte— y el trance, adentrándonos en los rituales de despedida y disolución del cuerpo... Contemplaciones de la disolución que nos abocan a la contemplación agradecida de la vida.

Así *Camino de Retorno* se abre como un rito de paso, un recorrido que recomendamos hacer entero cada día, para un buen transitar por paisajes de ánimo intensos y no siempre fáciles que quizás nos ayuden a recuperar la percepción de la cualidad ilimitada, inapropiable, irrepresentable de lo Real.

---

101 La versión más extendida sobre lo sucedido dice que Nietzsche caminaba por la Piazza Carlo Alberto, cuando un repentino alboroto que causó un cochero al castigar a su caballo llamó su atención. Nietzsche corrió hacia él y lanzó sus brazos rodeando el cuello del caballo para protegerlo, desvaneciéndose acto seguido contra el suelo.

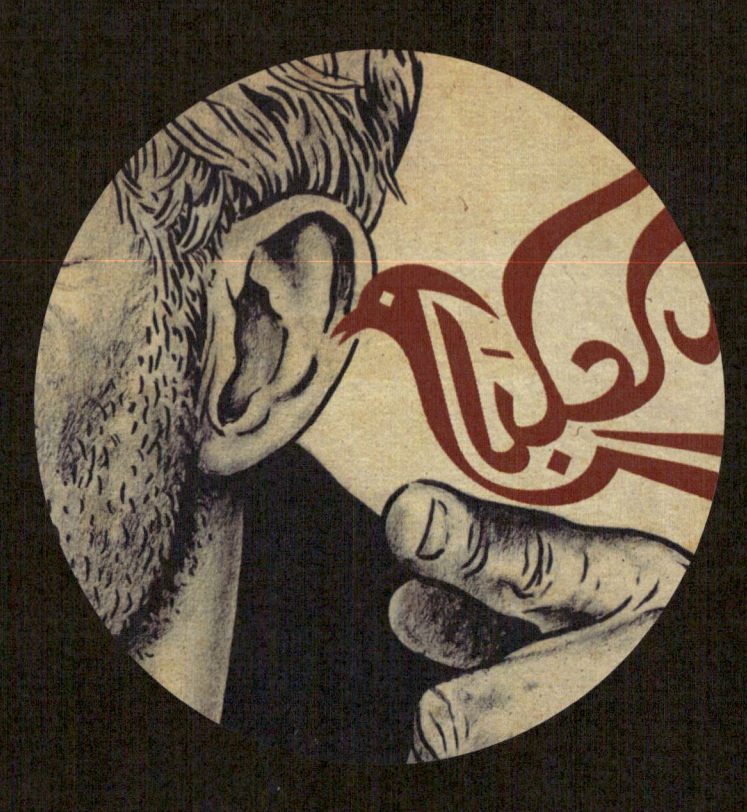

III Reflexiones desde la academia

Toni Serra *) Abu Ali: Ensayista de la visión interior y de un pensamiento visual colectivo

Palmar Álvarez-Blanco[102]

> «No lo olvides. Somos
> papelillos arrojados al aire»
>
> Toni Serra *) Abu Ali

¿Qué contribuye a transformar la mirada? ¿Qué delimita un particular encuadre? ¿Qué factores y hechos dan luz a una particular forma de mirar o de contar el mundo? Conocí a Toni Serra en el año 2014 en el aeropuerto de Minneapolis en Minnesota. Lo invité para dar un seminario en mi universidad dentro de un curso que enseño sobre el ensayo audiovisual, y el papel de la imaginación, de la cultura en la transformación y el tránsito de sistemas. Desde ese primer encuentro hasta el final de su vida mantuvimos un hermoso intercambio de trabajos y meditaciones, algunas de ellas se irán filtrando en este texto. Coincidíamos en una sensación de urgencia respecto de la tarea de cambio de sistema pendiente y también en una apuesta vital por activar balones de oxígeno en un *mientras tanto* teñido de tremendismo apocalíptico y de un optimismo utópico deslimitado.

No dudó en aceptar aquella primera invitación y todas las siguientes. Los seminarios los dedicamos a meditar colectivamente diferentes razones para querer «agujerear la *película máster*» —sus

---

102 Catedrática de estudios culturales en la universidad de Carleton College, Minnesota, es cofundadora y coordinadora de la asociación internacional ALCESXXI y Death Doula. Como investigadora cultural, se dedica al rastreo y análisis histórico de la configuración de sistemas, así como de las condiciones que provocan su colapso y transformación. En la actualidad trabaja en el alumbramiento del sistema de los Comunes y en sus múltiples manifestaciones. Este proceso se articula en el proyecto de investigación, cartografía y archivo vivo *La Constelación de los Comunes* (https://constelaciondeloscomunes.org)

palabras—; nos encaminaron por los senderos del desmontaje y de la *desrealidad*; reflexionamos sobre el poder de las imágenes en plena «era del espectáculo» (Guy Debord), y meditamos la tarea de la imaginación política en distintas capas de profundidad.

El primer taller ocurrió en 2014 y arrancó con una reflexión sobre el sistema capitalista y su misión cultural. Partimos de 1995, año en el que Toni creó una pieza titulada *Minnesota* con la que daba cuenta del encargo que realiza el ejército a la Universidad de Minnesota allá por el año 1943 para desarrollar una prueba psicológica para la selección de oficiales. Esa misma prueba fue utilizada mundialmente en la selección de personal para empresas.

En el recorrido histórico que realizamos intercaló vídeos procedentes de la guerra en Irak, anuncios publicitarios, lecturas de segmentos procedentes de una variedad de textos, entre ellos del Mahabharata, un texto épico escrito en sánscrito y perteneciente al hinduismo. Las piezas sirvieron de llave y de puente. Alumbraron el cauce histórico por el que venía discurriendo la violenta imposición del imperialismo capitalista de raíz occidental. Abrieron camino para el reconocimiento de su peso en nuestro interior. La descolonización no era con Toni solo un ejercicio de descercamiento cognitivo, territorial, jurídico y administrativo; también requería de una tarea interior descercadora de narrativas fijas o lo que es lo mismo, de desocupar y hacer salir el sistema inoculado de dentro del propio sistema.

En esos seminarios Toni explicó cómo su paso por el Nueva York de los noventa le descubrió la intensificación de la violencia colonial del sistema capitalista, pero también le habló de la posibilidad de las resistencias. Narró también su aterrizaje en Marrakech y su posterior encuentro con quien será su compañera vital —Zoubida El Bouzi—. Contó cómo en este encuentro le condujo a un particular peregrinaje hacia la luz; uno donde la cultura bereber, el amor, la paternidad, el islam y el sufismo se cruzaron conformando una puerta de entrada hacia el ámbito sanador de la visión del jardín interior.

El tránsito biográfico o camino de ascesis transformadora, contaba, dio lugar a la ampliación de su nombre y al paso del lugar de las imágenes hacia el ámbito de las visiones. Toni Serra fue el nombre dado por unos padres y Abu Ali es el que le regala su hijo. Nada había en su persona que le perteneciera. Cuando le conocí ya era un habitante de entre mundos, un vaso comunicante de enseñanzas que dejaban en su paso interior una profunda huella y que compartía generosamente con cualquiera que quisiera escuchar. En esa convivencia hospitalaria de mundos aparentemente antitéticos nació también su particular manera de mirar, de tejer y de sembrar su trabajo.

No había en él distinción entre el vivir y el obrar; ambos hechos eran parte de un mismo proceso. La apertura del sentido de la visión caminaba paralelamente a una búsqueda de coherencia desde la humilde posición de quien pide la visión y la palabra. Entendía la imaginación como fuente de conocimiento y el sueño como matriz creadora de realidades. Nunca se consideró autor propietario ni un genio. Su obra no era resultado de una captura racional con agenda, buscaba en la contemplación el movimiento de sístole y diástole de la vida en todas sus dimensiones. El juicio nunca asomaba porque éste no pertenece al ámbito de la razón ni de la conciencia; su función era la de testimoniar y devolver aquello que recibía para su legado.

Entender esta peculiar manera de encarar el trabajo creativo de quien pide ver también pasa por reconocer algunas de las fuentes que la alimentaron. No puedo hacer recuento de todas, pero sí quiero detenerme en una. Eran los años noventa en Nueva York cuando Toni descubre a DeeDee Halleck —video ensayista y activista a quien siempre consideró una maestra del camino—. En conversaciones posteriores con ambos entendí que este encuentro resultó decisivo para el desarrollo artístico del creador que intuía una íntima relación entre la imaginación, la visión, el sueño, el arte sano, el reciclaje y el ensayo. Como él mismo solía explicarme, aterrizó en Nueva York sabiendo que la imagen mimética de carácter político y contracultural simplemente no bastaba para cortocircuitar la «monoforma» (Peter Watkins) de la cultura capitalista dominante. Esta forma o patente capitalista resulta de la aplicación de una tecnología aplicada al formateo de realidades y subjetividades. Su desarrollo histórico se despliega en un paradigma cultural patriarcal, antropocéntrico, colonial, clasista, racista, edadista y de ordenamiento binario de la realidad conceptual. Teleológicamente hablando, su fin es la consecución del beneficio individual en un ritmo exponencial. Toni llegó a la conclusión en Nueva York de que no era posible combatir una imagen con otra imagen, del mismo modo que un fuego no se apaga con otro.

El trabajo de una DeeDee Halleck en su ensayo audiovisual *The Gringo in Mañanaland* (1995) le muestra otros caminos posibles a caballo entre el vídeo participado, el testimonio, el reciclaje y la arqueología mediática[103]. El video-ensayista descubre en la forma del ensayo el camino no de la imagen sino de la visión. Asimismo, la reivindicación de DeeDee del derecho a la información y a canales de comunicación independientes resuena en el artivista crítico que entiende la importancia de volcar el trabajo creativo en la elaboración de un pensamiento colectivo. Eso llegará con ese OVNI que aterriza más tarde en Barcelona. Quien acude al ensayo[104], cuenta el filósofo Adorno, suele ser tildado de «herético» por aquellas voces defensoras del *estatus quo*. La herejía es por tanto el camino elegido por Toni Serra *) Abu Ali para, desde ahí, afirmar que, aunque el capitalismo constituye un sistema totalitario erigido sobre contradicciones alarmantes que es preciso denunciar, estas no deben condicionar de antemano ningún desenlace. Menos aún,

---

103 DeeDee Halleck además de videoensayista es la fundadora de *Paper Tiger Television* y cofundadora de Deep Dish Television, la primera red de televisión comunitaria de base en Estados Unidos.

104 Antonio Weinrichter en su libro *Desvíos de lo real*, en lugar de hablar de ensayo optará por el concepto de «cine de no-ficción» y con él se refiere a piezas «que serían el equivalente cinematográfico de la larga tradición del ensayo literario». Weinrichter sintetiza bajo un mismo movimiento diferentes aportaciones de importantes estudiosos del género: John Corner, Bill Nichols, Stella Bruzzi, Joanne Richardson, Catherine Russel, entre otros. Su obra permite comprender, no solo el origen del «cine de no ficción» en una evolución del género documental; sino la formación y el aniquilamiento de un falso binomio —evidencialidad vs. punto de vista subjetivo— que, mientras justifica la continuidad de la tradición mimética realista, encubre la defensa de una agenda de índole conservadora y reaccionaria que llega hasta nuestros días y que se manifiesta en la escasa consideración que se presta desde la perspectiva institucional o de los medios de comunicación al cultivo del «cine de no ficción». El mismo Weinrichter acusa la reclusión de este género en un gueto constituido por festivales de cine independientes o por canales de TV dedicados a emitir cine experimental o cine especializado. Por esta razón, Weinrichter propone la reivindicación de una mayor pluralidad de lugares en los que proyectar este tipo de obras.

como él pensaba, si lo que está en juego exige necesariamente un resultado positivo, puesto que se trata de defender la vida en el planeta. Frente a lo que se pueda pensar, esta posición creativa y vital no surge de un arrebato de locura pasajera, sino que encarna, más bien, «una forma de cordura no coetánea»[105] con la lógica del capitalismo occidental. Como explicaré a continuación, el aprendizaje vital en el jardín interior le va indicando el camino para hacer convivir la poda de raíces sistémicas con un peregrinaje hacia la luz.

El ensayo audiovisual o cómo agujerear la película máster

El Toni Serra que parte de Barcelona rumbo a Nueva York en los noventa no es la misma persona que se asienta definitivamente en la aldea y el Duar en Marrakech. Hay un antes y un después en su biografía que también señala una transformación en su manera de encarar el proceso creativo y la valoración de la imagen como posible herramienta de comunicación y emancipación. Este cambio queda registrado en una labor ensayística donde la imagen va perdiendo protagonismo para transformarse en receptáculo para el despliegue de visiones. Se puede comprobar este hecho contrastando el visionado de piezas hechas entre fines de los noventa y comienzos del 2000 con otras como *Trance with the Green Man* (2015), *Sol de medianoche* (2016), *En el camino de las abejas* (2018) *La frontera como centro. Zonas de ser y no ser* —en sus diferentes variaciones—, o en las últimas visiones de su viaje a Irán recogidas en *Asemanastán* (2019).

Desde la convicción de la urgente necesidad de un cambio de sistema y de paradigma cultural, Toni concibe inicialmente la práctica creativa del ensayo como un espacio para la cruda denuncia de la «monoforma capitalista» (Peter Watkins). En su práctica inicial compone collages audiovisuales que retransmiten lo intolerable de la realidad facilitando el revelado crítico de cómo opera el poder. Al aislar los mensajes del continuum en el que estos

---

105 Este sintagma lo tomo prestado de Higinio Marín Pedreño en su libro *Teoría de la cordura y de los hábitos del corazón*; una hermosa reflexión sobre aquello que distingue la cordura, la realidad y sentido común.

son proyectados—el hilo de esa monoforma que los contiene—, estos se vuelven elementos extraños. Su descontextualización deja al descubierto a las tecnologías responsables de su cercamiento[106] y de que todas las personas «percib[a]mos las mismas cosas y les d[e] mos la misma significación» (Rancière, 69). Podemos ver ejemplos de este hecho en piezas como: *Resistencias* (2005), *El Sueño Colonial* (2006), *Una Cruz en la Selva: Guinea* (2006) o *Now I Become Death, the Destroyer of the Worlds* (2012).

Como Toni también entendía que el capitalismo se tatúa con letras reticulares nacidas de la necesidad de ese mismo sistema de reproducirse en los cuerpos que marca para poseerlos colonizándolos, este decide activar esos imaginarios de lo intolerable en encuentros colectivos. Los OVNIS se arman como sinfonías proyectadas de relatos y lenguajes diversos y también como un espacio para el encuentro genuino de personas que se descubren vulneradas y vulnerables. La *sisterhood* de OVNI va de este modo creciendo y agrupándose en una comunidad nómada de gentes que caminan juntas a pesar de no compartir los mismos espacios.

Sin embargo, combatir el estado de quietismo general requería de algo más que imágenes e imaginarios «intolerables» (Rancière). En el contexto de la «sociedad del espectáculo» (Debord), y parafraseando a Rancière, este tipo de imagen parece perder su capacidad para «agujerear la película máster» ya que se tiende a trasladar lo intolerable **en** la imagen a lo intolerable **de** la imagen.

La mirada bombardeada por un sinfín de imágenes diarias se acostumbra a la banalización de los contenidos o experimenta los efectos quietistas de la indefensión aprendida. Las predicciones distópicas y su tematización cultural refuerzan conceptos fijados o estereotipados por el poder y su aparato mediático; se tildan de ingenuos los intentos de apertura de horizontes críticos

---

106 Cuando hago referencia a la tecnología del cercamiento me refiero a la forma de apropiación por desposesión capitalista que adopta a lo largo de la historia una variedad de formas creativas de índole cultural, tecnológica, discursiva, mediática, jurídica, política y social. Su implementación y su avance silencioso resulta directamente proporcional a la extinción de otros sistemas y formas de organización de la vida en común, así como de la administración y gestión de los recursos comunes. Su resultado deriva en una única manera de encarar y habitar el mundo asumida como sentido común.

propositivos. Muchas de las imágenes «intolerables» requieren que o bien la persona espectadora reconozca la realidad a la que se alude o que esta esté previamente convencida de que aquello que se muestra resulta intolerable. Al mismo tiempo, parece exigirse de esta persona una cierta responsabilidad ética a la hora de evaluar lo observado. Así, la imagen intolerable presupone la existencia de una mirada ya emancipada: una persona con un conocimiento crítico previo que acoge esa imagen no como otra representación más. El no reconocimeinto de lo intorelable en la imagen resulta en un cambio de canal, que se elijan otros contenidos o que, simplemente, se aparte la mirada.

Toni descubre que la práctica del tipo de imaginario intolerable en plena era del espectáculo puede llegar a producir efectos contrarios a los buscados y, por tanto, resultados estériles. La vida dentro del sistema capitalista no se puede transformar a base de golpes de ficción. Sin un trabajo interior previo no hay posibilidad de vislumbrar un afuera del poder:

> El poder invita a vivir y morir por él, tanto en el esfuerzo de conservarlo, como en el de alcanzarlo o tomarlo. Pero se olvida que el poder no se ocupa; por definición no es pasivo sino activo: él es el que posee. Los poseídos viven el espejismo de detentar o luchar por un poder, cuando en realidad están siendo consumidos por él. (Toni Serra *) Abu Ali, *Rizoma*)

El propio Serra cuenta que el cultivo de este tipo de imaginario lo lleva a «un lugar bastante desolado y frío, sin apenas nada a lo que asir[s]e. Solo el 'no' estaba claro. Y quedarse 'allí' repitiéndolo no tenía ningún sentido y representaba una contradicción, una trampa» (Toni Serra *) Abu Ali, *Había que irse*). Fue importante marcharse de Barcelona y buscar: «No solo un cambio de lugar físico, sino también de lugar interno. Despedirme de esas alucinaciones de supuesta belleza, o de confort, poder, seguridad, eterna juventud, acumulación, etc… o de los peligros sin fin, paranoia, vejez, etc...» (Toni Serra *) Abu Ali, *Había que irse*). Es en el encuentro con lo hospitalario de ese *otro* cuando él mismo experimenta la serenidad de ánimo para escribir lo siguiente:

Y lo cierto es que mi corazón revivió al encontrarme con una gente cuya vida material rezumaba espiritualidad sin apenas nombrarla, y a la vez presente con tanta fuerza… acentuada por la humildad natural y espontánea, la renuncia a cualquier escenificación, quizás por saberla vana… y en cambio en cada gesto, en cada atención: la presencia, el vaso de té se llena mientras conversas, un cojín se desliza entre tu espalda y el muro frío… Un encuentro entre lo material y lo espiritual, esa herida que por fin se cierra, esos hemisferios de nuestro ser que se encuentran… (Toni Serra *) Abu Ali, *Había que irse*)

La duda de Toni Serra *) Abu Ali respecto de la capacidad cortocircuitadora y emancipadora de la imagen intolerable se extiende también al alcance de los medios de comunicación y del ámbito cultural. Esta duda es compartida por otras voces coetáneas. Peter Watkins, por ejemplo, en una declaración de 2018 titulada «El lado oscuro de la luna. La crisis mediática global», se pregunta:

¿Podemos mirar el caos político, social y ambiental de nuestro mundo y no cuestionarnos si las formas de comunicación más poderosas jamás ideadas por el ser humano podrían desempeñar un papel en lo que está sucediendo?». Antes que Serra y Watkins, el escritor japonés Jun'ichirō Tanizaki insinuaba en los años 30 algo semejante al final de *El elogio de la sombra*, cuando se interroga sobre si «existiría alguna vía, por ejemplo, en la literatura o en las artes, con la que se pudieran compensar los desperfectos (94).

Serra supo que había llegado el momento de buscar otras formas de apertura; otros mecanismos que además de eludir los efectos fagocitadores del capitalismo y de su tecnología de cercamiento, portaran también una posibilidad curativa o sanadora. A la preocupación inicial sobre cómo cortocircuitar el consenso establecido entre el modo de presentación sensible (expectativas) y el régimen de interpretación de los datos (juicios) o cómo pasar del régimen estético de la re-presentación (imagen como doble) al de la presencia (visión como imagen emancipada de la analogía establecida) se suman otras que indican el paso del ámbito de la mímesis realista al de la contemplación. En este tránsito se preguntará si la imagen es realmente capaz de abrir la visión, o si los ojos, habituados a una forma capitalista de capturar realidades en lugar de ver no hacen otra cosa que proyectar lo que saben por sistema. Durante el último OVNI, titulado *Camino de Retorno*, le pregunté a Toni en una entrevista que grabamos para el archivo abierto de la Constelación de los Comunes si creía posible transformar con imágenes una realidad espectacular que se sostiene de y en imágenes. Su respuesta no deja duda alguna sobre el protagonismo de la visión:

> Hay una imagen que es un papel de empapelar —la producción, el producto, el proyecto— y están las visiones, por eso en este OVNI —*Camino de Retorno*— estamos utilizando las visiones. Las visiones no provienen del diálogo entre imágenes ni de la superposición de imágenes, sino que provienen del silencio, del vacío, no saben nunca si van a brotar. Nos toman más que nosotras las tomamos, incluso como posibles autores. No te dicen siempre lo que quieres ver, de hecho, muchas veces no te dicen lo que quieres ver, te dicen lo contrario y provocan espacio. Son hijas del silencio, de la oscuridad y provocan espacio[107].

El viaje o ascesis interior le descubre un camino creativo que sortea el peligro de potenciales cercamientos en un reparto binario de la realidad. A medida que va emergiendo el silencio y la contemplación, progresivamente asoma la cualidad ritual de una imagen que va cediendo en protagonismo para ser receptáculo de lo por venir[108]. Lo representado se resiste a cualquier posible anticipación o fijación de un sentido último o terminal. En este sentido, el ensayo audiovisual porta lo que el crítico francés, Rancière, identifica con una cualidad pensativa o «pensatividad»

---

107 Se puede escuchar la entrevista completa en el archivo de la Constelación de los Comunes: https://constelaciondeloscomunes.org/ovni

108 El carácter ritual performativo del tipo de representación ensayística procede de esa relación tan peculiar entre imagen y palabra que Barthes estudia en su ensayo *Lo obvio y lo obtuso*. En este texto se trabajan dos conceptos esenciales para entender la potencialidad del ensayo, me refiero al juego de anclaje y al desplazamiento.

de la imagen[109]. La configuración de esa pensatividad habilita el trance o ritual de paso por el que resuena un campo de fuerzas relacionadas en un movimiento creativo que ante la pregunta de qué debemos pensar, responde «que es imposible saber fuera de toda duda qué es lo que debe imaginarse bajo los conceptos» (Adorno 22)[110].

Lo explica el propio Toni de la siguiente manera:

> Mi manera de trabajar tiene mucho de artesanal, una cámara, un ordenador para editar y tiempo sin límites para soñar y viajar en ese mundo intermedio de las imágenes. Colaboraciones esporádicas con músicos, conversaciones y una forma de editar, de montar que cada día descubro más cercana a la poesía, al sueño, a la visión. Muy pocas veces o ninguna he trabajado en forma de proyecto; es decir, una idea, un guion y una posterior plasmación en imágenes. Trabajo, por así decirlo, directo con las imágenes sin guion convencional, siguiendo líneas no escritas, sino intuidas. No con ideas, sino con imágenes que antes he 'visto' en algún lugar de mí, o en una conversación, o en los ojos de alguien. Y muchas otras veces, las más, buscando imágenes que quiero ver, que pido ver porque no sé cómo son, por eso parto en su búsqueda sin saber si las encontraré, si esa parte de mi quedará ciega por el momento, o si quizás debe ser así. (…) Así cuando grabo no tengo la sensación de 'capturar imágenes' —una expresión muy usual en el mundo de la imagen— respecto a la cual la primera pregunta debería ser: ¿Quién captura a quién? pues en realidad es el cazador de imágenes el cazado por ellas. Si acaso, a veces he tenido la sensación de leer algo que estaba

---

109 Jacques Rancière en su libro *El espectador emancipado* identificó la pensatividad para hablar de un tipo determinado de imagen con capacidad para provocar el cortocircuito imaginario que la imagen tachada de intolerable parecía no ser capaz de despertar en el seno de la realidad espectacular. Lo que Rancière, acertadamente, apunta en su ensayo ya lo anota Roland Barthes en su ensayo *Cámara Lucida*. La imagen pensativa sirve de punctum dentro de un continuum fraguado en un triálogo del deseo, la memoria y la voluntad en busca de fines justos de ser perseguidos. De este triálogo nace la imaginación política y de ella emana un arte político que ni olvida ni sacrifica su esencia artística en función de una intención. Este tipo de imaginación significa también una salida de la tradición mimética.

110 Una lectura similar ofrece el investigador Josep M. Català en su *Estética del ensayo: La forma ensayo*, de Montaigne a Godard al escribir que «el ensayo no consiste tanto en describir las cosas como en extraer de ellas, de su configuración formal, su propio significado, un significado a través del que mostrarlas de un modo distinto a como se perciben habitualmente, un modo que incluyera en la superficie de éstas, en su visibilidad, ese significado antes paradigmáticamente oculto» (100).

allá escrito y cuya naturaleza profunda desconozco. Otras veces me he despreocupado y he bailado con las imágenes, me he dejado llevar por ellas, sintiendo que hay una danza sutil en las cosas, en los lugares, en las luces, sombras... Otras me he sumergido en la contemplación y he pedido ver. (Toni Serra *) Abu Ali, *Había que irse*)

La pensatividad en la vida y la obra de Toni Serra *) Abu Ali traduce la enunciación de «la tensión entre el negativo de la experiencia y la forma de la utopía a la que aquel negativo se orienta» (Jarauta). No estamos ante simples combinaciones de elementos o yuxtaposiciones que puedan reducirse o jerarquizarse. Lo que acontece en cada proyección son visiones, juegos dialécticos que alumbran los claroscuros. Su efecto provoca la distancia necesaria para percibir las hechuras de la realidad visible así como los puntos ciegos de las historias que el poder ha querido fijar y que, una vez rememoradas críticamente por el pensamiento y recordados por el corazón, cobran una presencia y profundidad inusuales[111].

En su práctica diaria, Toni Serra *) Abu Ali también aprende a abandonar la categoría de autor para convertirse en receptáculo, umbral y vaso comunicante; desde esta humilde posición, su labor pare estados de indeterminación entre lo activo (lo presente existente) y lo pasivo (lo proyectado por venir). La visión germina de las ausencias en un incómodo *querer decir*; un suspenso donde junto a la mayéutica pregunta del «qué entender por» (primer paso para poder encontrar un espacio de comunes denominadores), aparece otra igual de importante, «¿sobre qué es urgente meditar para seguir camino sin traicionarnos ni traicionar?» (Conversación de la autora y Serra *) Abu Ali).

Podría decirse que en manos de Toni Serra *) Abu Ali el ensayo audiovisual y la cualidad pensativa de la imagen cobran otra

---

111 Se podría también hablar de un cierto neoplatonismo en la manera de crear de Serra*) Abu Ali si pensamos como hace Alfonso Puigarnau en su *Estética Neoplatónica* que cuando Platón hablaba de visión distinguió entre visión óptica de una realidad de la que desconfiaba y una visión verdadera o camino de ascesis hacia esa luz por vía de las sombras que esta proyecta. Como escribe Puigarnau: «Platón no ve, sino que tiene noticia de las cosas materiales. Su verdadera visión sería esa otra que se produce al acercarse a lo más espiritual» (67).

dimensión. Cada pieza alumbra un organismo vivo y autónomo cuya luz indica un camino hacia lo que el propio Serra entendía como verdadera visión; es decir, una invitación a pensar colectivamente que no es el conocimiento o su posible representación el verdadero motor del cambio, sino la interacción y el relacionamiento respetuoso de cada parte consigo misma y en relación con un todo:

> Tomar consciencia de la unicidad (todo es Uno y único al mismo tiempo)...todo lo que hacemos a algo, a alguien nos lo hacemos a nosotras mismas... cambia radicalmente nuestra presencia en el mundo... nuestra percepción de la realidad... nuestro hacer y no hacer sin distinción alguna de a qué o a quién.... (Conversación de la autora y Toni Serra *) Abu Ali)

Desde esta cosmovisión hospitalaria y reconciliadora de lo separado violentamente por sistema, acción y contemplación son pasos de un mismo proceso. No hay separación entre trabajo y vida pues la acción no es un añadido sino una continuidad de un estado de meditación. Siendo esto así, tampoco hay distancia «entre teoría y práctica y, en un sentido más profundo, entre sujeto y objeto, entre tú y yo. La vida plena es acción que contiene no acción y un no hacer que transforma» (Conversación de la autora y Toni Serra *) Abu Ali). Tanto en la persona de Toni como en su obra convive la actitud irreverente —y a la vez respetuosa— con una dialogante resistencia disidente:

> Hablemos pues mejor de resistencias, algunas provienen del pensamiento crítico occidental, restos de ideologías liberadoras después del naufragio, prácticas alternativas, refundaciones y nuevos cruces... Otras provienen del rizoma indígena que se extiende desigual por el mundo y que sabe que la continua agresión a la tierra y a la naturaleza es un proceso autodestructivo, destrucción de nuestros recursos, pero también destrucción de conocimiento. Otras resistencias radicales provienen de culturas, como la islámica ahora demonizada, casi siempre desconocida y que ha sufrido en los últimos diez años casi 10 millones de víctimas (1), sin que apenas se hayan levantado voces en

Occidente... y de muchas otras actitudes, religiones y prácticas cada vez más necesitadas de conocerse y de respetarse mutuamente. Un diálogo clave para la aceptación de nuestra diversidad de saberes y haceres, para la autocrítica de los aspectos totalitarios, excluyentes, que habitan en casi todas las culturas. En este sentido Europa y por extensión Occidente a pesar del monumental papel que se ha auto-otorgado en la historia de la humanidad, y en la construcción de la libertad y los derechos humanos, no ofrece un historial de tolerancia racial, religiosa, o nacional precisamente modélicos, y es a veces inferior al desarrollado por otras culturas cercanas. Paradójicamente, incluso una parte del actual pensamiento y activismo crítico reproduce y expande con demasiada facilidad criterios y actitudes etnocéntricas. (Toni Serra *) Abu Ali, *Resistencias*)

No hay escapismo posible porque el compromiso con la búsqueda espiritual también lo es con la transformación del sistema que habita y que lo conforma. La búsqueda interior coexiste, por tanto, con una labor crítica y autocrítica que deja al descubierto los mecanismos del poder, así como de la violencia con la que este se impone:

Hay que reconocer que la construcción de ese Occidente se hizo también sobre la negación de sus diversidades y heterodoxias, sobre la negación violenta de su propia historia(s) y requirió de la invención de una genealogía fantástica y excluyente en la que se sucedían sin oposición: la antigüedad clásica, el imperio romano, la cristiandad, el racionalismo, la ilustración, el positivismo, el capitalismo... reinterpretados todos como estereotipos dulces, sin aristas ni violencias, listos para el consumo de identidades. Así lo «clásico» se redibuja como origen aristocrático dominando ya sobre el proto oriente del «enemigo persa», el imperio romano como fuerza cruel pero unificadora, la cristiandad a veces fanática e hipócrita, pero, al fin y al cabo, civilizadora, la Ilustración liberadora y humanista a pesar de sus despotismos y de su visión colonizadora del conocimiento. Y como culminación: una noción de progreso incesante, lineal, acrítico en el que el capitalismo ejerce como definitivo garante de la libertad... La progresiva hegemonía tecnológica se añade a esta sucesión y viene a probar su razón de ser y poder. (Toni Serra *) Abu Ali, *Resistencias*)

Las visiones de Toni son análogas a esas pequeñas luciérnagas o focos de resistencia que identifica DiDi-Huberman en la obra de Benjamin y de Pasolini; se trata de pequeñas luces que alumbran las grietas por las que es posible caer en la cuenta de aquello que no vemos porque el capitalismo es un sistema cerrado sobre sí mismo que no deja entrar nada que ponga en peligro la continuidad de su relato. Lo describe Tanizaki en *El elogio de la sombra*, cuando señala que Occidente se entregó a la «orgía de luz eléctrica» (81), lo que condujo a una desconfianza hacia la sombra y, con ella, hacia la profundidad que ésta encierra en su manifestación[112]. Curioso que Toni repitiera como un mantra ese verso de «están ciegos, solo ven imágenes» para referirse a la incapacidad occidental de ver; o que el cineasta alemán Harun Farocki en *Desconfiar de las imágenes* advirtiera que en Occidente perdemos de vista la imagen en cuanto identificamos la categoría fija en la que esta ha sido encerrada y desde entonces representa.

Bajo techumbre capitalista molesta e impacienta el *querer decir* de las visiones porque desde la controladora mirada del panóptico, todo debe ser expuesto, visto e iluminado. Todo es susceptible de ser fijado y cercado en el recinto de las categorías para su posterior identificación y control. Por eso, Toni Serra *) Abu Ali decide dejar vacío el lugar de las certezas para poder *desidentificarnos* y para que el ojo se encuentre con la potencialidad del silencio y de la contemplación. También por eso, las iluminaciones de Toni Serra *) Abu Ali recuerdan a un *tokonoma* japonés: ese espacio tradicional en las casas, vacío y a la vez pleno, que invita a la presencia y a la contemplación. Los cambios de luz en la habitación invocan el descubrimiento de «lo bello en el seno de la sombra» (Tanizaki, 44). Sentarnos a contemplar la obra de Serra *) Abu Ali puede producir

---

112 La explicación, escribe, quizá tenga que algo que ver con el hecho de que: «los orientales intentamos adaptarnos a los límites que nos son impuestos, siempre nos hemos conformado con nuestra condición presente; no experimentamos ninguna repulsión hacia lo oscuro, nos resignamos a ello como algo inevitable...los occidentales, siempre al acecho del progreso se agitan sin cesar persiguiendo una condición mejor a la actual. Buscan siempre más claridad y se las han arreglado para pasar de la vela a la lámpara de petróleo, del petróleo a la luz del gas, del gas a la luz eléctrica, hasta acabar con el menor resquicio, con el último refugio de la sombra» (71-72).

un efecto semejante y, en consecuencia, adentrarnos en este recinto implica:

> Dar un giro copernicano en los valores: reconocer y alcanzar la libertad de lo que no se muestra, de lo que no se reduce a lo exterior, a las formas y a los nombres. Reconocer en la carencia, en el estado de necesidad, nuestra verdadera condición en tanto que seres separados. Valorar lo femenino como lo primero. Amar lo austero. Adoptar lo anónimo. Quizás ahí habite un poder otro; un poder que sepa de la dominación como debilidad, de la riqueza como pobreza y de la gloria como humillación de lo que verdaderamente nos importa. (Toni Serra *) Abu Ali, *Rizoma*)

La visión que siembra y el tiempo de la Baraka

Cuenta un Shaij en la ciudad de Chaouen que en la tradición sufí la Baraka es «la fuerza que reconduce la naturaleza hacia sí misma, que ilumina, fertiliza, cura y consuela» (*El Tiempo de la Baraka*, 17). La Baraka no es un conocimiento que se atesore, sino una semilla que se prodiga y se siembra. El tiempo de la Baraka ocurre cada vez que se comparte una instancia de revelación —una visión— en la que confluyen unidad y totalidad, vida y muerte.

En el sufismo, Toni Serra *) Abu Ali se encuentra con maestras de la Baraka, figuras imprescindibles para aprender a caminar por la vereda ética en un camino de ascenso y descenso interior por distintas moradas. Las visiones que transmite portan esas semillas y por esta razón comunican una experiencia temporalmente subjetiva de lo mutable; un estado de conciencia sobre la red invisible de actos y de seres que entretejidos configuran el transcurso de una vida hasta su cierre o final.

Su cultivo interior en la práctica cotidiana de la contemplación y de la meditación predispone a un trabajo de emancipación, de desocupación y de desapego esenciales para hacer salir del ser el peso de cualquier cercamiento que trate de fijar su existencia; dicha labor, también deriva en la destrucción de aquellas mentiras que cercan el Yo occidental en el recinto polarizado de una solitaria individualidad que se piensa y se imagina autosuficiente:

El verdadero obstáculo está en identificarnos con lo que no somos: con lo que deseamos ser o con lo que nos han impedido u obligado a ser. A partir de ahí se construye un mundo que nos encierra, en categorías, en géneros, en clases, en razas, en edades, en grupos de preferencias... *Targets* perfectos del telemarketing y del control político... De ahí la triste letanía de nacionalidades, etiquetas sexuales, sociales, etc. con las que nos identificamos o nos identifican; tanto da, tarde o temprano entran en colisión entre ellas o con nosotros mismos. Y allí estaríamos, presos en la trampa de una realidad pequeña y separada, exiliados de la verdad, entendida no como un horizonte estrecho sino como ausencia de límites. (Toni Serra *) Abu Ali, *Rizoma*).

Me gustaría terminar estos apuntes señalando que la labor de Toni *) Abu Ali es la del sembrador que espera que la semilla dé fruto, aun sabiendo que este hecho depende de condiciones ajenas a su esfuerzo. El fruto sería la apertura del campo de visión al tiempo de la *Baraka*. La entrada en el recinto del desapego, dejando atrás garantías y certezas. La búsqueda de formas de convivencia hospitalarias con los límites y con la incertidumbre de aquello que no admite ser cercado o visto, porque no todo lo que es queda expuesto a la luz — «nunca vemos el oxígeno que respiramos o las raíces de los árboles y, sin embargo, sabemos que están allí» (Conversación de la autora y Toni Serra *) Abu Ali)—.

Su práctica creativa conduce a esa geografía visionaria que anuncia el Shaij de Chaouen; su experiencia rinde cuentas a una manera ética e interrelacionada de habitar el tiempo y el espacio en un abandono del papel de protagonistas y dueñas de la historia. Se nos invita a habitar la paradoja, a abandonar el deseo de tenencia de razón y a meditar la diferencia entre contar, atesorar y dotar de sentido. No importa tanto el destino del camino solo lo que se hace de él, el cómo y de qué se llena, con quién se comparte y qué lo nutre de sentido. La vida plena en ese mundo por venir depende también de las relaciones hospitalarias que los seres humanos seamos capaces de establecer:

En el siglo XIII Muhiyuddin Ibn Arabi escribió: «la libertad nos une, la unión nos libera», una afirmación que tiene muchos estratos de lectura, tomemos ahora uno: La libertad nos une en tanto que mujeres, hombres y comunidades libres, y esa unión nos libera. (Toni Serra *) Abu Ali, *Resistencias*)

El crítico de arte Didi-Huberman analizando al Pasolini que sentenció la desaparición de las luciérnagas —símbolos de la resistencia— explica que esto ocurre porque, en ese tiempo, Pasolini perdió la capacidad de ver más allá[113]. Diría que, a diferencia de Pasolini, Toni Serra, precisamente por haberse encontrado con Abu Ali, fue capaz de mantener la fe en la capacidad del ser humano para transformar y transformarse y, por ese motivo, en él prevaleció hasta el final un contagioso principio de esperanza activa. Por eso, en la nada ingenua cosmovisión de Toni Serra *) Abu Ali, siempre hay un lugar desde donde contemplar el resplandor de las luciérnagas.

Referencias bibliográficas:

Aya, Abdelmumin, y Yaratullah Monturiol. *El tiempo de la Baraka*. Almuzara, 2014

Adorno, Theodor. «El ensayo como forma.» *Notas de literatura*, 1962.

Català, Josep M. *Estética del ensayo: La forma ensayo, de Montaigne a Godard*. Universidad de Valencia, 2014.

Debord, Guy. *La sociedad del espectáculo*. Pre-Textos, 2003.

Didi-Huberman, Georges. *Supervivencia de las luciérnagas*. Abadía Editores, 2012.

Farocki, Harun. *Desconfiar de las imágenes*. Editado por Inge Stache, traducción de Julia Giser, Caja Negra, 2013.

Marín Pedreño, Higinio. *Teoría de la cordura y de los hábitos del corazón*. Pre-Textos, 2010.

Jarauta, Francisco. «Para una filosofía del ensayo.» *El ensayo como género literario*, coordinado por María Dolores Adsuar Fernández, María Belén Hernández González y Vicente Cervera Salinas, Universidad de Murcia, 2005.

---

113 La cita exacta dice lo siguiente: «El juego dialéctico de la mirada y de la imaginación. Lo que había desaparecido en él era la capacidad de ver —tanto en la noche como bajo luz feroz de los reflectores— aquello que no ha desaparecido completamente y, sobre todo, aquello que aparece, pese a todo, como novedad reminiscente, como novedad 'inocente', en el presente de esta historia detestable de la que no se sabe ya si apartarse, aunque sea desde el interior» (50).

Puigarnau, Alfons. *Estética neoplatónica: La representación pictórica de la luz en la antigüedad*. Promociones y Publicaciones Universitarias, 1995.

Rancière, Jacques. *El espectador emancipado*. Manantial, 2010.

Tanizaki, Jun'ichirō. *El elogio de la sombra*. Traducido por Julia Escobar, Siruela, 2013.

Watkins, Peter, et al. *The Universal Clock: The Resistance of Peter Watkins*. National Film Board of Canada, production company; Icarus Films, distributor, 2021. Video recording.

Watkins, Peter. «Dark Side of the Moon – Part I: The Global Media Crisis.» 2017. *pwatkins.mnsi.net*, http://pwatkins.mnsi.net/dsom.htm. Accessed 15 Aug. 2025.

Weinrichter, Antonio. *Desvíos de lo real: El cine de no ficción*. T & B, 2005.

Paseo por cuatro paisajes

Un recorrido (de ida y vuelta) por la obra videográfica de Toni Serra *) Abu Ali

Gabriel Villota Toyos[114]

Introducción

La obra videográfica de Toni Serra *) Abu Ali recorre diversas etapas a lo largo de sus más de treinta años de trayectoria, aunque las piezas de diferentes épocas se comunican entre sí como si se desplazaran por vasos comunicantes, rompiendo de este modo cualquier progresión cronológica y lineal. En este texto trataremos de mostrar dichas conexiones / correspondencias, que, como en los *upanisad* (y es que esta sería una posible traducción del término sánscrito), son las que «establecen afinidades entre los diferentes ámbitos de lo real, y permiten cartografiar los vínculos ocultos que conforman la urdimbre del mundo» (Arnau, 2019). Para ello, visitaremos cuatro principales momentos o paisajes, tanto físicos como espirituales, que marcan la vida y la obra de su autor.

Lo que sigue, a través del recorrido por esos paisajes, es una modesta crónica personal de su viaje hacia la luz, a través de un recorrido por sus propios vídeos. Siguiendo algunas de las ideas

---

114 Doctor en Comunicación Audiovisual y profesor en la Universidad del País Vasco, donde ha sido director de programación cultural, viene trabajando desde comienzos de los años 90 en diversas actividades en relación a las artes visuales y sonoras, publicando en numerosas revistas especializadas, catálogos y libros. En los últimos años ha comisariado los ciclos sobre performance, danza y cine *Cuerpos desplazados* y también ha realizado los programas de televisión *Toni Serra/Abu Ali. Abrir la visión, Iñigo Salaberria: Caminar para ver (la luz), esperar para ver (la sombra)* y *OVNI: una nave nómada,* todos ellos para Metrópolis/RTVE (abril 2021, octubre 2022, marzo 2025). Desde 2019 viene desarrollando el ciclo «Voces que caminan», que se ha presentado en formato radiofónico/podcast para Consonni/AZ (otoño 2019), y con la exposición *Voces que caminan* en la Fundación Cerezales (León, 2022).

maestras desarrolladas por él en su texto central *Abrir la visión* (que da cierre a este libro), trataré de organizar un recorrido a través de algunas imágenes —poderosas imágenes— tomadas de sus trabajos audiovisuales y que han sido organizadas aquí por bloques temáticos (a los que antes aludía bajo la imagen metafórica del paisaje) recogiendo algunas de las principales preocupaciones estéticas y vitales del autor.

Y es que podríamos seguir el itinerario de la vida de Toni en paralelo a la evolución de su obra artística y ver ambas como parte de un viaje iniciático, en el que cada etapa transcurrida habría de llevar inexorablemente a la siguiente, pero que, como en uno de esos rizomas que a él tanto le gustaban, pudiera al mismo tiempo darse la vuelta y girar hacia atrás, hasta tomar finalmente el «camino de retorno» que, de forma visionaria, él intuyó al dar nombre al último encuentro OVNI que organizara junto a su *sisterhood*, al final del invierno de 2018.

Paisaje primero. La imagen como velo (Brooklyn, NYC)

Toni Serra *) Abu Ali solía usar la imagen del *velo* para explicar la imposibilidad de *ver* en una sociedad como la contemporánea que, precisamente, se va constituyendo de forma exponencial por miles, millones de imágenes que nos rodean desde alrededor, por, a través de todo tipo de pantallas y dispositivos. Ese carácter propio de la «iconosfera» (Gubern, 1987) en que vivimos, producto del «espectáculo» en términos de Debord (1968), convierte, como él dice, nuestra visión «en una especie de ceguera», consistente no solo en esa imposibilidad de *ver*, sino también en la merma de nuestra capacidad de acceder a la experiencia directa del mundo, y a la sustitución progresiva de esta experiencia por otro tipo de pseudo-realidades mediáticas/mediatizadas que han colonizado «nuestras realidades y nuestros sueños». Pero detrás del velo puede aparecer una *visión*. Y esto es lo que, de forma más intuitiva al comienzo, y con mayor determinación al final de su carrera, él fue buscando con su trabajo.

El primer trabajo de Toni del que tuvimos noticia a comienzos de los 90 fue *Lyryctron* (1991), una sutil pieza en blanco y negro en la que se muestra en primer plano la música de flauta de Yasunao Tone, interpretada por Barbara Held. A través de imágenes delicadas, en los que la sombra de la flauta parece bailar con una abstracta línea sinuosa (la del cable, que al final del vídeo vemos que acaba en el micrófono donde se graba), las propias imágenes y sonidos dialogan también con un texto, una suerte de cruce entre el *cut-up* de Borroughs y el haiku postmoderno, que aparece en pantalla y es leído con una voz sintética. Pero realmente su obra comienza a conocerse a partir de *Pura Fé* (1992). Se trata de un vídeo que ya nos muestra ese efecto de *visión* tras el *velo*, al hablarnos de una Norteamérica y de un Nueva York que permanecía bastante ocultos para la mayoría de nosotros en aquel entonces. Su protagonista, el magnético predicador portorriqueño de *Los Sures* (Brooklyn) fustiga verbalmente a los viandantes desde su micro de cable corto, que se acopla sin cesar al amplificador debido a la corta distancia y al alto volumen del mismo, apelando a ese mismo fuego infernal y depurador al que por aquel entonces también aludía David Lynch en sus obras *Twin Peaks* (1992) o *Wild at hearth* (*Corazón salvaje*, 1990). Esta cinta nos abrió los ojos a cosas que estaban por llegar, y a conexiones inesperadas: resulta que, desde nuestro parcial conocimiento del mundo del audiovisual experimental, vimos que también era posible incorporar al trabajo un registro en clave documental, casi de *cinema verité*, basado en una imagen cruda, directa, en blanco y negro. Cosa que, ciertamente, en la tradición norteamericana de cierto tipo de videoarte conectado con el cine experimental, era más que conocido y asumido: allí estaban los precedentes de Jonas Mekas o los hermanos Kuchar desde los 60, entre otros muchos; pero también en tiempos más recientes Jem Cohen o su hermano Adam (quien por cierto pasó por Barcelona por aquel tiempo y tuvo una relación cercana a Toni).

Toni había aterrizado en un Nueva York que se le aparecía como una visión, como la anticipación distópica del mundo por venir; y ávido de compartir aquellas imágenes, tomó su cámara y no dejó de grabar cuanto pudo. De hecho, gran parte del metraje registrado en aquellos años (prácticamente todo, diría, menos lo usado para *Pura fe*) lo montaría mucho después, cuando, desde la perspectiva geográfica y temporal que le dio el Marrakech de comienzos del s. XXI, su «sentido» se hubo asentado y pudo articular su significado profundo. Así, con material recogido en este primer momento años después finalizaría piezas como *1991 Next Hundred Years* (2004), *El canto de la Abubilla* (2015), o *Los Sures* (2008), entre otras.

Pese a la importancia que el componente visual y óptico tiene en esta primera pieza (repetimos: imágenes en blanco y negro, de bastante grano, registro improvisado en la calle, sonido diegético, al menos en parte...), no hay que dejar de destacar igualmente las importantes decisiones de montaje y edición que también toma aquí el artista: ralentizaciones y aceleraciones de imagen y sonido, angulaciones de cámara, repeticiones, cortes abruptos contra el *racord*, juegos rítmicos y loops de imagen que anticipan el tipo de trabajo que llegará pocos años después.

Algunos años más tarde, Toni visita Tánger en busca de las huellas de sus queridos Bowles, Borroughs, y demás exiliados del *american dream*, y se topa con escritores como Ira Cohen, Mohammed Chukri y otros intelectuales aún residentes en esta ciudad durante los años noventa. Pero lo que en ese momento atrapa la mirada de Toni (además de alguno de aquellos personajes, cuyas imágenes y testimonios irá montando bastantes años más tarde, en piezas como *Perro corazón* [1998]) es el imprevisible e hipnótico baile de unas bolsas de plástico y una hoja de periódico movidas por el viento, con el que compone una de las piezas de videodanza más bellas jamás filmadas *Wahab* (1994). La imagen óptica sigue siendo aquí importante ,y tras un par de planos de ubicación, y otro cenital que nos muestra a unas mujeres pasando por los alrededores de un mercado, la mirada que representa el objetivo de la cámara sigue de forma relajada el desplazamiento de las bolsas; estas parecen haber cobrado vida y bailar con el periódico, al son de la música extradiegética del egipcio Mohammed Abdel Wahab. El resultado es un vídeo de fuerte carga poética en el que la edición se ha simplificado al máximo y en cuyo montaje tan solo asistimos a unos cortes que encadenan diferentes niveles de acercamiento a la escena, poco más. Y se produce la magia de la visión.

Finalmente, en *Migra* (1994), que también situamos en este primer periodo, el *velo* viene dado por las imágenes excesivamente próximas de la cámara acelerada que mira al suelo, y que genera una textura que se mueve bajo nuestros pies, a través de los planos de tierra y piedras de un aparente paisaje desértico; pero también funciona como *velo* la superposición de imágenes, flotando como si fueran ligeras telas al viento, o la mezcla del sonido de la flauta de Held (como vemos, colaboradora habitual de Toni sobre todo en esta etapa de su trabajo) con las melodías árabes y otros sonidos que se añaden por capas.

Paisaje segundo. La película Master (Barcelona).
Tras su regreso a Barcelona (en el que no me detendré, pues está sobradamente comentado en varios de los artículos que constituyen este volumen), su interés pronto se centraría en el ámbito de las técnicas de la apropiación y el desmontaje, dando como resultado un tipo de vídeo de clara inspiración política, del que es muestra una pieza como *Minnesota 1943* (1995), que abordaremos un poco más adelante.

En realidad, el trabajo audiovisual de Toni osciló siempre en la doble faceta de la búsqueda de la luz interior y la militancia en la crítica a los *mass media*: y no precisamente como una doble perspectiva contradictoria, sino bien al contrario, desde la aguda consciencia de su profunda complementariedad. Es por ello que es un corpus que se muestra hoy como un faro privilegiado que ilumina el oscuro panorama de la imagen y el mundo contemporáneo.

Así pues, hay que aprovechar las grietas que se producen en la capa externa de la Realidad y aprender a «verlas»: el acceso está siempre abierto, solo hay que conseguir parar lo que Toni llamaba «la película máster»; es decir, desplegar un nuevo ejercicio de desvelamiento.

Desde la consciencia de vivir atrapados en esa iconosfera contemporánea que es fruto de la «gran maquinaria de producción audiovisual» que nos rodea, Toni Serra *) Abu Ali denuncia cómo el conglomerado de corporaciones privadas y estatales, el mismo que a fin de cuentas forma el Poder en el mundo capitalista, construyen ininterrumpidamente un imaginario en forma de «película master» que se nos ofrece como *realidad*; es en este contexto en el que él advierte de la transformación de la imagen en velo, una imagen que oculta más que muestra y que, de la suma con otras imágenes, termina por generar esa película master «que se extiende cubriendo la totalidad de la visión», «como instrumento social de ceguera». Pero si bien la lógica de mercado ha contribuido enormemente a esta película master a través de la proliferación exponencial de dispositivos de captura, edición y difusión de imágenes, eso mismo ha permitido que haya un acceso a las mismas no previsto: esto posibilitaría así una suerte de ejercicio de *desgarrar el velo*, o dicho en otra terminología diferente también usada por Toni, *hackear la película máster*. Esa sería, ni más ni menos, la tarea del audiovisual independiente. Hoy en día esas imágenes ubicuas son las que constituyen el mundo, lo que convencionalmente llamamos *Realidad*, y que se nos muestra así como una convención fruto del lenguaje y de la tecnología desarrollada en su marco: este es el velo que Toni nos dice que tenemos delante.

Pero el velo puede romperse, agrietarse: en las culturas tradicionales eso llega a suceder alcanzando estados de trance, viajes que nos posibilitan procesos de transformación, viajes iniciáticos, viajes de conocimiento en los que se sucederán muchos velos de luz y de sombra. Viajes como el del místico Sri Ramana Maharshi, quien en los 70 km recorridos desde su casa hasta la montaña de Arunchala realiza un verdadero viaje cósmico, astral; o el viaje de regreso de Nisargadatta a su Bombay natal dispuesto a volver a vender cigarrillos en su puesto callejero después de haber estado retirado en los Himalayas: en *Satsanga* (2014), el vídeo que Toni montó a partir del metraje de una extraña entrevista al propio maestro *advaita*, los planos intactos, se mezclan con *travellings* entre plantas verdes, imágenes de majestuosas montañas (los Himalayas, precisamente), y planos contemplativos de las nubes y el cielo que ofrecen un contexto a las palabras en *off* de Nisargadatta, recordándonos que solo debemos pensar en una cosa: en el «yo soy». Estos viajes representarán momentos de ruptura que nos permitirán acceder a otras dimensiones ocultas de la realidad, y que en diversas ocasiones fueron fruto de la exploración tanto en las programaciones de los festivales de OVNI como en la propia obra de Toni. El velo es la ocultación y también la condición de posibilidad para que se produzca la visión, y accedamos así a la belleza y a la realidad misma.

Con *Minnesota 1943* (1995) asistimos a un cambio aparentemente radical desde el punto de vista de la realización audiovisual: la cámara ha desaparecido, y todo lo que vemos en este vídeo es puro ejercicio de montaje a partir de la «apropiación» de imágenes ajenas. El relato se basa en un test de la Universidad de Minnesota desarrollado para el ejército norteamericano, cuyas preguntas vamos viendo escritas sobre un incansable collage de imágenes, siguiendo los preceptos del «cine de desmontaje» (Bonet, 1993), y que se ha editado a partir de spots publicitarios de la época, convenientemente trasladados a blanco y negro, películas de Hollywood y sonidos de procedencia diversa.

La razón primera para realizar un trabajo de estas características formales es puramente contingente: Toni, junto con Joan Leandre, Nuria Canal y otros participantes de La 12 Visual, tuvieron acceso esos años como colectivo a un equipo de edición de vídeo en formato U-Matic, pero no tenían cámara, y centraron todos sus esfuerzos experimentales en producir una serie de piezas que exploraran al máximo las posibilidades de las mesas de edición de la época, así como las posibilidades expresivas del lenguaje audiovisual a través justamente del montaje. Fue un momento de aprendizaje grupal muy intenso, del que saldrían también obras como *La noche* (1994), *Total War* (1994), o *WSB Hassan Sabbah* (1998) entre otras.

Otro ejemplo interesante de este momento es *Interzona Hardcore* (1996), donde el *beat* frenético del tecno *hardcore* impone un ritmo de precisión quirúrgica a la edición: imágenes apropiadas de todo tipo de procedencia van velozmente saltando al golpe del corte, pegado éste milimétricamente al ritmo del bombo, y van creando una apretada trama de referentes visuales que según llegan vuelven a desvanecerse. De vez en cuando un remanso de sonido oscuro, muestra la palma abierta de una mano en primer plano, un bucle con una imagen de fuego, de nubes, de una mano atravesando unas llamas, el ritmo crece de nuevo, y el bombeo de imágenes robadas reaparece. El «hackeo de la película master» en todo su esplendor: la visión se ha trasmutado en pesadilla. Pero Toni Serra *) Abu Ali ya intuye que después debe llegar la redención, y que el lenguaje del espíritu terminará penetrando tras esas imágenes, se trate del predicador boricua de *Pura Fé*, o de los predicadores baptistas de Harlem, que luego aparecerán también como parte del metraje de *El canto de la abubilla* (2015).

Paisaje tercero. La imagen archipiélago (Entre Barcelona y el Magreb).

Una vez abierta esa grieta en el velo, detenida la película máster a través del ejercicio de prácticas independientes y/o deconstructivas, podríamos hablar de una proceso de «descolonización de la visión» que Toni identifica con el surgimiento de un «rizoma de imaginarios diversos», mediante los cuales será posible iniciar el proceso de «abrir la visión»: «Recuperar la conciencia de su capacidad transformadora y visionaria, oracular y sanadora, devolverla al cuerpo y al espíritu más allá de los límites de lo óptico». Quizás esos imaginarios surgidos del rizoma serían los que él nos invitaba a imaginar como una especie de «archipiélago de imaginarios_isla», entre los que pudiéramos navegar, sabiendo siempre que, bajo las aguas, nos sostiene la estructura oculta del rizoma, como parte del «mundo oculto de los silencioso e invisible del que todo brota».

Y es que tampoco se debe olvidar que Toni Serra *) Abu Ali formó parte de manera muy activa de una generación de artistas del vídeo surgida a comienzos de los años noventa que en otros lugares hemos llamado «esfera independiente del vídeo», y que se caracterizó por su pelea sostenida por conseguir un reconocimiento de las artes visuales experimentales en el sistema del arte español, donde habían sido constantemente soslayadas y obliteradas incluso. De modo muy significativo, Serra dedicó buena parte de sus energías al trabajo en red, colaborativo, horizontal, en el que era imprescindible asumir el trabajo de artista a la manera benjaminiana, esto es, el artista entendido como «productor»: desde los tiempos de La 12 Visual, a principios de los años noventa, hasta la fundación del colectivo OVNI, en la segunda mitad de la misma década, con el que se mantuvo activo desarrollando el encuentro del mismo nombre y otros numerosos proyectos. Toni Serra como muchos otros compañeros de generación ideó programaciones, generó festivales, distribuyó obras, escribió, editó publicaciones, y también, como estamos viendo, produjo una hermosa colección de obras en vídeo.

Las dos primeras décadas del nuevo siglo será el momento en que aborda de manera más determinada dentro de su producción una serie de trabajos que podríamos calificar efectivamente como rizomáticos, en el sentido en que sus raíces van interconectando diferentes cuerpos y relatos. Este sistema de trabajo que parte de la idea del archipiélago se podría corresponder con una tipología de imágenes como las de los *Archivos Babilonia*, que Toni y sus compañeros fueron articulando en forma de programaciones para diversas muestras OVNI a lo largo de los años, así como para su archivo en la red. Ejemplos de esta práctica híbrida (pues tiene un pie puesto en la experimentación y otro en la tarea de documentación y archivo) serían piezas como *The Job [Fallujah´s lost tapes]* (2010), en la que, a partir de un material capturado en la red por colaboradores como PerroLoco y Jean Pierre Gambarotta, Toni monta, con la mínima manipulación posible de las imágenes, un escalofriante vídeo que muestra a escala micro el modo de operar del ejército de ocupación norteamericano en Irak. O trabajos más documentales como son, por un lado, *La Frontera como Centro _ Zonas del ser y del no ser* (2016), que aparentemente no es tanto una pieza propia como un «vídeo ensayo» en el que Toni incorpora otros vídeos de una multiplicidad de fuentes diversas, entrevistas o conferencias de expertos, entre otros materiales, con una carácter abierto y expandido; o por otro, y con un tratamiento muy diferente, otro tipo de ensayo como es *desRealidad* (2011), en el que a modo de cuaderno de apuntes de un proyecto de investigación sobre el concepto mismo de Realidad en el que vivimos, el formato de «vídeo entrevista» es utilizado para recoger los testimonios de cuatro pensadores fundamentales para Toni (y para toda una generación) en ese momento de cambio de siglo, como son Hakim Bey, John Zerzan, Santiago López Petit y Pablo Beneito. En realidad, se trata de un tipo de vídeo que bajo este concepto de archipiélago al que él aludía, enlaza perfectamente con otras «vídeo entrevistas» que Toni fue haciendo a lo largo de los años: pienso en piezas como la ya citada de *Perro corazón,* con Ira Cohen y Mohammed Chukri, pero también la de *Charlie* (2000), *Mahu* (2014), Lala Fatna en *La vida en armonía* (2018), o la de Jean-Claude Carriere en *En torno a Mahabharata* (2013). Todo este grupo de obras se conectan pues entre sí, subterráneamente, como uno de esos rizomas, y de ese modo alimenta y nutre el conjunto de su videografía.

Finalmente, también *1991 Next Hundred Years* (2004) podría entrar en esta categoría, aunque en este caso se trate de imágenes todas ellas grabadas por el propio Toni Serra *) Abu Ali en la época de su estancia en Nueva York, y montadas más de diez años después ya desde Marrakech: en este desplazamiento temporal lo que logra es, desde una perspectiva de vasos comunicantes que mencionáramos al principio, conectar en el imaginario, precisamente como si de un rizoma se tratara, las dos guerras del Golfo, dirigidas por los presidentes Bush, padre e hijo: las celebraciones patrióticas grabadas en 1991 con motivo de la primera sirven así de fondo icónico también para leer la segunda invasión, al ser editadas en 2004 y hacernos pensar en los atentados de las torres gemelas, y toda su serie de consecuencias devastadoras.

Paisaje cuarto. Camino de retorno (Marrakech, Irán)

> La brisa del amanecer tiene secretos que contarte. No vayas aún a dormir
>
> Debes pedir por aquello que anhelas. No vayas aún a dormir
>
> La gente va y viene a través de la puerta, allí los dos mundos se encuentran
>
> La puerta es redonda y está abierta. No vayas aún a dormir.
>
> La brisa del amanecer, **Rumi**

El último encuentro de OVNI que Toni Serra *) Abu Ali presentara con sus compañeras de la *sisterhood* tuvo lugar en el mes de marzo del año 2018, y llevaba un extraño título premonitorio: «Camino de retorno»; un camino, según se anunciaba en el mismo subtítulo, poblado de «visiones, silencios, oscuridad». En el texto introductorio, escrito por Toni, se apelaba directamente a la muerte, mediante esa figura de la mística sufí que nos habla del «mundo intermedio» (*Al Barzaj*), y en la que se refería tanto a «la experiencia de la muerte física y las muertes del ego». Al fin y al cabo, los estados de trance ya nos habían situado en un territorio próximo, o también los estados que se producen durante el sueño, concretamente en el momento preciso en que caemos dormidos. También la presencia de personajes como *Al Khidir* (*El Verde*) se refería al que habita entre los mundos: es un guía, un maestro incorpóreo, que precisamente nos acompaña en estos tránsitos. Otros conocidos momentos de transición entre los dos mundos serían por ejemplo el amanecer y el atardecer, en los que el otro mundo aparece fugazmente, y nos deja percibir un atisbo de su presencia.

Después de aquel encuentro Toni comenzó probablemente a centrarse en el proyecto final para el que había sido becado por la Fundación BBVA a través del programa Multiverso. Le ilusionaba particularmente aquel viaje a Irán, para encontrarse con las raíces del viejo sufismo persa. Viajó allí «pidiendo ver»… y, sin duda alguna, vio. Grabó imágenes en la primavera de 2019, quedó pendiente de volver en el otoño, pero ya no pudo. Se impuso el «camino del retorno». Gracias a Laura Baigorri, Alex Muñoz y Barbara Held entre otros, hoy contamos al menos con algunas de las imágenes que él dejó pendientes de montar, y que nos dan una idea de lo que pudo vislumbrar en su camino.

Curiosamente este «camino de retorno» se caracteriza por un fuerte regreso a lo óptico, mediante el que tratará de llevarnos de manera decidida al imaginario del sufismo: retornan en sus imágenes los velos, las transparencias, los espejismos, las imágenes fundidas. *Al Barzaj* (2010) es una pieza en cierto modo inaugural en este sentido, en la que Toni nos adentra por una ranura entremundos, a través de umbrales, puertas y pasillos. El poder de una cámara subjetiva, libre y experimental, que avanza sin cesar a través de laberintos, y se detiene en la lucha entre la luz y la oscuridad, buscando el alto contraste que se produce en esas arquitecturas desnudas, vacías, todo ello anticipa algunos temas que adquirirán otra dimensión de *Asemanastán* (2019). Vemos los pájaros en las ramas, mecidos por la dulzura del sonido del *ney*, y vemos al pequeño pájaro que se hace el muerto y que nos brindó una de las imágenes más queridas de Toni. También es fundamental aquí el trabajo con el sonido, fruto una vez más de la colaboración con Barbara Held, y este nos lleva por un espacio en el que tanto las voces incorpóreas de las personas, como el sonido crudo del micro que interfiere con la flauta, constituyen un único universo hasta que el montaje nos devuelve a un inhóspito paisaje, de vuelta al exterior. En *Trance with the Green Man* (2015) Toni da un paso más en esta línea, valiéndose de una mayor radicalidad para así fusionar música, sonido e imagen en una sola unidad audiovisiva (Chion, 1990). Tras unos primeros planos introductorios, la música se alía con la cámara para ofrecernos un auténtico viaje místico al ritmo de las flautas, que repiten de forma obsesiva una misma secuencia de notas, unidas al avance de la cámara subjetiva, que comienza su desplazamiento invirtiéndose, entre las verdes hojas de las plantas de maíz (similares, o las mismas que ya utilizara en *Satsanga*) en las que entrevemos, en una imagen sutilmente fundida, la figura de un giróvago. El mundo ha sido puesto del revés, y el ritual audiovisual se convierte en el vehículo para llevarnos al estado de trance. *Sol de medianoche* (2016) abunda más en la iconicidad mística, aun siendo en realidad un hermano más con los vídeos anteriores. De hecho, se repiten algunas tipologías de imágenes, a modo de ADN compartido: las ventanas en esas viejas estructuras arquitectónicas aparentemente abandonadas; la cámara abruptamente girada, o boca abajo; el *travelling* entre las hierbas o plantas, y las transparencias o fundidos entre aguas en remanso y juncos, sin que sepamos bien donde termina una imagen y empieza la siguiente, envueltas en un dulce movimiento, y el microcosmos que se confunde con el macrocosmos en unos destellos que bien pueden ser gotas sobre la superficie del agua o estrellas descansando en el firmamento... pero en el que la textura del tiempo que uno percibe va haciendo cada vez más densa.

7 contemplaciones (2016), otra de las obras de esta colección de piezas de orfebrería, es quizás la más austera y delicada. Imágenes simples y puras, sin apenas movimientos de cámara, ni fundidos ni ningún otro artificio: quizás el velo está ya cayendo, ante nuestra misma mirada.... Curiosamente, el vídeo empieza sin imagen, con la pantalla en negro, y con un audio en italiano (luego sabremos que se trata de *Che cosa sono le nuvole*, un film de Pasolini de 1967: otro autor muy querido por Toni) que nos habla justamente de la presencia de la verdad en nuestro interior: y ahí comienza este desfile de «contemplaciones», formado por una serie de imágenes rotundas en su misma vulnerabilidad. Lo primero que vemos son unas flores anegadas por las aguas de un río, y unos pájaros posándose en unas frágiles ramas; después un fundido a negro que se hace largo y respira, hasta que aparece un gran plano general de unas nubes y, otra vez encadenadas por un lento fundido a negro, dan paso a unas ramas con frutos rojos sorprendidas por la lluvia... Después el velo reaparece, bajo la forma de un aparente fundido de dos imágenes... hasta que advertimos que se trata de un pequeño espejismo, pues lo que vemos no es sino el reflejo de unas ramas en un charco en el suelo, nada más.... Pero, ¡espera!, ahora sí que aparece lentamente algo, del fondo, que se superpone lentamente a la imagen anterior, una piedra verdosa, mágica, misteriosa, que parece contener toda la historia del mundo, y a la que mediante un nuevo y lentísimo encadenado de pronto se le confiere vida, y ahora vemos convertida en un palpitante corazón: un radical corte a negro nos devuelve a otro plano de realidad, y de pronto nos hallamos ante un plano general de un paisaje invertido en el que, lentamente, unas nubes se desplazan sobre (en realidad bajo) unas montañas. Cada imagen, es decir, cada plano de este vídeo es, además de una contemplación, como un pequeño milagro. ¡Hace falta haber mirado mucho por el visor de la cámara, y haber montado muchas horas de metraje, para poder llegar a enlazar de una manera tan sencilla estos siete planos fijos!

Después vendría *En el camino de las abejas* (2018); y, aunque en este vídeo también abundan las imágenes bellas y contemplativas, e igualmente muestra la delicadeza máxima a través del embeleso con el que se mira y enseña la danza hipnótica de las abejas, no tiene sin embargo el carácter sintético, como de haiku, de algunas de las obras anteriores: se trata de un trabajo bastante más largo y de otra tipología, quizás más cercana al documental. Y, de este modo, todo quedaba dispuesto para la producción del trabajo final de Toni Serra *) Abu Ali, la que iba ser su obra cumbre en este progresivo caminar «hacia la luz», pero que al mismo tiempo constituía cada vez de forma más clara, como decíamos, un «camino de retorno». Y así fue como Toni se embarcó en ese viaje físico, espiritual, artístico, simbólico y escatológico que fue la producción, como sabemos desgraciadamente inacabada, de *Asemanastán* (2019), y que no abordaremos aquí pues son varios los textos de este volumen que describen de forma específica el desarrollo de este proyecto y sus posibles significados.

Por todo ello, no nos resta sino decir que, terminado este periplo por estos cuatro paisajes (que, por lo demás, vistos ahora después de este caminar de la mirada y la escucha, se confunden entre sí), nos hallamos antes una de las videografías más peculiares, intensas y hermosas de la historia del audiovisual experimental español, y que sin duda trasciende esta categoría para, como hemos visto, sumar otros contextos de lectura y otros públicos que van más allá del ambiente puramente artístico: pues nuestro querido Toni Serra *) Abu Ali consiguió eso tan difícil, y que tan pocas veces se logra, que es estar hablando a mucha gente a la vez, con diferentes voces, de modo que cualquier persona, fuera el que fuese su origen cultural, *background*, formación o procedencia, pudiera sentirse apelada.

Hemos llegado pues al final de nuestro paseo, y nos hemos encontrado de nuevo en el punto de partida: las imágenes y los sonidos de unas épocas y otras se han conectado entre sí por el subsuelo, y nos han hecho ver esas correspondencias que surgen entre ámbitos aparentemente tan distintos de lo real: ese era, en parte, el velo que Toni nos ayudó a retirar. Para que aprendiéramos a ver.

Referencias bibliográficas

Arnau, J.: *Upanisad. Correspondencias ocultas* (2019). Girona, Atalanta.

Bonet, E.: *Desmontaje: Film, Video/ Apropiación, Reciclaje* (1993). Valencia, IVAM.

Chion, M.: *La audiovisión* (1990). Barcelona, Paidós.

Debord, G.: *La sociedad del espectáculo* (1968). Valencia, PreTextos.

Gubern, R.: *La mirada opulenta* (1987). Gustavo Gili

Contemplando el «cielo espiritual» (āsmān-e rūḥānī) desde el «desierto de la aniquilación» (bīyābān-e fanā'): *Asemanastán. La tierra de los cielos* (2020), Toni Serra (Abu Ali)[115]

Antoni Gonzalo Carbó[116]

«Abrir los ojos (čašm bāz šodan) es el paso más elevado hacia Dios».
Šams al-Dīn Tabrīzī, Maqālāt (Diálogos).

«Si la luz se eleva en el Cielo del corazón [...] y el hombre interior alcanza en lo absolutamente puro el resplandor del sol o de muchos soles [...] su corazón no será más que luz, su cuerpo sutil será luz, su capa material será luz, su oído, su vista, su mano, su exterior, su interior, no serán sino luz».
Naŷm al-Dīn al-Rāzī, *Merṣād al-ʿebād men al-mabdā' elā l-maʿād (El camino de los siervos de Dios desde el origen hasta el regreso)*.

«Los ojos de los gnósticos tienen ojos que ven lo que los observadores no ven».
Sahl al-Tustarī. *Abū Naʿīm, Ḥilyat al-awliyā'*, Beirut,

---

115 Abreviaturas principales: ár. = árabe; D = Rūmī, 1336/1957 (se cita el número de poema); M = Rūmī, 1925-1940 (se cita el volumen y la línea); per. = persa.

116 Artista visual (pintor, escultor), investigador y ensayista en el campo de las Humanidades. Profesor titular del Departamento de Artes Visuales y Diseño de la Facultad de Bellas Artes de la Universidad de Barcelona (UB), con más de treinta años de experiencia docente. Doctor por la Universidad de Barcelona. Miembro de la Muhyiddin Ibn Arabi Society-Latina (Oxford; San Francisco, CA; Murcia). Miembro de la Sociedad Española de Iranología. Su ámbito de estudio se centra en la relación entre los campos del arte y la estética. Colaborador habitual de revistas de arte, filosofía y poesía, ha publicado más de sesenta ensayos sobre estética, mística y arte contemporáneo.

1997, X, p. 210.

«Haz desaparecer rápidamente tus ojos y ábrelos».
Farīd al-Dīn ʿAṭṭār, *Manṭeq al-ṭayr (El lenguaje de los pájaros)*, dístico 4010.

«[…] Lo que cuenta es la visión; solo el vidente se salva».
Ŷalāl al-Dīn Rūmī, M 2:900.

«Estás dormido y tu visión es ilusoria, todo cuanto ves es pura imagen».
Maḥmūd Šabestarī, *Golšan-e rāz (El jardín del misterio).*

«Cuando todo lo visible se reduce a nada, ¿qué es lo que queda por contemplar?».
Toni Serra *) Abu Ali

El reputado videocreador español Toni Serra *) Abu Ali (1960-2019) nos legó su testamento visual *Asemanastán. La tierra de los cielos* (2020, videoinstalación, 50'), fruto de su postrero y único viaje a Irán en agosto de 2019, obra póstuma que dejó inacabada al fallecer en noviembre del mismo año, al poco tiempo de iniciar el proyecto. Toni Serra, uno de los principales referentes del vídeo arte español, aborda en ella la relación entre la luz y la contemplación. Este proyecto llevaría por título *Iluminaciones*: la experiencia de la luz, comenzado con filmaciones en varios lugares de Irán y centrándose en la relación de la luz y el color en la poesía sufí persa que había marcado profundamente su trabajo. Nuestro videocreador tomó como principales referentes la poesía mística persa de los siglos XI y XII y la arquitectura iraní de la misma época. Los vanos de luz de estas edificaciones, así como sus oscuridades, forman parte del vídeo. *Asemanastán. La tierra de los cielos* es un proyecto de experimentación videográfica que parte de la experiencia poética y mística persa, profundamente centrada en las nociones de luz, color y contemplación.

Como en sus últimas videocreaciones, claramente inspiradas por la espiritualidad ṣūfī, esta obra aborda la relación del vídeo con la experiencia interior, la apertura de la visión y las visiones que acontecen en el mundo intermedio —mundus imaginalis (ʿālam al-miṯāl)—, entre lo real y lo irreal, lo visible y lo invisible (la Realidad), la vigilia y el sueño visionario, la vida y la muerte… como un viaje iniciático que no solo cruza sino que borra también estos límites y fronteras (Serra, 17 de mayo de 2023).

1. El desierto del anihilamiento y el empíreo luminoso

El continuo profundizar en la esencia de la vida y del universo es lo que llevó a Raymond Bellour a afirmar, a partir de la videoinstalación de Bill Viola titulada *Room for St. John of the Cross* (1983), que para el artista neoyorquino la cámara de vídeo es como «el ojo posible del nuevo místico» y su proyección «una forma de animación visionaria» (2002, pp. 230-231).

Una de las ideas más recurrentes de la poesía mística persa es la del «ojo de la visión interior» (per. čašm-e baṣīrat), un discernidor «ojo del corazón» (čašm-e del) (Hamadānī, 1341/1962, introducción, p. 45) del contemplativo como órgano sutil de percepción visionaria, es decir, el alma bruñida por las prácticas ascéticas y convertida así en espejo liso (de la luna) de lo invisible.

Según el célebre poeta místico persa Ŷalāl al-Dīn Rūmī (m. 672/1273), es la operación que el «médico del corazón» (ṭabīb-e del) realiza para proceder a las purificaciones del corazón con el fin de que el ojo del corazón (čašm-e del) pueda abrirse. La consecuencia de tal apertura es sumamente reveladora, tal como se dice en su Maṯnavī, 6:4419: ān ki ū rā čašm-e del šud dīdibān / dīd jwāhad čašm-e ū ʿayn al-ʿayān («Aquel cuyo ojo del corazón se convierte en su propio vigilante, / su ojo verá la cima de la clarividencia»). Aparece aquí el inescrutable término ʿayn al-ʿayān, lit. «ojo de los ojos». El corazón es considerado como el espejo de la Divinidad del mismo modo que la luna es el espejo del sol. Según una imagen simbólica recurrente en el sufismo (Van

Lit, 2017, índice s.v. «mirror [al-mirʾāt]»), el espejo pulido (mirʾāt) del corazón del gnóstico (qalb al-ʿārif) es comparable a la luna (ár. qamar, per. māh), que, como una superficie esmerilada, refleja la luz del sol de la Verdad (al-Ḥaqq) de forma más o menos perfecta según su posición en el espacio. La luna es el alma (nafs) que está iluminada por el espíritu puro (rūḫ), pero sigue siendo prisionera de lo temporal, de modo que experimenta un cambio (talwīn) en el nivel de su receptividad (qabūl) o predisposición (istiʿdād). Pues la luna, como el espejo (speculum), tiene la propiedad de reflejar la totalidad de la imagen que tiene ante sí, sin que la imagen habite en el espejo ni esté vinculada a la sustancia natural del espejo, pues éste no sirve como lugar en el que reside la imagen, sino como lugar donde se manifiesta (Sinai, 2015, pp. 279-297). Cuando Rūmī se refiere al hombre «sin el menor color» (Michaeli, 2019, p. 263), seguramente está aludiendo metafóricamente al siervo que ha alcanzado la estabilidad de los estados místicos transitorios, cuyo corazón perfectamente pulido es comparable a la luna llena:

Tu ojo que ve lo invisible es un maestro como lo Invisible. Que esta visión y este don no disminuyan en el mundo.

El hombre (mardom) que no puede ver tiene la cara negra. El hombre con visión [superior] es un espejo de la luna (**māh**).

Pero, ¿quién en el mundo ve al hombre de tu ojo (interior) excepto el hombre que aumenta la visión (**mardom-e dīda-fazā**)?

(Aflākī, 2002, p. 535)

En la primera miniatura fechada al Norte de la India en 1772[117], Maŷnūn, sentado solo en el desierto, contempla pensativamente los cielos, vislumbrando el cielo espiritual (āsmān-e rūḫānī), los cielos del corazón (āsmān-e del), desde el «desierto de la

---

117 *Maŷnūn, sentado solo en el desierto, contempla pensativamente los cielos.* Fol. 82 de Leylī o Maŷnūn de ʿAbdāllāh Hātifī (m. 927/1520) [detalle]. Norte de la India, 1772. Gouache sobre papel fino pulido, 9,5 × 5,7 cm. The New York Public Library, Nueva York.

aniquilación» (bīyābān-e fanā'). Leylī o Maŷnūn, de Elyās ibn Yūsof Neẓāmī Ganŷavī (m. 1209?) (cf. Pinder Wilson, 1957, pp. 413-422; Soucek, 1987, pp. 166-181), es uno de los cinco poemas narrativos que forman su Jamsah (Quinteto) (Seyed-Gohrab, 2003; Hatem, 2010). Consta de aproximadamente 4.600 versos y se completó en 584/1188. Esta célebre epopeya novelesca cuenta el fatídico romance entre la hermosa Leylī y el poeta Qays ibn al Mulawwa, quien, llevado a la locura (maŷnūn), se refugia en el desierto con criaturas salvajes como sus únicos amigos. Cuando Leylī, desolada por esta noticia, finalmente fallece con el corazón roto, Maŷnūn corre a su tumba y él mismo muere al instante. Toni Serra solía compartir imágenes de Maŷnūn en el desierto, consciente de que el poeta-eremita constituía un referente vital fundamental para él. La figura de Maŷnūn le interesó especialmente como modelo de pobreza espiritual (al-faqr) y anihilamiento, aniquilación o anonadamiento (al-fanā'), de amor est mors, de amor extático ('ešq). Maŷnūn es un arquetipo de místico malāmatī que no presta atención al «buen nombre y a la vergüenza» (nām o nang) (Seyed-Gohrab, 2003, p. 308). Neẓāmī muestra cómo las normas sociales de caballería chocan con la caballería espiritual (ár. futuwwa, per. ŷavān mardī) que está integrada en el amor místico ('ešq). Para el amante caballeroso malāmatī, la buena reputación es un impedimento en la vía del amor. Maŷnūn va en busca de la «mala fama» (bad-nāmī) con el fin de probar su verdadero amor (Seyed-Gohrab, 2003, pp. 147, 296-297).

La «mors mystica» es prácticamente en todas las religiones el proceso en el curso del cual el hombre muere voluntariamente a fin de vivir para Dios. El final del viaje espiritual, el viaje interior del corazón, comporta para el místico su extinción o muerte voluntaria, es decir, la muerte mística anterior a la muerte física.

En el sufismo, el desierto es la imagen del tránsito, de la «extinción» (fanā') o muerte voluntaria, de la «aniquilación» (istihlāk) (Landolt, 2005, pp. 216, 269, 285), la anulación de uno mismo en la Esencia divina (al-ẕāt). Así el hombre espiritual trasciende el tiempo y el espacio. El fanā', el «anonadamiento» o tránsito del sufí, su apartamiento de la existencia fenoménica, va acompañado de la «permanencia» (baqāʾ), o continuidad de su existencia real. El que muere para sí vive en Dios, y fanāʾ, que es la consumación de esa muerte individual, cuando el santo puede desaparecer completamente en Dios, señala el logro de la «permanencia» (baqāʾ), que es el estado unitivo con la vida divina, cuando el místico puede «subsistir» por Dios.

Como en el misticismo cristiano, en el que el desierto se emplea para describir la experiencia arrebatada de la unión con el Misterio (McGinn, 1994, pp. 151-181), en la espiritualidad islámica el desierto es el paso hacia la unión con el Amado. Dios concebido como un mar abisal o un desierto, como ausencia infinita. Los místicos musulmanes se refieren al desierto como al escenario del amor creando compuestos tales como bādiya-ye, bīyābān-e o ṣaḥrā-ye ʿešq, que todos significan «el desierto del amor». Otros compuestos —como «el desierto del anhelo» (bīyābān-e ṭalab), «el desierto de la aniquilación» (bīyābān-e fanāʾ) o «el desierto de la elección» (bādiya-ye ijtiyār)— también son recurrentes en la poesía de amor persa (Seyed-Gohrab, 2003, p. 332). Es más, el desierto es a menudo empleado por poetas como ʿAṭṭār y Sanāʾī como símbolo del arduo y azaroso viaje en la vía mística. El motivo de la travesía del desierto a menudo va unido al del peregrinaje del amor: el peregrino del amor vaga a través del desierto, buscando una guía espiritual.

El desierto yermo es una de las últimas etapas antes de la estación final. Maŷnūn encuentra en el desierto un vislumbre del Paraíso estando aún en la tierra. Los poetas persas aluden repetidamente al desierto como un lugar de revelación divina. Esto confirma el valor específico del desierto como lugar propicio a la revelación divina. El desierto es la verdadera casa del amante, que lo pierde todo por amor. En el sufismo, la experiencia de gozar de la Belleza divina en la visión del corazón conduce al místico a su propia aniquilación en los desiertos que rodean al Misterio, allí donde, de forma irremediable, el lenguaje se extingue. Asimismo, el insigne maestro persa Rūzbehān al-Baqlī al-Šīrāzī (m. 606/1209) contempla el Ser divino en la soledad y el desierto del Misterio, el «desierto del mundo oculto (ʿālam al-ġayb)». Los desiertos sin fin de su diarium spirituale (Kašf al-asrār va mukāšafāt al-anwār) simbolizan la vacuidad de la aniquilación (ár. fanā᾽, per. nīstī). Según el Rawḥ al-ŷinān, después de su primer encuentro con Jeḍr (al-Jaḍir), Rūzbehān decide partir para vivir en el desierto donde permanece durante un año y medio, sometido a visiones de éxtasis en las cuales «la tierra, el cielo, las montañas y los desiertos, los árboles y los ríos tenían la apariencia de luces» (Rūzbehān Ṯānī, 1347/1969, p. 169).

Este pasaje resume muy bien el interés que llevó a Toni Serra por tierras de Irán: la búsqueda de la luz a partir de geografías desoladas. El desierto cercano a su ciudad natal, Pasā (arabizado: Fasā), no lejos de Shīrāz, fue el escenario de las primeras revelaciones del místico. Rūzbehān ve a Dios en «los desiertos ocultos», puesto que es en el desierto donde se le puede encontrar. El místico enfatiza la naturaleza psicológica de este paisaje yermo. Aunque el desierto no es el lugar de encuentro con Dios, puede ser el lugar de la aniquilación del alma.

En las videocreaciones de Toni Serra, los paisajes desérticos, así como las arquitecturas abandonadas, ruinosas, y el recurso a los fundidos en blanco y en negro de *Al Barzaj* (2010) y de *Sol de medianoche* (2016), nos conducen hacia una geografía sin coordenadas físicas, una geografía imaginal. Se puede hacer referencia aquí al «país del no-dónde» (per. nâ-koŷā-ābād, ár. bi-lā-makān) de los relatos místicos de Sohravardī o el «no-lugar» (lā makān = u-topía) de la poesía mística de ῾Aṭṭār y Rūmī: «Mi lugar es el No-lugar, mi rastro es el No-rastro; / ni cuerpo ni alma, pues pertenezco al alma del Bienamado.» (Nicholson, 1961, p. 125).

El sufí desprendido de atributos, tal como sostiene el poeta místico Maḥmūd Šabestarī (m. ca. 737/1337) en Golšan-e rāz (El jardín del misterio), ha superado el mundo de las apariencias (mundo de las imágenes impresionadas en el espejo de la Realidad) por medio de la pobreza espiritual y el desapego que se alcanzan en la taberna del Amado (mundo libre de imágenes) (Shabestari, 2008, vv. 35-7, pp. 81-82):

La taberna (**jarābāt**) es un mundo libre de imágenes,
es la morada de los enamorados despreocupados.
La taberna es el nido del pájaro del alma,
la taberna es el umbral del no-lugar (**lā-makān**).
El morador de la taberna (**jarābātī**) es ruina en ruina,
en su desierto (**ṣaḥrā-ye ū**) el mundo es como un espejismo (**sarāb**).

Este «lugar de ruina» (**jarāb-ābād**) representa el mundo
fenoménico. La luna que Maŷnūn (= «poseído por ŷinns» = loco)
contempla sentado solo en el desierto, polo pasivo de la existencia,
es el espejo del sol de lo invisible, polo activo de la existencia (parte
superior derecha). Naŷm al-Dīn al-Kobrā (m. 618/1221), el fundador
de la ṭarīqa que lleva su nombre, cita un dístico atribuido a al-Ḥallāŷ:
«Yo soy aquel (o aquella) que amo, y aquel (o aquella) a quien amo
es yo». Es este mismo dístico el que el comentador iranio anónimo
de Rūzbehān Baqlī introduce acompañado del tema de Maŷnūn
convertido en «espejo de Dios», porque su ser se ha transformado en
pura substancia del amor (estado de Maŷnūn con el que el
comentador relaciona los mismos versículos coránicos que los
leídos por N. Kobrā en las constelaciones del cielo interior en
relación con su soror spiritualis, puesto que él conocía el nombre
celestial de ésta) (Corbin, 2000, pp. 102-103). Según Rūzbehān:

> Dios es el propio sujeto del amor que es el amante y el amado. El Ser
> Divino encuentra ahí su Testigo-de-contemplación (**šāhid**), porque el
> Contemplador (**šāhid**) ha devenido el Contemplado (**mašhūd**) [...].
> También para **Rūzbehān**, **Maŷnūn** es mucho más que un modelo
> cuyo ejemplo proponer y trasladar para uso de los sufíes piadosos en
> busca del amor divino. [...] El estado de **Maŷnūn** hace de él el «espejo de
> Dios»; ser ese espejo, ¿es entonces algo distinto a realizar el amor divino,
> que es unidad del amor, el amante y el amado? Si **Maŷnūn** no hubiera
> realizado esa unidad, ¿cómo le sería posible murmurar en su estado
> de total absorción sus célebres palabras: «Yo soy **Laylā**. Mi nombre es
> **Laylā**»? (Corbin, 2005, p. 119)

El cielo nocturno de esta miniatura, así como el desierto en el
que se halla el poeta asceta, representaría la ausencia, lo
absconditum, lo esotérico del Ser Divino. La figura de Maŷnūn, en

cambio, modelo de buscador de Dios en el amor, nos indica que el espejo donde contemplar el Rostro eterno de Dios son los ojos humanos iluminados por el amor.

Entre los extremos de brillo y oscuridad, se encuentra el espectro de colores, tal como sucede con los grados de la existencia. En el arte persa se emplean las tonalidades muy juiciosamente, con una gran conciencia tanto del significado simbólico de cada una de ellas como de la respuesta total despertada en el alma por la presencia de una variedad armonizada. El uso tradicional de los colores opera más con el propósito de evocar una reminiscencia de la realidad celestial de las cosas que con el de imitar la naturaleza de los objetos. Los colores de la miniatura persa configuran —en las atinadas palabras de Louis Massignon («Sur l'origine de la miniature persane», 1936)— una verdadera «"sublimación» alquímica de las partículas de luz divina aprisionadas en la «masa» de la pintura» (1963, t. III, p. 26). Tanto Louis Massignon como, luego, Henry Corbin, nos recuerdan que la tierra de Irán es el país «color del cielo» (per. āsmān-gūn), color celeste, puesto que con las primeras luces del día el azul profundo de los azulejos de sus santuarios se confunde en las alturas con el azur del cielo. El oasis de Işfahān, la «ciudad azul», simboliza para Corbin el «lugar de encuentro» entre el universo material y la topografía visionaria: el «istmo» (barzaj) entre lo material y lo espiritual, entre lo sensible y lo inteligible puro. Corbin veía en la topografía de Irán la forma terrestre y sensible del mundus imaginalis.

Empleados en este sentido, los colores son una parte esencial del arte persa. Así, N. Kobrā distingue dos categorías de color azul, colores que son los de los estados espirituales   interiormente experimentados; visión de acontecimientos reales, cuya realidad, se entiende, no es física sino suprasensible, signo de la victoria sobre el alma o psique inferior (al-nafs al ammāra, «el alma imperativa», Cor. 12:53) y de su muerte (simbolizado por el taparrabos de este color que porta Maŷnūn), y azraq (azul cielo, azur), el del cielo espiritual (cf. Rāzī, 1982, p. 300; Isfarâyinî, 1986 [1980], pp. 60, 107s.; Kubrâ, 2001, pp. 90, 136; Kubrâ, 2002, pp. 66-68; Ballanfat, 2003, pp. 3-61; Ruspoli, 2006, 2007, 2011). Nūr

al-Dīn Ŷaʿfar Badajšī, discípulo y biógrafo del asimismo maestro
kobravī Sayyed ʿAlī Hamadānī (m. 786/1385), también conocido
como ʿAlī-ye Ṯānī, dirá, fiel a N. Kubrā, a quien cita extensamente:
«Cuando el alma se revela, se muestra en un color azul como el del
cielo y burbujea como el agua que brota del manantial» (1995, p.
149). Según Maŷd al-Dīn al-Baġdādī (m. 616/1219), a quien N.
Kobrā consideraba su hijo espiritual, «la primera luz que se le
aparece al alma es la luz azul» (1368/1989, p. 76). De hecho, la
primera percepción es más bien la de la oscuridad, pero se trata, en
este caso, de una no-visión. La primera visión es, en efecto, azul,
porque este color es una mezcla de luz y oscuridad. Como en el
caso de N. Kobrā, la aparición de la luz está ligada a la práctica del
continuo recuerdo de Dios (ẕekr), que es la primera parte del
testimonio o atestación (šahāda): lā ilāha illā-Llāh («no hay Dios
sino Dios»). Cuando la invocación se instala en el alma apetitiva,
produce una luz que —según al-Baġdādī— «toma forma de los
miembros oscuros dentro de esa alma» y «un rayo de ella se refleja
desde el corazón hacia el alma. Ilumina el alma y este estado es la
luz azul» (1368/1989, p. 77). Dicha visualización está vinculada
con la relación mutua en sí del alma vital (ár. nafs, per. jod) y el
corazón (ár. qalb, per. del), y el color corresponde a la proporción
de la mezcla de blanco y negro. Por lo tanto, el color variará según
sea el corazón o el alma quien domine. Cuando el alma sigue
imperando, su oscuridad modifica el color del corazón y lo hace
aparecer azul, pero cuando prevalece la luz del corazón el color se
vuelve verde. En consecuencia, esta luz es azul porque la oscuridad
del alma se mezcla con la luz del corazón. Por otra parte, el verde
(ár. ajḍar, per. sabz) es la luz del corazón, como en N. Kubrā, pero
no el último color visualizable. Además, es el color del corazón, en
la medida en que es visualizable por el alma, y constituye su último
velo. Así interpreta al-Baġdādī las observaciones de quien sin duda
debió de ser su maestro: «Cuando uno de los maestros dijo que esta
misma luz de color verde es tal velo, que después de este velo no
hay otro velo, quiso decir que después de éste no hay otro velo del
alma» (1368/1989, p. 77). Cita la tradición atribuida al Profeta,
muy extendida en los círculos místicos, según la cual «Dios tiene

setenta mil velos de oscuridad y de luz», y, finalmente, concluye que una vez que hemos visto el color verde, solo hay velos de luz.

En el caso de los colores superiores, encontramos el mismo proceso que antes, en el sentido de que el centro sutil percibe la luz del color inmediatamente superior, que se refleja en él. El alma solía percibir el azul o el verde del corazón según su propio estado. Ahora es el corazón el que percibirá las luces del espíritu según su propio estado. Así como las luces del alma son diversas, siendo, según las estaciones de la condición criatural, azules o verdes, las luces del corazón, según su calificación por los atributos de la perfección y su recepción del espíritu, son variadas: unas veces blancas, otras amarillas, a veces rojas. Lo mismo ocurre con las luces de la conciencia secreta (sirr) y las del espíritu (rūḥ), pero el autor no las describe en detalle. En resumen, la percepción de los colores depende de los estados espirituales del místico y es un indicio de ellos.

El maestro kobravī Naŷm al-Dīn al-Rāzī (m. 654/1256), eminente morīd de N. Kubrā, tiene el mérito de exponer de forma clara y sistemática los fenómenos de los colores. Estos varían en función de las estaciones (maqāmāt) que se recorren, y no de los estados (aḥwāl), tal como concebía N. Kobrā. Corresponden, sobre todo, para al-Rāzī, a los centros sutiles (laṭāʾif) desde los que se asciende. Como en al-Baġdādī, el primer color visualizado es el azul, y es el producto de la mezcla del negro de la oscuridad del alma (nafs, jod) y el blanco de la luz del espíritu (rūḥ): «En la estación del alma que culpa, aparece una luz azul, y ésta proviene de la mezcla de la luz del espíritu o la de la invocación con la oscuridad del alma. De la luminosidad del espíritu y de la oscuridad del alma se genera una luz azul». Sin embargo, mientras que para su maestro el azul dio paso gradualmente al verde, para al Rāzī se produce muy rápidamente una sucesión de rojo, amarillo, blanco y verde.

Mientras que, por ejemplo, en los escritos de al-Baġdādī los colores son la manifestación de un centro sutil (laṭīfa) disminuido en el nivel inmediatamente inferior, en ʿAlāʾ al-Dawla al-Semnānī (m. 736/1336) se trata de una auténtica teofanía del centro sutil en cuestión. Cuando el novicio está bien guiado, cuando la invocación ha consumido totalmente el cuerpo y ha logrado una primera aniquilación, la luz del alma aparece en forma de velo de un hermoso azul (Resāla-ye nūriyya, Semnānī, 1369/1990, p. 303; Elias, 1993, pp. 72-73, 1995, pp. 136-137).

A su vez, en los tratados de otro destacado maestro kobravī, Sayyīd Moḥammad Nūrbajš (m. 869/1464), el alma se liberará gradualmente de su dimensión apetitiva (al-nafs al-ammāra, «el alma imperativa» o «alma carnal», Cor. 12:53), luego del arrepentimiento (al-nafs al-lawwāma, «el alma conciencia», Cor. 75:2), de la inspiración (al-nafs al mulhama, «el alma inspirada»), para convertirse finalmente en un alma serenada (al-nafs al-muṭma'inna: «el alma tranquila», Cor. 89:27-30): «Entonces llegué a un universo infinito de luz azul celeste. Di un millón de vueltas inmensas en este universo y en cada vuelta la presencia de lo Real se me manifestó bajo esta luz ochocientas mil veces. Y encontré la aniquilación (fanā') y la subsistencia (baqā') en cada teofanía» (Kitāb nūr al-ḥaqq, ms. Şehid Ali Paşa 1505, fol. 152b-153a). La segunda etapa, correspondiente al Malakūt inferior, es el recuerdo del alma (ẕekr-e nafsī). El místico percibe entonces esta luz celeste que es el signo de su pacificación interior en el mundo imaginal, porque es el color más cercano al verde y es el del cielo sobre la tierra (Bashir, 2003, pp. 147-148, 155-156). «El universo celeste sin fin es la luz del reino angélico inferior (Malakūt)» (ib., fol. 154b).

El azul del taparrabos de Maŷnūn simboliza, en cambio, el círculo de tinieblas, el duelo del alma en el mundo inferior, la luz azul del anima sensibilis, vitalis. Naŷm al Dīn al-Kobrā indica el uso de vestidos de color azul celeste en una morada espiritual superior, aquella en la que por la concentración de su energía espiritual (himma) el místico accede a los mundos translunares. El blanco del desierto simboliza la pura blancura (bayāḍ) primordial o incolora (bī rangī) de la existencia absoluta (wuŷūd). En el célebre relato místico Haft paykar (Siete princesas) de Neẓāmī Ganŷavī se contempla que los sufíes se ponían un manto azul oscuro (kabūd) para significar el duelo de sus almas decaídas en este mundo inferior, como los amigos de Māhān al final del cuento de la princesa del Pabellón Turquesa. El turquesa es el azul del luto, color de la separación de lo Divino. La cúpula azul tiene el color del cielo, iluminada por el sol y es el símbolo del agua, la felicidad y la armonía, un viaje interior sin confusión. Está representado por el planeta Mercurio (Tīr) y el miércoles.

Toni Serra sostenía todo un programa de superación de las imágenes para llegar a la no-imagen (per. naqš-bī-naqš, bī-ṣūrat, bī-nešān; ʿAṭṭār, 1985, pp. 107, 115), o a la imagen más allá de las imágenes: «Son espacios de no representación —escribe el artista en un texto significativamente titulado *Abrir la visión*–, sin imágenes, a fin de poder ver, recibir la visión» (septiembre de 2016).

Nos detenemos en un plano fijo de *Asemanastán. La tierra de los cielos* (2020) en el que la cámara de Toni Serra toma el cielo abierto a través de un vano de una bóveda de adobe parcialmente derruida. Este plano pone en evidencia el propósito que rige toda la obra de madurez del artista: «abrir la visión», la apertura de la apercepción visionaria para recibir la visión. De hecho, la forma que adquiere en esta perspectiva dicho vano evoca la forma de un ojo, e incluso la parte oscura del cielo la pupila del ojo. «Abrir los ojos (čašm bāz šodan) es el paso más elevado hacia Dios. Viene después de la etapa del conocimiento (ʿelm), luego de la facultad imaginativa (jayālātī)» (Shams de Tabriz, 2017, p. 478).

La «visión de Dios» (roʾyat-e elāhī) es, de hecho, uno de los problemas más controvertidos, por no decir insolubles, de la teología musulmana (Pūrŷavādī, 1375/1996, pp. 46-108; Kāshānī, 2002, pp. 59-109). «Abrir la visión»: la apertura de la visión, la claraboya como ojo (ár. ʿayn: 'ojo'; 'fuente'; 'esencia'; 'entidad'; lo que realmente existe), cordis oculis (ár. ʿayn al-qalb, per. čašm-e del), el ojo interior (ár. ʿayn al-bāṭin, per. čašm e bāṭin), el corazón interior (al-qalb al-ḥaqīqī), «la visión interior del corazón» (baṣīrat-e qalbiyyi) o «la visión del corazón» (ár. al-ruʾya bi l-qalb), el «ojo del más allá» (čašm-e barzajī), es decir, un órgano de visión que es en sí mismo una parte de la actividad absoluta del alma (Chaumont, Aigle, Amir-Moezzi, Lory, 2003), y que corresponde a nuestra imaginatio vera (Henry Corbin), la visión 'sutil' (laṭīf) de lo invisible (al-ġayb) o la audición sutil de lo inaudible.

El «hombre del ojo» (insān al-ʿayn) es el receptor de la luz (nūr); es, por así decirlo, el espíritu del poder de la visión (baṣar) con el que el ser humano ve (Akkach, 2022, pp. 12–32). La visión, el sensor humano de la luz, se confunde con la luz porque no hay visión sin luz; y si Dios es la luz de los cielos y la tierra, tal como afirma el Qorʾān, entonces la visión solo puede producirse a través de un agente divino. Así, en el enfoque místico, el elemento central del discurso científico, baṣar, se convierte en el necesario agente divino de la visión. En este sentido, baṣar se convierte en el propio espíritu o secreto de la visión humana, sin el cual no es posible ver.

Naẓar es entonces el marco necesario dentro de cuyos límites se hace posible el reconocimiento visual de las formas, mientras que roʾya es el acto de ver a través del cual tiene lugar la percepción visual de la realidad externa.

Las peculiaridades semánticas de la lengua árabe, expresadas a través de varios términos, conceptos y metáforas asociados al acto de ver, contribuyen a la comprensión e interpretación espiritual de la naturaleza de la percepción visual. La palabra árabe aʿyān, plural de ʿayn, literalmente 'ojo', se utiliza para referirse tanto a entidades externas como a personalidades notables. La pupila, la abertura del ojo, por la cual la luz penetra para hacer posible la visión, se denomina insān, literalmente «hombre» o «ser humano». Así, el «hombre del ojo» (insān al-ʿayn) es el receptor de la luz (nūr); es, por así decirlo, el espíritu de baṣar con el que los humanos ven. Metafóricamente, el acto de ver capta la relación vinculante entre la divinidad y la humanidad: Dios ve el mundo a través del hombre (insān) y es la luz de la divinidad la que penetra en el centro humano del ojo para hacer posible la visión.

En la poesía mística persa, la fuente energética de la visión poética es el ojo del corazón (ʿayn al-qalb, čašm-e del) del poeta, el corazón interior (al-qalb al-ḥaqīqī), la «visión interior del corazón» (baṣīrat-e qalbiyyi), que es a la vez el punto de origen (noqṭa) de toda la vibración del órgano sutil del corazón (qalb, del) y el centro que «abre» el espacio de la visión.

La «gente de la visión» (ahl-e šohūd) son aquellos sufíes familiarizados con la revelación interior y la visión presencial (ahl-e kašf o šohūd). Asimismo, la «gente de la vista, de la intuición» (ahl-e baṣar) son aquellos amigos de Dios y sufíes de corazón puro que contemplan la realidad interior de las cosas mediante el ojo del corazón. En efecto, los sufíes que han purificado sus corazones, cada aspecto y mota del Ser actúa como receptáculo teofánico (maẓhar) e ilustración (muŷallā) de la Realidad divina que se despliega y revela a través de todas las formas. Son aquellos sufíes que experimentan revelaciones visionarias y visión contemplativa. Al-šohūd es la visión o conciencia contemplativa: es la visión directa (ro'ya) de lo Verdadero por lo Verdadero. La «gente de los corazones» (ahl-e qulub), los que poseen un corazón (órgano de percepción lúcida), «la gente del corazón» (ahl-e del), «los poseedores del corazón» (ṣāḥeb-dilān), la gente que confía en «el ojo que ve» (dīda-ye dīdār-dīda), los hombres que aumentan la vista (mardom-e dīda-fazā), la «gente de la visión» (ahl-e dīda), «los clarividentes» (del dārān), son aquellos hombres perfectos cuyo corazón alberga a Dios (Subtelny, 2002, pp. 137-144).

En persa, mardom-e čašm significa «pupila del ojo», y mardomak-e čašm, lit. «persona pequeña del ojo» o «[parte] parecida a la gente del ojo». Los sufíes persas establecen un juego de palabras entre mardān-e jodā («los hombres de Dios») y mardom-e čašm («la pupila del ojo») para dar a entender que son ellos los que aumentan la visión (mardom-e dīda-fazā).

El lector moderno puede pasar por alto el significado intelectual y el potencial poético de mardom-e dīda, que parece una variante arcaica de la palabra de uso común mardomak-e čašm (pupila del ojo). Sin embargo, un examen más detallado revela que esta combinación de palabras es un equivalente del árabe insān al-'ayn (pupila del ojo).

Las propias experiencias místicas de Šihāb al-Dīn Yaḥyā Sohravardī (m. 587/1191), según se deduce generalmente de sus escritos, eran fundamentalmente visuales, es decir, se percibían con el ojo interior (dīda-ye andarūnī). La visión exterior (dīda-ye ẓāhir) a la que alude Sohravardī, es a lo que Ibn al-'Arabī, y tantos sufíes, se refieren como las cosas que percibimos con nuestros ojos sensoriales, o nuestra «vista» (baṣar), mientras que la visión interior (dīda-ye andarūnī) de Šayj al-Išrāq (el «maestro de la teosofía oriental»), es lo que nuestro místico andalusí considera los lugares superiores de la visión, las cosas que percibimos mediante la facultad interior, espiritual, llamada «visión interior» (baṣīrat), «descubrimiento o desvelamiento» (kašf) y del «regusto, saboreo» (ẕawq). El órgano a través del cual el gnóstico percibe las cosas invisibles y superiores es el corazón (qalb, del).

La imagen del Amado reflejada en la pupila del ojo es una metáfora de la inmanencia del Uno en el ser humano. El símbolo de la pupila del ojo (ensān al-ʿayn), frecuente en el Dīvān de Šams al-Dīn Moḥammad Ḥāfeẓ (m. 792/1389), alude al concepto de semejanza con Dios. A diferencia del cuerpo físico del hombre, el ojo externo (čašm-e ẓāhir) no puede ver el corazón, mientras que solo el ojo interior (čašm-e bāṭin) accede a Él (Michaeli, 2019, p. 315; Ingenito, 2020, p. 368).

2. «Muere a tu yo y abre a la Verdad tu ojo»: «abrir la visión»

«Cierra tus ojos y observa lo que ves», afirma Naŷm al-Dīn al-Kobrā. Toni Serra cita en varias ocasiones esta frase (septiembre de 2016). El gran maestro persa Farīd al-Dīn ʿAṭṭār (m. 618/1221) lo expresa de forma sucinta al final de su célebre odisea mística, el Manṭeq al-ṭayr (*El lenguaje de los pájaros*, v. 4010), cuando el siervo viajero se encuentra en el séptimo y último valle, el de la pobreza espiritual (faqr) y el anihilamiento (fanāʾ): «Cierra (gombudegī, lit. 'perdición', evocando la extinción [fanāʾ]) los ojos y luego ábrelos pronto» (2012, p. 429). En términos visionarios, Rūmī nos exhorta: «¡Disuelve tu cuerpo entero en la visión (baṣar): hazte mirada (naẓar), hazte mirada, hazte mirada!» (M 6:1463); «¡En nada conviértete más que en visión, porque en la Corte de Dios nada encuentra acceso más que la visión!» (D 1169; cf. M 2:2525). La mirada (naẓar), el ojo espiritual (baṣar), la visión intuitiva (baṣīrat).

El alma carnal (nafs, jod) es un pesado lastre para el que la práctica del célebre hadiz, «morid antes de morir», constituye una liberación. Muerte voluntaria que constituye una columna vertebral en la obra de Toni Serra. En varias fotografías, el artista catalán aparece con un pájaro en una de sus manos o acercándolo con las mismas a su oído: atendiendo así a la escucha del lenguaje de los pájaros. En el sufismo persa, la migración espiritual lleva al pájaro del alma a disolver el yo en lo divino, a la aniquilación completa (fanāʾ) de la condición criatural en la Realidad divina (ʿAṭṭār, 1999, v. 494, p. 27): «[Oh tú paloma torcaz] Cuando en tu vuelo hayas rebasado los cuatro (elementos) y las nueve (esferas) muere a tu yo y abre a la Verdad tu ojo».

En el centro de una miniatura de Abū l-Ḥasan (1618) vemos un peregrino, encorvado por la edad, pero iluminado espiritualmente, que inspira una hermosa rosa[118], signo de renovación, para que se vuelva hacia él y su luz interior. El abstracto fondo abisal, vacío de toda representación, monocromo, de color verde oscuro, parece evocar el verdor del mundus imaginalis. Esta pintura de gran sensibilidad fue completada por Abū l-Ḥasan, uno de los pintores más importantes al servicio del príncipe Salīm, más tarde emperador mogol Ŷahāngīr Jān (977/1569-1037/1627). Abū l-Ḥasan, llamado Nādir al-Zamān (Rareza de la época) (997/1589-) fue parte de la generación más joven de artistas de Ŷahāngīr. Este emperador estaba profundamente interesado en los ascetas y las flores, tal como lo demuestran sus escritos y álbumes.

Toni Serra describe así esta miniatura con la cual se inicia su videocreación *Sol de medianoche* (2016):

Un viejo peregrino vestido con harapos observa una flor en la oscuridad de la noche. El hombre viejo es una puerta entre las cosas que son conocidas y las desconocidas... Simboliza la decadencia y el final de lo que hemos dado por real, y que ahora se muestra efímero, al igual que la pobreza de sus vestidos ya arrastrados por el tiempo. La proximidad de la muerte como insoslayable verdad le otorga su propia visión; una

---

118 Una tradición profética afirma: «El que quiera ver la gloria de Dios, que contemple la rosa roja.» «[...] El Profeta [...] dijo que la rosa roja es de la luz de Dios [...]», recuerda Rūzbehān Baqlī en su tratado ʿAbhar al-ʿāšeqīn (*El jazmín de los enamorados*) (2015, p. 52). La rosa (ár. ward, per. gol), considerada la flor (ár. zahra) por excelencia, se ha convertido en un símbolo del amor y más aún del don del amor puro. En el sufismo medieval la rosa roja es el símbolo de la perfección buscada, emblema sagrado de lo divino (Subtelny, 2007, pp. 13-36). La «rosa sagrada», la «rosa preciosa», es un símbolo fundamental en la obra del visionario de Šīrāz (Ruspoli, 2001, pp. 84-123).

visión nueva y profunda no limitada a la percepción visual, ni a la lógica y las leyes del mundo. Quizás es por eso por lo que, en plena oscuridad de la noche, puede contemplar la belleza de una flor.

Los colores son como el mundo de la existencia: sobre ellos habita el blanco, que simboliza al Ser (el principio de todos los estados de la realidad cósmica) y unifica su gran diversidad, encontrándose bajo ellos el negro, que representa la nada. El negro posee, por supuesto, otro significado simbólico, el del No-Ser de la Esencia divina (al-ẕāt) que se halla por encima del plano del Ser, y únicamente es oscuro debido a la intensidad de su luz. Se trata de la oscura «Nube divina» (al-ʿamāʾ) primordial, aspecto interior de la Esencia supraontológica, donde, según un hadiz, Dios permanecía «antes de crear la creación», nube o soplo exhalado en el Ser divino (en la ḥaqīqa del Ḥaqq) y en la que Él mismo estaba primordialmente, y que resulta de la condensación del Suspiro divino o «Hálito del Compasivo» (nafas al-raḥmān, nafas raḥmānī) existenciador. Se trata del velo teofánico supremo del no saber, matrix mundi y toda primera localización metafísica concebible. La Nube es mediadora entre la Esencia divina abscóndita y el mundo manifiesto de las formas múltiples.

En la mayor parte de los manuscritos de Ibn al-ʿArabī, ʿamāʾ (nube) y ʿamā (ceguera) tienen una ortografía idéntica. Es la tiniebla divina que da nacimiento a la luz: «noche de luz», «noche luminosa», «mediodía oscuro», «noche de los símbolos», «luz negra»; los resplandores de la aurora boreal, luz del polo de orientación, del norte cósmico, luz del Oriente-origen del alma; noche en la que brilla un sol, «sol de medianoche», imagen primordial, la illuminatio matutina, el esplendor de la aurora que se levanta en el Oriente-origen del alma, es decir, en el polo místico de orientación (qoṭb), la luz interior generada por la propia morada. El resplandor del «sol de medianoche» que da título a una de las videocreaciones más significativas de Toni Serra (fig. 5), es la imagen primordial de la luz interior:

[...] Una luz que no es ni de oriente ni de occidente, la luz del norte: sol de medianoche, resplandor de la aurora boreal. No es el día que sucede a la noche, ni la noche que sucede al día. Es el día que estalla en plena noche y convierte en día esa noche que sin embargo está siempre ahí, pero que es noche de luz. Et nox illuminatio mea in deliciis meis. (Corbin, 2000, p. 22)

En la descripción que Naŷm al-Dīn al-Rāzī da de los fenómenos suprasensibles de luz pura, los destellos y fulgores tienen como origen con frecuencia los actos litúrgicos (la oración, la ablución ritual, etc.). Una luz de brillo prolongado será la del Qorʾān o la del ẕekr, «invocación» o salmodia de los Nombres divinos. Puede producirse una visualización de la aleya de la Luz del Qoʾrān (24:35). Aquí el «nicho de las luces» (miškāt al-anwār) manifiesta una luz de la profecía o bien la cualidad iniciática del šeyj. Cirios, lámpara y tizones ardientes manifiestan las diferentes formas de ẕekr, o bien son un efecto de la luz de la gnosis.

La Alquimia (al-qīmiyāʾ) de la luz (al-nūr). Al-nūr es la Luz divina increada, que presupone todas las manifestaciones y es identificada con la Existencia, considerada como principio. La luz es para las formas visibles lo que el Ser para las existencias finitas. Y así como la nada no existe sino por su oposición ilusoria al Ser, la oscuridad solo es visible por contraste con la luz, en cuanto que es la luz la que hace surgir las sombras (Cor. 25:45- 46). Al igual que las sombras nada añaden a la luz, las cosas son reales solo en la medida en que participan de la luz del Ser. No existe símbolo más perfecto de la Unidad divina que la luz. Por esta razón, el artista musulmán procura la transformación del material mismo que modela en una vibración luminosa. La presencia de lo divino se ha visto señalada en la arquitectura islámica mediante el simple color blanco. Así, en las primeras mezquitas, la extrema pobreza representa un recordatorio del Uno, de quien Él solo posee toda la riqueza (ganī).

Deslumbramiento ciego. La ceguera se puede convertir en videncia. Cuando todo lo visible se reduce a nada, ¿qué es lo que queda por contemplar? Cuando los ojos carnales se quedan ciegos, los ojos del alma están totalmente abiertos, pues ven a través del velo rasgado, más allá de las apariencias, más allá del cual reina la Unidad. Ésta es la morada espiritual donde la mirada de aquel que contempla la belleza del testigo de contemplación (šāhed), en el espejo que es el ojo interior, el ojo del corazón, no es diferente a la mirada misma de ese testigo: «Yo soy el espejo de tu rostro; por medio de tus ojos contemplo tu rostro». El contemplado es el contemplador, y recíprocamente. El secreto de esta reciprocidad mística, cuya paradoja no puede expresarse mejor en términos de luz:

> El místico tiene la percepción sensible de esta irradiación de luces que proceden de toda su persona. A menudo el velo cae ante la realidad total de la persona, y es entonces con todo tu cuerpo como percibes el todo. La apertura de la visión interior (**baṣīra**, el órgano de luz de la visión) comienza por los ojos, sigue luego por el rostro, después por el pecho, finalmente se extiende por el cuerpo entero. [...] Se le dan también otros nombres que despiertan otras tantas reminiscencias del «sol espejo de medianoche» [...]. (Corbin, 2000, p. 100)

> **Naŷm al-Dīn al-Rāzī** lleva la tentativa hasta el límite su concepción del «hombre de luz»:

> Si esta luz se eleva y el hombre interior enteramente puro alcanza el grado del sol o de varios soles, el místico no conoce ya ni este mundo ni el otro, no ve ya nada más que su propio Señor bajo el velo del Espíritu; entonces su corazón es luz, su cuerpo sutil es luz, su envoltura material es luz, su oído, su vista, su mano, su exterior y su interior, son luz, su boca y su lengua son luz. (Corbin, 2000, p. 120)

Farīd al-Dīn ʿAṭṭār sostiene un planteamiento paradójico de la visión similar al de al Ḥallāŷ y ʿAnṣārī. En la línea del místico mártir de Ṭūs, ʿAṭṭār se ve a sí mismo como un imbécil sabio: «Así me he convertido en un imbécil y en un sabio; uno debe ser un ojo y, sin embargo, no ver; de esta manera, soy un ciego que, no obstante, ve» (Jānlarī, 1351 h.š., p. 19). Asimismo, en el Manṭeq al-ṭayr (*El lenguaje de los pájaros*, vv. 62, 67), el místico de Nīšāpūr dice: «Has de saber que el mundo visible y el mundo invisible, es Él mismo», «Los ojos están ciegos, aunque el mundo esté iluminado por un sol brillante» (ʿAṭṭâr, 2012, pp. 40, 41). Según Rūmī, el amante está cegado por el amor, que es la Luz, delante de la cual las personas son como sombras (M 6:983). El poeta místico no está cegado más que por el Bienamado: «Yo estoy ciego a cualquier otro que Dios; me he vuelto vidente por Él […]» (M 3:2363; véase, asimismo, el relato del mendigo ciego y el poder de la compasión en M 2:1993 ss.). La imagen se muestra así como un medio paradójico de hacer presente lo ausente, lo no mostrable, lo que no admite analogía, pues la Unicidad del Uno no posibilita la alteridad o la diferencia. La vía del conocimiento de la Realidad es un camino silencioso en el que el místico cierra los ojos a todo lo creado, o, mejor dicho, cuando se alcanza el conocimiento del mundo inteligible no hay ninguna diferencia entre el que cierra los ojos al mundo exterior y el ciego que se lamenta de no poder ver más allá de la belleza efímera de este mundo.

Tanto el místico como el artista coinciden en aceptar la naturaleza paradójica de la experiencia visionaria. Para ilustrar el deslumbramiento ciego a blanco que caracteriza algunos planos significativos del último periodo creativo de Toni Serra, podemos concluir con una parábola simbólica del acceso último a la Luz. Los escritos visionarios de Šihāb al-Dīn Yaḥyā Sohravardī se inician o concluyen con el símbolo de la figura de la luz, de una belleza resplandeciente. En uno de estos relatos de iniciación, Loġāt-e mūrān (*La lengua de las hormigas*), capítulo VI, que versa sobre la discusión entre un pueblo de murciélagos y un inocente camaleón, Šayj al-Išrāq escribe:

A juicio de los murciélagos, no puede haber castigo más terrible que tener que soportar la vista del sol. En consecuencia, deciden que ése será el castigo que infligirán al camaleón: obligarle a contemplar la luz del sol. Pero lo que su mentalidad de murciélagos no podía ni siquiera intuir es que ése era exactamente el género de muerte que el pobre camaleón deseaba de Dios. Y el autor corta la deliberación de los murciélagos con dos de los dísticos más célebres del místico **al-Ḥallāŷ**: «Matadme, pues, amigos míos. Al matarme me haréis vivir, pues para mí vivir es morir y morir es vivir» [qaṣīda X, cf. Massignon, 1931, pp.

31-35]. Cuando apareció el sol, los murciélagos arrojaron al camaleón fuera de su prisión, para que fuera castigado por el resplandor del sol. Lo que no podían saber es que lo que a ellos les parecía una tortura para el camaleón era en realidad su resurrección. (1976, pp. 425-426)

La pregunta que Toni Serra se hace en un momento determinado —«Cuando todo lo visible se reduce a nada, ¿qué es lo que queda por contemplar?»— y que resume no solo su filosofía del arte, sino la «presencia real» (George Steiner) en la que ésta necesariamente ha de tener fundamento (Grund), encuentra su respuesta en los siguientes versos que en los coros sufíes (samāʿ) Abū ʿAbbās al-Qaṣṣāb repetía siempre y que ʿEyn al-Qoḍāt al-Hamadānī cita en sus Tamhīdāt (§ 85; 1992, p. 88; cf. Papan-Matin, 2010, índice s.v. «eye of the insight [baṣīrat]»):

En los ojos de la vista, hemos mirado una imagen que hemos alimentado con este ojo; pero de repente llegamos al umbral del Amado, nos libramos del ojo y de la vista

Para liberarse de la visión ocular sensible y abrir el ojo del alma (ŷān-čašm), según aparece en el compendio pahlavī Dēnkart, o bien la visión interior (baṣīrat, dīda-ye andarūnī) del sufismo, tal como nos alienta la tradición mística persa, Toni Serra recurre con frecuencia, en la línea de realizadores de corte ascético como Robert Bresson o ʿAbbās Kiārostamī, a las técnicas del fundido en blanco o fundido en negro. Tal como muestra la fig. 6, en *Asemanastán* es frecuente el recurso de la imagen progresivamente sobreexpuesta, del deslumbramiento ciego de la visión. De esta forma la Luz no es representada sino mostrada en todo su esplendor, en plenitud de presencia. Es lo que Michel de Certeau denomina «éxtasis blanco» o «escatología blanca», de «muerte deslumbrada», donde la luz es de una transparencia tan cegadora que en ella todas las cosas se borran (2006, pp. 313-316).

En la obra de Toni Serra la cámara de vídeo se acerca a la luz como en la célebre parábola mística persa de la mariposa nocturna (ár. farāš, per. parvāna) que se lanza a la llama de la vela (ár.-per.

šam ⁽) para consumirse en ella. La visión exige un aniquilamiento previo (fanā ⁾) (Seyed-Gohrab, 2012, pp. 81-123). El recurso al deslumbramiento ciego de la imagen parte de una experiencia: para ser luz, para convertirse en luz, hay que dejar que solo la llama subsista. De ahí que, en el mencionado relato de iniciación de Sohravardī, el camaleón no tema ser expuesto, cegado, por la plena luz diurna.

Referencias bibliográficas

Aflākī, S. (2002). The Feats of the Knowers of God (Manāqeb al-ʿārefīn). Leiden: Brill. Akkach, S. (ed.)
—(2022). Naẓar. Vision, Belief, and Perception in Islamic Cultures. Leiden, Boston: Brill.

ʿAṭṭār, F. (1985). Le Livre des Secrets (Asrâr-Nâma). París: Les Deux Océans.
ʿAṭṭâr, F. (2012). Le langage des oiseaux (Manṭeq ut-Ṭayr). París: Les Éditions du Cerf. Badajšī, Nūr al-Dīn Ŷaʿfar
—(1995). Jolāṣat al-manāqib. Dar manāqib-e Mīr Sayyid ʿAlī-e Hamadānī. Islamabad.

Baġdādī, Maŷd al-Dīn al- (1368/1989). Toḥfat al-barara fī masāʾil al-ʿašara. Teherán: Intišārāt-e Marvī.

Ballanfat, P. (2003). Les visions des lumières colorées dans l'ordre de la Kubrawiyya. PRIS MA, XIX(1-2/5-6), 3-61.

Bashir, S. (2003). Messianic Hopes and Mystical Visions. The Nūrbakhshīya Between Medieval and Modern Islam. Columbia: University of South Carolina Press. Bellour, R. (2002). Entre imágenes. Buenos Aires: Colihue.

Certeau, M. (2006). La debilidad de creer. Buenos Aires: Katz.

Chaumont, É., Aigle, D., Amir-Moezzi, M. A., Lory, P. (eds.) (2003). Autour du regard. Mélanges Gimaret. Louvain: Peeters.

Corbin, H. (2000). El hombre de luz en el sufismo iranio. Madrid: Siruela. Corbin, H.
—(2005). El Imam oculto. Madrid: Losada.

Elias, J. J. (1993). A Kubrawī Treatise on Mystical Visions: The Risāla-yi nūriyya of ʿAlā ad-dawla as-Simnānī. Muslim Word, 83(1), 68-80.

Elias, J. J. (1995). The Throne Carrier of God. The Life and Thought of ʿAlā ad-dawla as Simnānī. Albany: SUNY Press.

'Eyn al-Qoḍāt al-Hamadānī (1341/1962). Tamhīdāt. 2.ª ed. Teherán: Manūče-hrī. 'Eyn al-Qoḍāt al-Hamadānī ['Ayn al-Quẕât Hamâdani]
—(1992). Les tentations métaphysiques (Tamhi-dât). París: Les Deux Océans.

Hatem, J. (2010). Majnoun Laylâ et la mystique de l'amour. París: L'Harmat-tan. Ingenito, D.
—(2020). Beholding Beauty. Saʿdi of Shiraz and the Aesthetics of Desire in Medieval Persian Poetry. Leiden, Boston: Brill.

Isfarâyinî, N. (1986 [1980]). Le Révélateur des Mystères (Kāšif al-Asrār). Traité de soufisme. 2.ª ed. Lagrasse: Verdier.

Jānlarī, Z. (ed.) (1351 h.š.). Namūnah-e ġazal-e fārsī. Teherán: Entešārāt-e Amīr Kabīr. Kāshānī, ʿA. S.
—(2002). Le motif de la «Vision» en littérature mystique persa-ne de Bāyazīd e Basṭāmī à Ḥāfeẓ. Luqmān, XVIII (2), 59-109.

Kubrâ, N. (2001). Les éclosions de la beauté et les parfums de la majesté. Nimes: Éclat. Kubrâ, N.
—(2002). La pratique du soufisme. Quatorze petits traités. Nimes: Éclat. Landolt, H.
—(2005). Recherches en spiritualité iranienne. Recueil d'articles. Tehe-rán: Institut Français de Recherche en Iran, Presses Universitaires d'Iran.

Massignon, L. (1963). Opera minora. 3 t. Beirut: Dar al-Maaref.

McGinn, B. (1994). Ocean and Desert as Symbols of Mystical Absorption in the Christian Tradition. The Journal of Religion, 74(2), 151-181.

Michaeli, H. (2019). Goethe's Faust and the Divan of Ḥāfiẓ. Body and Soul in Pursuit of Knowledge and Beauty. Berlín, Boston: De Gruyter.

Nicholson, R. A. (ed., trad., intr., nn. y apéndices) (1961). Selected Poems from the Dīvāni Shamsi Tabrīz. Cambridge: Cambridge University Press.

Nūrbajš, S. M. Kitāb nūr al-ḥaqq. Ms. Şehid Ali Paşa 1505.

Papan-Matin, F. (2010). Beyond Death. The Mystical Teachings of ʿAyn al-Quḍāt al Hamadhānī. Leiden: Brill.

Pinder-Wilson, R. H. (1957). Three Illustrated Manuscripts of the Mughal Pe-riod. Ars Orientalis, 2, 413-422.

Pūrŷavādī, N. (1375/1996). Roʾyat-e māh dar āsemān. Barresī-ye tārījī-ye masʾale-ye leqāʾ Allāh dar kalām va taṣavvof. Teherán: Markaz-e Našr-e Dānešgāh-e Tehrān. Rāzī, N.

—(1982). The Path of God's Bondsmen from Origin to Return (Merṣād al-ʿe-bād men al-mabdāʾ elāʾl-maʿād). A Sufi Compendium by Najm al-Dīn Rāzī, know as Dāya. Delmar, NY: Caravan Books.

Rūmī, Ŷ. (1925-1940). The Mathnawí of Jalálu'ddín Rúmí. 8 vols. Londres: Luzac. Rūmī, Ŷ.

—(1336/1957). Kolliyyāt-e Šams yā dīwān-e kabīr. 10 t. en 9 vols. Teherán: Entešārāt-e Dānešgāh-e Tehrān.

Ruspoli, S. (2001). Le traité de l'Esprit saint de Rûzbehân de Shîrâz. Étude préliminaire, traduction annotée suivies d'un Commentaire de son «Lexique du Soufisme». París: Les Éditions du Cerf.

Ruspoli, S. (Trad. y pres.). (2006). Écrits des Maîtres soufis, 1. Trois traités de Najm Kubrâ. [Orbey]: Arfuyen.

—(2007). Écrits des Maîtres soufis, 2. Trois traités de Bagdadî et Semnânî. [Orbey]: Arfuyen.

—(2011). Écrits des Maîtres soufis, 3. Trois traités de Khotalânî, Nûrbakhsh et Kâshânî. [Orbey]: Arfuyen.

Rūzbehān Ṯānī, Šaraf al-Dīn Ibrāhīm ibn Ṣadr al-Dīn (1347/1969). Toḥfat ahl al-ʿerfān, en Rūzbehān-nāme. Teherán: Anŷoman-e Āṯār-e Mellī.

Ruzbehān Baqli Shirāzi (2015). El jazmín de los enamorados [ʿAbhar al-ʿāšeqīn] y El desvelamiento de los secretos [Kašf al-asrār wa mukāšafāt al-anwār]. Madrid: Nur.

Semnānī, ʿAlāʾ al-Dawla al- (1369/1990). Moṣannafāt-e fārsī. Teherán: Šerkat-e Entešārāt e ʿElmī va Farhangī.

Serra, T. [Abu Ali] (septiembre de 2016). Abrir la visión. toni serra *) abu ali. https://al-barzaj.net/abrir-la-vision/

Serra, T. [Abu Ali] (2016). Sol de medianoche. toni serra *) abu ali. https://al-barzaj.net/sol-de-medianoche/

Serra, T. [Abu Ali] (17 de mayo de 2023). 'La tierra de los cielos', de Toni Serra, en el Museo de Bilbao. Ars Magazine. https://arsmagazine.com/la-tierra-de-los-cielos de-toni-serra-en-el-museo-de-bilbao/

Seyed-Gohrab, A. A. (2003). Laylī and Maŷnūn. Love, Madness and Mystic Longing in Niẓāmī's Epic Romance. Leiden: Brill.

— (2012). Waxing Eloquent: The Masterful Variations on Candle Metaphors in the Poetry of Ḥāfiẓ and his Predecessors, en A. A. Seyed-Gohrab (ed.), Metaphor and Imagery in Persian Poetry, Leiden: Brill, pp. 81-123.

Shabestari, M. (2008). El jardín del misterio [Golšan-e rāz] [incluye: Comentario según Moḥammad Lāhiŷi]. Madrid: Nur.

Shams de Tabriz (2017). La quête du Joyeau. Paroles inouïes de Shams, maître de Jalâl al din Rûmi. París: Les Éditions du Cerf.

Sinai, N. (2015). Al-Suhrawardī on Mirror Vision and Suspended Images. Arabic Sciences and Philosophy, 25(2), 279-297.

Soucek, P. P. (1987). Persian Artists in Mughal India: Influences and Transformations. Muqarnas, 4, 166-181.

Subtelny, M. E. (2002). Le monde est un jardin. Aspects de l'histoire culturelle de l'Iran médiéval. París, Lovaina: Association pour l'Avancement des Études Iraniennes; Peeters.

Subtelny, M. E. (2007). Visionary Rose: Metaphorical Application of Horticultural Practice in Persian Culture, en M. Conan; W. John Kress (eds.), Botanical Progress, Horticultural Innovation and Cultural Changes, Washington, D.C., Dumbarton Oaks Research Library and Collection, pp. 13-36.

Van Lit, L. W. C. (2017). The World of Image in Islamic Philosophy. Ibn Sīnā, Suhrawardī, Shahrazūrī, and Beyond. Edinburgh: Edinburgh University Press.

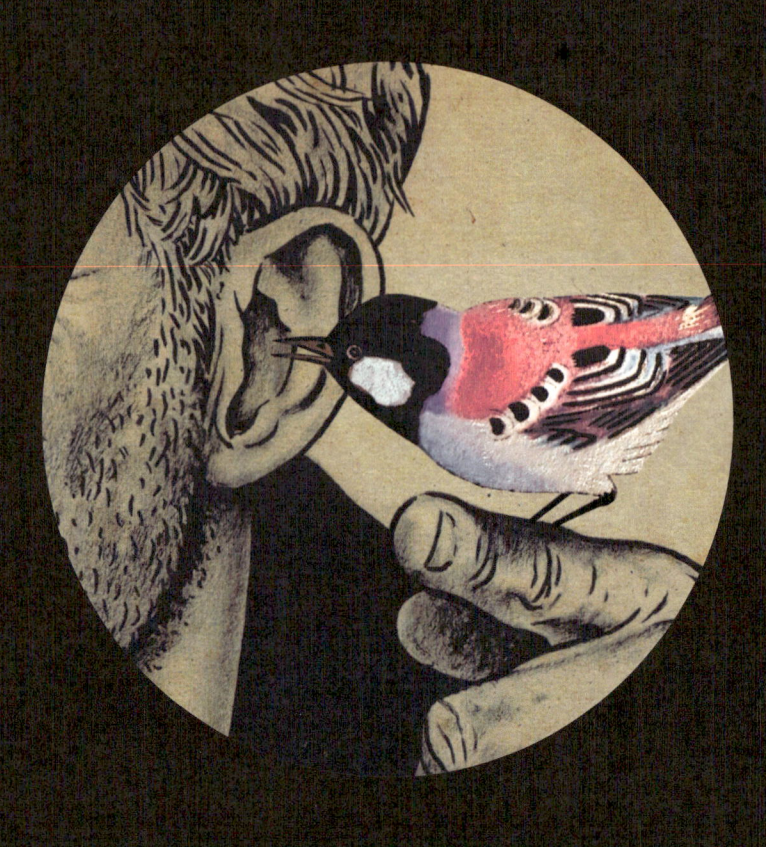

IV. El legado

Abrir la Visión. La imagen como velo

Toni Serra *) Abu Ali

> «Estás dormido y tu visión es ilusoria,
> todo cuanto ves es pura imagen»[119].

La gigantesca maquinaria audiovisual del capitalismo funciona —al igual que sus otras máquinas— bajo una pulsión extractivista; la vida aparece ante ella como un interminable yacimiento a explotar. Ante esta voluntad instrumental es lógico contraponer un método basado en la colaboración, la inmersión y el compromiso; que teja a los creadores de imágenes con su entorno y no los convierta en meros agentes de esa maquinaria. Sin embargo es de temer que esto, por sí solo, sea del todo insuficiente y reversible, si no va acompañado de una crítica radical de la noción de visión que se ha impuesto en la cultura dominante global, si no se considera su capacidad de extraer pero también implicar y proyectar, si no se deconstruye un lenguaje visual que implementa la colonización del tiempo y de la percepción...

Normalmente asociamos la imagen con la visión, pero en la sociedad del capitalismo global el uso espectacular[120] de las imágenes han convertido su visión en una forma de ceguera, creando un imaginario tejido por una cantidad ingente de imágenes que se van renovando y al mismo tiempo replicando sin solución de continuidad. Un tejido que se va espesando hasta formar un tupido velo de imágenes que no solo impide la visión y mediatiza la experiencia directa, sino que tiende a colonizar las realidades y

---

119 Shabistari, Mahmud. *El jardín del misterio*. Madrid: Nur, 2008.

120 «El espectáculo es el capital en un grado tal de acumulación que se ha convertido en imagen». Debord, Guy. *La Sociedad del espectáculo*. Valencia: Pre-textos, 2003.

nuestros sueños, mientras expolia los *yacimientos de fantasías*[121], y los imaginarios personales o comunitarios. Una realidad dominante que amenaza el tejido de realidades otras, que amenaza con borrar saberes, paisajes, personas, modos de vida, afectos... Como si mil bibliotecas de Alejandría, inscritas aún en la vida cotidiana de las personas, en sus quehaceres, en sus lugares, estuviesen ya quemando de nuevo.

La película máster

A menudo se insiste en el carácter manipulador de la imagen mediática, su capacidad de desviar, pervertir, girar los sentidos y crear una visión de la realidad completamente sesgada en beneficio de los grandes poderes económicos. Una gran maquinaria de producción audiovisual, aparentemente diversa, en manos de unas pocas corporaciones privadas, estatales o híbridas. Pero su verdadero poder no radica tanto en negar, forzar, manipular —lo cual siempre genera resistencia y por lo tanto oposición—, como en afirmar construir, constituir, dar un lugar y un sentido; es decir, construir un imaginario y ofrecer un lugar, un papel, un rol sea individual o colectivo en esa película máster que ahora se proyectará bajo el epígrafe *realidad*. Por supuesto se trata de una realidad tan real como lo pueda ser un parque temático o un *super mall* que simula plazas, músicos callejeros, y hasta escenas de acción....

Esta realidad espectacular se teje bajo la constante y alta centrifugación de las etiquetas: informativo, ficcional, publicitario, educativo, entretenimiento, entrenamiento... entremezclando estos valores, no solo temática o conceptualmente, sino también en su sintaxis de consumo, permutándolas en el tiempo y el espacio hasta que devienen indistinguibles, o bien de distinción irrelevante, al ser consumidas y digeridas en un mismo segmento vivencial.

Bajo el impulso de las nuevas tecnologías de consumo, entretenimiento y sociabilización los medios audiovisuales han experimentado una radical mutación e hibridación. Han cedido en parte el oligopolio de los medios de producción audiovisual para ser

---

121 Mbembe, Achille. *Crítique de la raison négre*. París: La Découverte, 2013.

complementados (y contrastados) por la masiva diseminación de dispositivos de captura, edición y difusión de imágenes. Se han hibridado con otros medios basados en micro segmentos de información y opinión... creando una densa atmósfera mediática en la que las noticias televisivas, la publicidad, los videojuegos, el cine, los publirreportajes, y las redes sociales se autorreferencian constantemente. Inspirados en las técnicas de marketing y enriquecidos por la información personal, que *voluntariamente* se cede en las llamadas redes sociales, se ofrece también un rol espectacular a las voces críticas.

Implementando una nueva versión del panóptico, pues aquello que de social tienen esas redes se acaba en su propiedad, gestión, y uso de los datos que acumulan.

Ya no solo se proyectan modelos sobre un espectador pasivo, al estilo de la antigua fábrica de los sueños hollywoodiense, sino que se ofrece y se incentiva una *oportunidad participativa*, una interactuación que involucra al antiguo espectador y le otorga un rol protagonista en un guion ya pre-escrito. Las historias, sentimientos, dramas personales y colectivos, aspiraciones, deseos, sueños, temores, aversiones y filias, emociones e ideas son considerados como la materia prima que alimenta la gran maquinaria acumulativa, dirigida siempre a la máxima obtención y continuidad de beneficios en forma de capital financiero o cognitivo.

En este contexto, la libre participación e interactuación, como supo ver Pasolini, convive paradójicamente con el expolio y el despojo, la explotación de los ingentes yacimientos vivenciales, culturales, realidades personales y colectivas de quien participa, cuya realidad deviene productiva o bien es suspendida. La *materia prima* es administrada según la lógica económica del marketing y la política del control, extraída para formar parte del *timeline*[122], filtrada y devuelta a la pantalla en forma de imaginario global.

El poder dominante se proyecta en un imaginario abocado a lo externo, pero esto no significa que se ejerza únicamente en las formas y en las superficies, sino que motiva y fuerza a que todo

---

122 Timeline, es el término que utiliza Facebook para el trayecto de información que deposita cada usuario. http://www.facebook.com

interior —anónimo, oculto, insignificante— fluya hacia la superficie, se reduzca a ella, se muestre, se publicite y sea al cabo solo esa exterioridad. Solamente así es posible establecer su completa cartografía, agrupar y producir sus identidades... adjudicarle sus expertos y destinarle sus mercancías.

Realismo capitalista

> El sueño de la época no es el buen sueño que procura el descanso, sino más bien un sueño angustiado que os deja más exhaustos todavía. Es la anestesia que requiere una anestesia aún más profunda[123].

Este es el sueño del que emana el llamado realismo capitalista[124], que afecta sobre todo a la población de la zonas centrales de la globalidad, en las que tiende a aparecer como un sistema injusto pero sin alternativa imaginable. Fisher, autor de este término, lo plantea como la imposibilidad de que en un marco capitalista queden espacios para concebir formas alternativas de estructuras sociales.

> El realismo capitalista, tal como lo entiendo, no se limita al arte o la forma cuasi propagandística con la que funciona la publicidad. Sería más bien una atmósfera que todo lo impregna, condicionando no solo la producción de la cultura, sino también la regulación del trabajo y la educación, y que actúa como una especie de barrera invisible que limita, restringe el pensamiento y la acción[125].

El realismo capitalista, implantado al estilo de una ideología hegemónica, consiste tanto en la convicción de que no hay alternativa al paradigma de organización social capitalista, como en sus propios mecanismos de reproducción y diseminación entre la mayoría de la población.

---

123 Tiqqun. *Llamamiento y otros fogonazos*. Madrid: Acuarela, 2011
124 Fisher, Mark. *Capitalist Realism: Is there no alternative?* Winchester: Zero Books, 2009
125 Idem

Como hemos visto, la industria de la imagen y los medios de comunicación son fundamentales para proyectar en la pantalla social este realismo capitalista. De entre los mecanismos mediáticos que utiliza dos destacan por su viralidad. El primero, proyectado bajo los epígrafes *información y objetividad*, consiste en lo que podríamos llamar la construcción y exportación del concepto visual de pobreza. A través de las imágenes extraídas, preferentemente de países de la periferia global, las noticias y los documentales mediáticos se proyectan segmentos visuales que —descontextualizados y reubicados— ilustran al público central la idea dominante de pobreza y la exportan como imaginario global. Por oposición, igualmente, el imaginario dominante de la riqueza es exportado a la esfera global. Uno justifica las penurias y explotación que las capas de población más desfavorecidas sufren en los países centrales, dibujando un infierno periférico del que *todos* quieren escapar y en el que se ha de evitar caer a causa de reivindicaciones o *búsquedas temerarias*. El otro funciona como propaganda del modelo central en la periferia.

Otras formas de entender el binomio riqueza-pobreza, no referenciadas en la acumulación y el consumo, son excluidas de la visión o recluidas a una visión arcaica o utópica.

El segundo se da bajo el epígrafe *ficción*. Consiste en la paradoja según la cual se podría decir que *en esta sociedad es más fácil imaginar el fin del mundo que el fin del capitalismo*. Según Frederic Jameson estamos, en algún sentido

> Constreñidos por una enorme dificultad para imaginar el futuro, de tal modo que la utopía debe empezar por mostrarnos [simplemente] que todas las imágenes del futuro son proyecciones de este sistema, que no podemos imaginar el futuro; esta es la primera lección[126].

Paradoja proyectada sobre el imaginario global desde buena parte de la industria del entretenimiento visual; videojuegos en escenarios apocalípticos, y cine de gran difusión: *Blade Runner*,

---

126 Jameson, Frederic. *Archaeologies of the Future: The Desire Called Utopia and Other Science Fictions*. London & New York: Verso. 2005.

Independance Day, *Matrix*, *Oblivion*, *The Road*, *Interestellar*, y tantas otras... cada, una desde su particular perspectiva: colonias capitalistas en una de las lunas de Saturno, capitalismo malo alienígena vencido por capitalismo bueno neo-liberal, añoranza de los buenos tiempos consumistas: el disfrute de una lata de *CocaCola* en un mundo devastado... Imágenes relato que no solo muestran sino que inscriben profundamente el realismo capitalista en el imaginario colectivo.

La guerra de imaginarios

Podríamos decir entonces que estamos ante una guerra de imaginarios en la que se pone en juego tanto la realidad como sus límites, no solo lo visible sino también su relación con lo invisible. De un lado, una omnipresente y fantástica máquina de producción y difusión de imágenes, mensajes y sobre todo guiones y relatos pre-fabricados por la máquina de soñar del capitalismo global que proyecta sobre nosotras su sueño; un sueño que convierte en imagen todo lo que toca. Un sueño creado a partir de la imagen como velo, como instrumento social de ceguera; un velo de imágenes producidas en masa que se extiende cubriendo la totalidad de la visión, como una película máster, un mundo pantalla cuya realidad elástica y cambiante se adhiere a la piel de los objetos, de las personas y de los paisajes. Como un todo visible que se alimenta de las realidades que oculta y expolia.

Y del otro lado, una especie de *patchwork* artesanal hecho de imágenes artesanales, experiencias y visiones personales o colectivas, sueños, imaginaciones o ruinas de antiguos imaginarios... salpicada de agujeros, imprecisiones y lagunas-ojos que invitan a la visión, a la imaginación; un *patchwork* lleno de jirones y vida.

He aquí lo delicado del tema, si no se deconstruye la noción de visión que ha devenido dominante en la era global, así como sus mecanismos de ocupación de los imaginarios, y su uso de la sintaxis perceptiva... muchos de los intentos críticos pueden acabar actuando involuntariamente como cabezas de puente de la colonización de los imaginarios no globales.

Guy Debord en la sociedad del espectáculo afirmaba que cuando la realidad es capturada y convertida en meras imágenes, las meras imágenes se convierten realidad[127], un mecanismo que consolidaría el núcleo irreal de nuestra realidad. Pero, como contrapunto, nos da también a pensar que aquello que está en juego en la creación y difusión de imágenes es la realidad misma. De ahí la necesidad de profundizar en un discurso audiovisual independiente; independiente de la lógica del encargo, independiente en la elección del tema y su enfoque, y, sobre todo, de las normas y gramáticas prefabricadas para la industria audiovisual y sus criterios de consumo y producción. Esto conlleva una reivindicación diferencial de la percepción de la realidad. Frente a los mecanismos de clonación y monoforma asistimos a una constelación, un rizoma de miradas únicas (cada una de ellas irrepetible) en la que se superponen coincidencias y disparidades que no excluyen la contradicción, sino que por el contrario la valoran como la presencia irreductible de lo real en la imagen .

Descolonizar la imagen

Capturar imágenes. En este contexto apropiarse de las tecnologías de la imagen actuales, para usarlas como una herramienta que «realmente» comunique lo que a una comunidad le interesa puede resultar en si totalmente insuficiente. Pues en lo comunicado va a propagarse también el sentido de estas tecnologías, que no son puras herramientas neutrales, sino fragmentos y máquinas de sentido. Son por su presencia y por su uso, máquinas de poder.

Las cámaras por ejemplo suelen ser definidas, muy significativamente, como dispositivos de *captura* de imágenes. Durante décadas han estado asociadas a la televisión, el cine... y, en consecuencia, relacionadas con el poder económico, político... Cuando una cámara así aparece la realidad cambia, se transforma por su sola presencia; el resultado no es ninguna representación objetiva sino un juego de poder entre el objetivo de la cámara, lo capturado y la escena. Recuerdo una experiencia

---

127 Debord, Guy. *La Sociedad del espectáculo.* Valencia: Pre-textos, 2003.

que viví hace años en la antigua ciudad de Fez, en Marruecos. Estaba sentado en una pequeña placita, la vida allí transcurría como suele hacerlo; un lugar y un rizoma de pequeñas escenas formadas por objetos, luces, sombras, personas, conversaciones y animales... En un momento dado apareció un equipo de la televisión alemana, cámara al hombro; en total un grupo de cuatro personas dispuestas a captar la realidad de una comunidad islámica. En unos segundos, la plaza se transformó, toda una serie de escenas, personas y situaciones desaparecieron para no ser «capturadas», el resto minoritario adoptó la distribución de un escenario a la italiana; es decir, frontal ante la cámara, rostros sonrientes, manos mostrando productos... expectantes ante la posibilidad de alguna pequeña compensación económica. Otro grupo restante se autodistribuyó detrás del equipo de grabación como una especie de público congelado. La grabación empezó con el entusiasmo del realizador y los técnicos. Todo se había dispuesto a la perfección para ser captado y trasladado a imágenes que más tarde aparecerían recontextualizadas en un documental alemán. La realidad desapareció optando sabiamente por lo invisible[128].

Esto es lo que sucede —y lo que la supuesta objetividad de muchas noticias, documentales y exposiciones esconde— cuando aparece un cuerpo completamente extraño al contexto. Esta es la forma normativa de actuar en la industria del audiovisual, sometida a las reglas de la productividad que imponen tiempos muy limitados, su vertebración con el lugar es mínima o muy superficial e interesada económicamente. Su aparición es significativamente similar a la de una patrulla o comando militar.

Afortunadamente, el oligopolio audiovisual se ha roto, restando parte de su importancia a los grandes canales *mainstream.* La misma lógica de mercado que ha inundado el paisaje de imágenes banales y de dispositivos de captura, edición y difusión de imágenes, ha posibilitado también la democratización en el acceso a los medios de producción vídeo. Ahora bien, hay

---

128 Serra, Toni. *Fez, ciudad interior.* http://www.al-barzaj.org/2011/11/fez-ciudad-inte-rior-texto.html

que utilizar esta posibilidad abierta por un tiempo que podría ser más limitado de lo que pensamos. Hay que ir más allá de esta niebla de imágenes compulsivas que inundan las redes, para taladrar el velo de imágenes mediáticas, para *hackear* la película máster que pretende reducir la realidad a su orden representativo, y alumbrar así nuevos imaginarios.

Sin embargo, en la experiencia de muchas personas ante y con la cámara sigue muy presente *el poder del objetivo y* su capacidad de *capturar.* La reacción oscila entre el deseo de inscribirse en la imagen, apropiarse de lo representado: fotografiarse junto a monumentos, personajes, paisajes, momentos evanescentes... Y la creciente incomodidad y rechazo a un mundo lleno de cámaras conectadas en mayor o menor grado a dispositivos de mercantilización y control. Algo, esto último, que empieza a alimentar una cada vez más extendida pulsión iconoclasta, imposible de ignorar, pues implica sobre todo una insurrección ante la iconocracia.

Abrir la visión

Cualquier voluntad de descolonizar la imagen debe afrontar esta situación, no solo romper el espejo eurocéntrico, sino poner en cuestión su noción de visión. Es de esta noción de visión de la que emana fundamentalmente una concepción des-corporizada de la imagen. Imágenes que van a captar imágenes ya pre-vistas y estereotipadas; es decir, congeladas por el poder, imágenes muertas que como en un maleficio convierten en imagen todo lo que tocan.

En este sentido, descolonizar la imagen comportaría abrir la visión a lo no que conocemos y a lo que no conocemos de nosotros mismos, implicarnos en tanto que vida dentro de la vida, cuerpos entre cuerpos, no en una retórica sino a través de la experiencia vital que nos liga a las cosas, a los afectos y a los saberes... una experiencia vital que comporta tiempo, sentimientos, deseos, miedos, y sobre todo la necesidad mutua, la colaboración, la consulta.... abrir la *caja negra* de lo que se graba al lugar y a sus personas, para corroborar, contrastar, o descartar... buscando el entendimiento de las correlaciones entre lo visible y lo invisible de cada lugar. A fin de no capturar, sino de entregarse, para poder ser con lo que acontece... Flaherty hablaba de una táctilidad de la visión[129], o más precisamente de un ojo ligado a la táctilidad.

En definitiva, descolonizar la visión sería devolverla, integrarla al cuerpo y a los otros sentidos, integrarla al lugar, a sus fuerzas y vacíos... rescatarla de la tiranía de lo meramente óptico para abrirla a los otros ojos del cuerpo y el ánimo, hacerla integral. Abrir también el diálogo con aquel poder de la visión que la cultura dominante en occidente excluyó o diseccionó hasta extinguirla. La que se relaciona con los sueños y con las visiones, con la imaginación creadora[130], matriz de realidades.

Universo frágil y poderoso al mismo tiempo. Poderoso por su capacidad de poiesis, de creación. Frágil, porque de no ser atendido, escuchado, puede cerrarse y dejarnos ciegos. «¡Y, ciertamente, no son los ojos los que se vuelven ciegos --sino que se vuelven ciegos los corazones que encierran los pechos!»[131].

Repensar también ese lazo, esa raicilla que de alguna manera parece colarse entre la imagen y la magia. En castellano *imagen*, del latín *imāgo, -ĭnis*, se relaciona con toda una serie de acepciones que comparten una noción similar: imitar, re-presentar, emular «una cosa en sí, pero no la cosa misma» (RAE). Algo que de una manera sencilla y contundente nos recordaba Magritte con su cuadro axioma *Ceci n'est pas une pipe*. Esa *ilusión* de ser la cosa, pero no serla, relaciona la imagen con el ilusionismo, la magia.

Pero más decisiva, en esta relación con lo mágico, es la pulsión mimética que la imagen transporta y sobre todo la que propone, la que impulsa, la que propaga. Esa mimesis abre un canal de acceso, no solo de la cosa a la imagen sino de la imagen a la cosas. Una vía muy presente en las prácticas rituales y chamánicas del rizoma indígena.

Démonos cuenta de la magia, del poder anímico que deriva de la replicación. Por aquí es por donde deberíamos empezar; por el

---

129 Taussig, Michael. *Mimesis and Alterity*. Nueva York: Routledge, 1993.

130 Corbin, Henry. *La imagination creatrice dans le soufisme*. París: Flamarion, 1958.

131 Cor'an 22:46

poder mágico de la replicación; la imagen afectando a aquello de lo que la imagen procede, allí donde la representación comparte o toma poder de lo representado, testimonio del poder de la facultad mimética a través de lo que despierta. Podríamos no tanto entenderlo como la sombra de la ciencia, o de lo mágico, sino ver de nuevo el hechizo de lo natural donde la reproducción de la vida emerge y recaptura el alma[132].

Los medios visuales del capitalismo global aparentan reducir la imagen a lo banal; imágenes arbitrariamente intercambiables, autoreferenciables —como sucede en la publicidad—, o dogmáticamente objetivas —como se presentan en las noticias y documentales—. Y, sin embargo, bajo esa capa de lo banal parece palpitar una intención mágica... la proyección de una realidad ilusoria, la colonización de los sueños, los miedos y los deseos, que ahora serán redirigidos hacia intereses de consumo, control y dominación. Intereses de muerte.

Así a veces parece como si los mecanismos miméticos de lucha de las comunidades indígenas —descritos por Frazer[133]— estuviesen extrañamente vivos en los filmes de Hollywood en los que se representan la muerte de nativos americanos, africanos,... en la ingente cantidad de filmes actuales de consumo en los que sucede lo mismo con personas de países islámicos... «El uso de la imagen del enemigo en la creencia de que tal como la imagen sufre así lo hace el hombre, y cuando la efigie perece él debe morir»[134].

Es el reverso oscuro de la capacidad sanadora de la imagen. Hakim Bey en un pequeño texto relacionaba la industria mediática con el arcaico *mal de ojo*...

En todos los lugares del mundo una mirada mortal se dirige a nosotros, como en el *Panopticon* de Bentham. Se nos describe como víctimas, pacientes, focos pasivos de miseria. Nos muestran, ante nosotros mismos, privados de tal o cual mercancía, o «derecho», o «cualidad»

132 Idem (128)

133 Idem (128)

134 Frazer, Sir James George. *The Golden Bough: A Study in Magic and Religion. lrd edirion.* P:ltt I, Volume 1, 1911

que fervientemente deseamos. Y los que nos dicen esto son los ricos, los poderosos, los políticos, las corporaciones.

¿Pero, qué es aquello que aún tenemos y que ellos tanto desean? ¿Podría ser que aún estamos vivos, y ellos muertos?. La pantalla de la TV podría ser vista como una forma actualizada de mal de ojo, porque está muerta, y la muerte (como nos enseñó Homero) es la más envidiosa de todos los seres[135].

El inconsciente óptico

La historia de las pantallas nos muestra la extraña tendencia a *apantallar* el mundo. Su tamaño fue aumentando progresivamente desde la simple tela tendida, a las grandes pantallas del cinemascope, de los *drive-in* y de los Imax. Pero, por muy grandes que fuesen, jamás podían cubrir la totalidad y además quedaban circunscritas a un lugar concreto. La pantalla entonces se hizo pequeña y pudo entrar en los hogares, bares, transportes... luego implosionó en millones de pequeñas pantallas incorporadas a toda clase de dispositivos, se incorporó al vestido, se enganchó al cuerpo. Todo parece indicar que su voluntad última es adherirse a los ojos, cubrirlos (*Occulos,* etcétera) o inserirse en el propio cuerpo.

Mirar una pantalla cualquiera es en primer lugar mirar una fuente de luz de intensidad oscilante que atrae o retiene nuestra atención desde su propia fisicidad, al margen de aquello que represente.

A pesar de la apariencia de diversidad y opciones, el capitalismo convertido en imagen, mantiene una serie de dogmas formales ligados a la percepción y a la atención del espectador, ¿o deberíamos decir dogmas formales ligados a la captura de su atención? Pues es también acumulativo en este sentido. Una gramática espectacular que se va clonado de una producción a otra, hasta el punto de constituir una especie de *monoforma*[136].

Se colonizan los deseos y los miedos, dándole las formas y las direcciones de búsqueda o fuga que le son propicios, según esa

135 Bey, Hakim. *Evil Eye*. Nueva York: 2001. http://hermetic.com/bey/evil_eye.html

136 Término empleado por el cineasta Peter Watkins.

especie de *magia negra* que nos recordaba Hakim Bey. Pero se inscriben en el espectador no solo a través de mecanismos más o menos conscientes, sino también a través de una particular sintaxis de la percepción, basada en la fisicidad neuro-óptica, que coloniza también nuestra percepción del tiempo, introduciéndonos en un estado de sobre-estimulación extremadamente adictivo, con capacidad de inducir diferentes estados vitales en los que incluso la respiración y los latidos pueden ser fácilmente afectados. No solo se capturan imágenes sino también espectadores.

Peter Watkins, autor de *La Commune* y *The War Game*, lo llamó la *monoforma:* una gramática que la industria audiovisual cinematográfica y televisiva impone a todos sus productos, justificándola con criterios supuestamente objetivos y técnicos: audiencia, visibilidad, programación... La *monoforma* no solo predefine lo que el público está capacitado para ver y los contenidos que le interesan, sino con qué tipo de *mirada* debe verlos. Una mirada secuestrada bajo los efectos de la sobre-estimulación visual, resultado de un bombardeo ultra-rápido de imágenes, efectos de sonidos, voces, música, alternancia frenética de planos, y movimientos...

> La Monoforma en todas sus variedades está basada en la convicción de que el público es inmaduro, que necesita formas previsibles de representación para *engancharlo,* es decir, manipularlo. Por eso muchos profesionales se sienten cómodos con la Monoforma: su velocidad, su montaje impactante y la escasez de tiempo/espacio garantizan que los espectadores no puedan reflexionar acerca de lo que está sucediendo[137].

Los miedos y los deseos activados junto a este estado particular de percepción acompaña al espectador en sus sueños.

Arqueología mediática

La ingente abundancia e inmediatez en el consumo de las imágenes mediáticas, publicidad, videojuegos, noticias... junto al

---

137 Watkins, Peter. http://blogs.macba.cat/peterwatkins

estado de permanente *update* y sobrestimulación perceptiva, no propicia ni una lectura consciente, ni una memoria que permita el contraste y la crítica. Por el contrario construyen una densa atmósfera respirada pasivamente casi como una *naturaleza mediática*.

Es en este panorama donde la arqueología mediática tiene una gran capacidad lúcida para evidenciar y desvelar los sentidos subliminales que se estaban transmitiendo, para desarmar esta *naturalidad* y arrojar una visión cruda de la violencia icónica del poder en sus diferentes formas.

La idea de arqueología mediática, a diferencia de la visión histórica, no está interesada en la monumentalidad visual, los momentos clave, las pretendidas obras maestras, las grandes fachadas... pues entiende que están demasiado definidas por el poder; una cápsula de cómo quiere ser visto y recordado en el futuro. Por el contrario, prefiere la puerta de servicio. Se interesa por aquello que teniendo una funcionalidad muy concreta está destinado a desaparecer una vez su función se cumple. Esta ausencia de futuro, esa banalidad olvidada, es la que precisamente la hace significativa, pues transparenta cristalinamente las intenciones del poder en ese momento y lugar.

Así, las imágenes educativas, publicitarias... —privadas por un momento de su coartada de momento y lugar, alejadas del supuesto sentido funcional u objetivo que las cubría, o de su pretendida banalidad— desvelan crudamente la violencia del poder que las produjo. A diferencia del dispositivo paródico que se ve obligado a distorsionar para mostrar, el documento arqueológico deja hablar fríamente la distorsión original sin modificarla. No hay un plus añadido cuestionable como *interpretación* sino la soledad del documento transparentando su locura.

Unos pocos miles de visitantes, ejecutivos de corporaciones de la industria armamentística, militares y periodistas de la prensa especializada visitan una feria anual de armamento en París, Londres y tantas otras ciudades centrales. Allí se presentan las últimas novedades y mejoras en cazabombarderos, *bombas margarita*, y demás dispositivos de muerte... Obviamente, la lógica con la que se presentan en ese contexto es de tipo publicitario, hay que seducir, hay que captar la primera atención, y la mejor manera de hacerlo es a través de vídeos intensos, de lenguaje alegre, dinámicos, músicas calientes para un mercado, fríos tonos azules para otro... Los vídeos son recibidos con toda naturalidad, casi con euforia... El mismo vídeo mostrado fuera de este contexto escandaliza como una obra macabra, imaginación de una secta asesina[138]...

En los años 50, películas educativas, publirreportajes y toda una serie de material efímero se proyectó en las fábricas, escuelas, asociaciones y prisiones de los EEUU; miles de horas decisivas en la construcción del imaginario del *american way of life,* definiendo los roles de género, clase, trabajo, consumo... Richard Prelinger[139] rescató muchas de estas obras abandonadas en almacenes perdidos, destinadas a desaparecer... Lo mismo sucede con los films educacionales dedicados a las comunidades indígenas en Latinoamérica, África... toda la épica visual que narró el esfuerzo de las colonias por formar a sus criaturas....

El uso de esta arqueología mediática también puede verse aplicada en trabajos que optan no solo por la presentación del documento en sí, sino por su yuxtaposición o contraste con otro aparentemente dispar, a fin de alumbrar su siniestra semejanza. Así, la vía abierta por los trabajos de Harun Farucki, entre ellos su impresionante *I Thought I Was Seeing Convicts*[140], en el que a través de las imágenes archivadas por cámaras de vigilancia nos muestra la similitud entre la cárcel, la fábrica y el supermercado; el preso, el trabajador y el comprador, todos ellos bajo observación, sus movimientos descifrados...

---

138 Ali, Abu. *Retroyou. Archivos Babilona.* Barcelona, Ovni Archives, 2004 y 2006. http://desorg.org/acts/babylon-archives/
http://desorg.org/acts/babylon-archives/archivos-babilonia-2005/
http://desorg.org/acts/babylon-archives/babylon-archives-1999-2003/

139 Prelinger, Richard. https://archive.org/details/prelinger

140 Farocki, Harun. *I Thought I Was Seeing Convicts (Ich glaubte Gefangene zu sehen),* 23. Germany, 2000.

Anarchivos

Vemos pues la extrema necesidad de analizar y poder deconstruir todo ese paisaje mediático, que fue y es dispuesto ante los ojos de la población al modo de un gigantesco diorama, un lienzo de inabarcables dimensiones... un imaginario destinado a ser matriz de realidades.

De aquí la importancia de los archivos audiovisuales y del libre acceso a ellos. Sin embargo, los grandes archivos suelen estar ligados a instituciones de poder político y corporativo, lo que determina la selección de aquello que es susceptible de ser archivado o descartado, así como la obtención y gestión de sus fondos. A pesar de que muchos de ellos, canales de televisión por ejemplo, son de titularidad pública su modelo de gestión es privado, sobre todo por lo que se refiere a poder obtener derechos de proyección o edición, y se rige significativamente por criterios de beneficio económico. Sin atender a finalidades *non-profit*, educacionales, etcétera, se aplican tarifas abusivas, se venden los derechos por minutos o incluso segundos... Así, los derechos de proyección de 30 minutos pueden llegar a costar 20 mil euros. Otra veces, de forma más o menos abierta, se muestra reticencia a la cesión de aquellas imágenes que pueden dañar el imaginario nacional. Esta fue nuestra experiencia mientras preparábamos la serie de proyecciones *El Sueño Colonial*[141].

Esto cierra las puertas a la mayor parte de las pequeñas y medianas producciones independientes, que acceden a ellos por la puerta pequeña y sin recursos, y bajo sospecha de una voluntad crítica. De ahí la importancia de reclamar y defender el acceso público a estos archivos que deberían ser entendidos y gestionados como patrimonio de la humanidad. No románticamente como depositarios de la memoria colectiva de aquello que sucedió, sino de quién lo vio, cómo lo vio y sobre todo de cómo nos lo hizo ver (que excluyó o no vio).

La monumentalidad de los grandes archivos (la biblioteca del Congreso norteamericano dispone de más de 113 millones y a diario se depositan 20.000 documentos nuevos), no oculta la

---

141 OVNI, Archives. *El Sueño Colonial & Zonas Autónomas*. Barcelona; 2006. http://desorg.org/acts/ovni-2006/

imposibilidad de archivarlo todo; hay pues una selección y un criterio de aquello que se considera o no representativo, dispositivos más o menos automáticos que recogen aquello que se publica o se emite más o menos oficialmente. Aun así, considerados en su totalidad parecen emanar una representatividad. Sin embargo, cuando nos acercamos en detalle a temas concretos, sobre todo aquellos ligados a colectivos marginados, explotados, y en general a las otras voces e imágenes de la historia, esta visión cambia drásticamente, y lo que se impone a menudo es una sensación de arbitrariedad... Aquellos imaginarios y experiencias no están recogidos, o lo están en un lugar y de una manera que les es extraño, que desvirtúa su visión... Es entonces cuando el archivo muestra más claramente ser un espacio, una máquina de poder.

Así nace la necesidad de crear cápsulas autogestionadas de la memoria de personas, colectivos y comunidades. Pequeños archivos que escapan de los grandes nodos de poder o se enfrentan a ellos, contra-archivos, anarchivos con funcionalidades concretas, que reclamen no tanto una supuesta objetividad como una intencionalidad subjetiva. Ligados a un lugar, a una tierra, una ciudad, un barrio... y a un momento, a su aparición y desaparición, a su recorrido, a sus necesidades, preocupaciones y sueños, a su particular balance de lo que es y no es visible. A diferencia de los grandes archivos no hay compra de fondos, ni voluntad extractivista alguna, sino un depósito que se crea, y se autogestiona en colaboración. No como resultado de una mirada exterior que fija un objeto de estudio y lo analiza y clasifica, sino como un rizoma de memorias que se entretejen, que emana de la comunidad y de los lazos que ésta haya tendido.

La creación de anarchivos autónomos es de importancia capital para transmitir ese conocimiento y esa memoria, pero sobre todo para que la comunidad pueda consultar su propio recorrido, pueda tener su propia cartografía con la que guiarse en este océano del tiempo acelerado, violentado por el capitalismo global. Pueda mostrar otras naturalezas del poder ajenas al dominio: poderes horizontales, que ocurren fuera de la cartografía habitual del poder, poderes que emanan de la contemplación, del conocimiento, del cuidado y la atención a los demás, de lo comunitario, de lo que es considerado humilde e insignificante, de lo anónimo.

Los anarchivos como lugar de consulta, de encuentro y discusión, de lectura y talleres, base para proyecciones e intercambio de programaciones, transportan el sentido de estos micro-poderes, contra-poderes, poderes en red, poderes evanescentes o el simple poder de sobrevivir, ...

> Anarchivo sida» propone activar un proceso de identificación, recopilación y análisis de las prácticas estéticas, representaciones, experiencias colectivas y tácticas performativas que han determinado las políticas del VIH/sida, atendiendo, por vez primera, a las prácticas desarrolladas fuera del contexto anglosajón y Europa centro-oeste.
>
> El proyecto tiene como metodología la producción de un «contra-archivo» o Anarchivo de políticas del VIH/sida, que atienda a las prácticas desarrolladas en las periferias de los centros de occidente, en el contexto de las luchas poscoloniales y de emancipación de diversos «sures», incluyendo una relectura de las prácticas acontecidas en el Estado español.
>
> La llamada «crisis del sida» se propone aquí como un modelo para leer y re-imaginar de manera colectiva los límites de la vida bajo la condición neoliberal; un complejo entramado de relaciones económicas, científicas, artísticas, activistas y afectivas[142].

Lo anarchivos de origen y método múltiple... compilados por enfermos del sida, por personas que han sufrido privación de libertad, por grupos urbanos de resistencia, por personas desahuciadas, por comunidades indígenas en Latinoamérica, por migrantes en Europa... por todos aquellos que quieren salvar el conocimiento del que son mensajeros, las propias desventuras y búsquedas, los goces y pérdidas. Anarchivos como bancos de semillas, como brújulas del tiempo, para orientarse, para evitar el reinicio constante al que nos somete el imaginario del

---

142 http://www.anarchivosida.org/index_es.php

capitalismo global. Para poder imaginarse y ser matriz de su propia realidad.

Los Archivos del Observatorio [Observatorio de Video No Identificado] tienen un carácter intencional y temático: facilitar una crítica de la cultura contemporánea dominante, utilizando diversas estrategias: videoarte, documental independiente, arqueología de los *mass media*.

Los Archivos recogen todo una constelación de trabajos dispares, cuyo denominador común es la libre expresión y reflexión sobre los miedos y placeres individuales y colectivos, un particular registro de algunos de los sueños y pesadillas de nuestra época, construyendo en su conjunto una visión multifacetada, miles de pequeños ojos, que ahondan y exploran nuestro mundo, o anuncian otros posibles. Un discurso cuyos principales valores son la heterogeneidad, la pluralidad, la contradicción y la subjetividad desde la que se realiza.

Por sí solo un revulsivo a la clonación y repetición de los *mass media* corporativos[143].

Estos anarchivos autogestionados, cada uno desde su especificidad irrepetible, construyen entre ellos una visión en rizoma. Cuando se conectan se cruzan, se yuxtaponen y contraponen sin evitar la contradicción y el choque de aristas; es más, es precisamente lo contradictorio lo que les conecta a lo real.

Junto a la organización centralizada y jerárquica de las raíces de los árboles, raicillas de arbustos y matorrales, el rizoma de ciertas especies crea «un sistema sin centro, no jerárquico y no significante, sin General, sin memoria organizadora o automatismo central, definido únicamente por la circulación de estados[144].

---

143 OVNI Archives. http://desorg.org

144 Deleuze, Gilles; Guattari, Félix. *Mil mesetas. Capitalismo y esquizofrenia*. Valencia: Pre-textos, 2008.

Un pensamiento visual colectivo

Este proceso de disidencia y resistencia al discurso audiovisual dominante ha tomado muchas formas y se ha desarrollado en muchas áreas y colectivos, posibilitando la emergencia de sus imaginarios, poniéndolos en contacto, siendo determinantes para una nueva matriz de aprendizaje[145].

La mayor parte de documentales mediáticos responden a un encargo, no nacen o no se desarrollan en independencia, acatan en una medida u otra el cumplimiento de la mencionada *monoforma* para poder ser *televisivos*, cumplen los apretados tiempos de la productividad... responden plenamente a una lógica extractivista. No hay tiempo para una transformación por la visión, para un aprendizaje en el ver y en lo que se ve... para un tejer las miradas. No hay tiempo para la vida plena.

Ante ellos ha nacido desde hace unas décadas toda una serie de trabajos colaborativos. Bien porque se realicen desde las propias comunidades y colectivos, bien porque se abran a colaboraciones con creadores de imágenes de otras procedencias —aunque a veces se adopta una mimesis del lenguaje visual mediático y un uso acrítico del mismo, de sus modos y sus prácticas—. En otras ocasiones, afortunadamente, se desarrolla otra forma de entender la creación de imágenes, el ver y el oír, que empieza a mirar cruzando las miradas y aprendiendo de ellas. Formas que envuelven diferentes niveles de colaboración, desde el intercambio de saberes, al intercambio de equipos... La aceptación de que el acto de ver — implícito a cualquier trabajo con imágenes— va a significar un proceso de transformación. Sea el de una comunidad que dialoga consigo misma o con sus ancestros, o el de quién acude a ella para conocer y ver.

Esto ha sido especialmente cierto con los trabajos que provienen o se han dado en torno al mundo indígena. Trabajos que han erosionado el espejo eurocéntrico, devolviendo una

---

145 Álvarez Blanco, Palmar. «'Matrices de aprendizaje' emancipadoras: OVNI (Observatorio de Video no Identificado) y el videoactivismo». Ecozon@ [Ecozona]: European Journal of Literature, Culture and Environment, ISSN-e 2171-9594, Vol. 8, N. 1, 2017. https://ecozona.eu/issue/view/101

mirada que rompe la épica colonial, así como cualquier pretensión humanista del capitalismo global. Poniendo en colaboración una mirada, un ver, que muestra los límites estrechos de *universalismo* occidental; así nociones tan decisivas como trabajo, tierra, real, sueño, tiempo, riqueza, y especialmente aquellas ligadas a la propia experiencia de la visión... están siendo radicalmente alteradas.

> Se planteó la intervención de thë walas (chamanes de la comunidad nasa en Colombia) en los talleres de video. Teniendo en cuenta la rica tradición de prácticas con la imagen mental en la comunidad nasa, me pareció interesante proponer a los jóvenes interesados en crear imágenes la búsqueda de una manera propia de entender el registro y el montaje en video. El punto de partida podrían ser charlas acerca del la imagen, el sueño y la visión con thë walas[146].

Esta trabajo colectivo de ver, también es fundamental en la propagación de las realidades de la inmigración. Aquí, el espejo de la representación global se ha roto en miles de fragmentos que reflejan y son en sí mismos cortes de profundidad de sus realidades. Nos llegan entonces voces silenciadas, invisibilizadas, relatos de la exclusión y violencia, que dan una medida hasta ahora desconocida de la violencia y sectarismo de los poderes políticos y económicos en la sociedad europea, más allá del velo humanista que suele cubrir este término.

> Me es complicado explicar cómo es posible que la sociedad supuestamente civilizada a la que has huido para cobijarte sea tan brutal[147].

Ese ver muestra la existencia de una serie de lapsus que no solo dificultan una reflexión en profundidad sobre la migración, sino que alimentan visiones excluyentes. Entre ellos: el olvido

---

146 Hurtado, Xavier. *La imaginación al poder. Prácticas oníricas, imaginario y resistencia entre los Nasas.* Barcelona; 2011

147 Declaraciones de un refugiado en el documental Forst Breuer, Ascan; Hansbauer;Ursula; Konrad, Wolfgang, Lazarus, Julia. Forst. Austria; 2013 http://desorg.org/titols/forst/

colonial —la estrecha conexión entre la migración, la colonialidad y su mutación global—, y el limitar cualquier reflexión sobre la migración a lo político, policial, económico, demográfico y humanitario... pero rara vez en términos de conocimiento y sabiduría; de los que estaríamos verdaderamente necesitados.

De pronto accedemos a un rizoma complejo de relatos, en el que, por ejemplo, la protección de las fronteras aparece como un gran negocio para unos pocos, en donde la ley se decreta no tanto para impedir la ilegalidad sino para administrarla: no tanto para cerrar el paso como para marcar el estatus inexistente y por tanto indefenso de los migrantes que la cruzan. Pero al mismo tiempo, también tomamos conciencia del conjunto dispar de fuerzas que ha impulsado estos movimientos migratorios: fugas por la supervivencia, persecuciones políticas, sueños, viajes iniciáticos, búsqueda de conocimiento o experiencia. Historias de dolor y vejaciones que se superponen con otras de solidaridad; *ghettos* y campos de concentración con zonas autónomas y experiencias de autogestión .

Desde este rizoma de visiones otras, los criterios que los *mass media* presentan como realidades objetivas aparecen como construcciones parciales que sirven *espectacularmente* a ambos lados de la frontera: como una descarga mediática de estímulos de miedo o de deseo. Cruda exportación del modelo consumista global, frente al cual todas las otras formas quedan estigmatizadas como pobreza y atraso.

Un día yo hablaba con mi abuelo sobre los ricos y los pobres... él me explicó que los blancos nos han engañado diciéndonos que somos pobres... es la colonización de las palabras que hacen los blancos. Nos dicen que somos pobres y lo aceptamos, pero no, no somos pobres. Mi abuelo dice: la riqueza y la pobreza tienen cuatro criterios, cuatro niveles diferentes. La riqueza de los blancos, desde la que nos llaman pobres, es la riqueza material. Para él este criterio material es el criterio más bajo de riqueza. Los otros tres criterios: la riqueza intelectual, la riqueza moral, y la riqueza espiritual... son más fuertes que la riqueza material. Así una persona puede ser rico totalmente, con los cuatro criterios, pero esto es muy raro, o rico solo en algunos de ellos y pobre en los otros. Y muchos de los que son ricos solo en el nivel material son muy pobres a nivel moral y espiritual. Entonces que no nos digan que somos pobres[148].

La imagen archipiélago

La descolonización de la visión alumbra no un imaginario global como película máster, diorama que impone una realidad sin resquicios, gelatina de imágenes que cubre toda superficie, que impregna toda grieta. Sino un rizoma de imaginarios diversos y algunos silenciosos e invisibles.

Descolonizar la visión implica romper el espejo de representación del poder dominante, deconstruir la iconografía de todos aquellos arquetipos patriarcales, raciales, clasistas y de género que le son inherentes. Y aquellos otros que han mutado en el capitalismo global, la supuesta banalidad de la imagen, su consumo, el proceso de productividad que la produce, la voluntad extractivista que la incita... la monoforma y la sintaxis de la percepción que impone... Preguntarnos también sobre todo por los microfascismos que se infiltraron en nosotras a través de la colonización de nuestros sueños, deseos y miedos... la colonización de nuestro concepto y percepción del tiempo... Pero, sobre todo, abrir la visión, recuperar la conciencia de su capacidad transformadora y visionaria, oracular y sanadora, devolverla al cuerpo y al espíritu más allá de los límites de lo óptico.

Para ello, es necesario el aprendizaje con los imaginarios del rizoma indígena y sus imágenes vivas, o con la iconoclastia y contemplación del mundo islámico, con las voces y cuerpos apartados, quemados o *enloquecidos* en occidente... Todos ellos nos hablan de lo mucho que nos jugamos en las imágenes. No hay imágenes banales, sino la mirada banal de una cultura muerta, cuya capacidad de interpretar está limitada a los automatismos del consumo; automatismos que han secuestrado también gravemente el conocimiento acerca de cómo damos cuerpo a las imágenes y de cómo estas a su turno toman cuerpo. Cuando esto sucede las

---

148 Declaraciones de un refugiado en el documental Mahu _ Mactar Thiam Fall.
Ali, Abu. Mahu _ Mactar Thiam Fall. Barcelona; 2013 http://www.al-barzaj.org/2013/06/mactar-thiam-fall-mahu.html

imágenes desorientan, y devienen ilusorias... Y la fuerza de la visión queda en manos del poder dominante.

Imaginemos ahora un archipiélago de imaginarios-isla separados por un océano de distancias variables, a veces tranquilo, siempre imponente. Navegando sobre las superficie de sus aguas se puede viajar de un imaginario-isla a otro, aunque no siempre, en búsqueda de conocimiento e intercambio. Bajo el océano, el mundo oculto de lo silencioso e invisible del que todo brota, que todo lo conecta y del que las propias islas emergen visibles. Cada isla con su topografía, su altura y su geografía sagrada. La profundidad y vacío entre ellas evoca el valor femenino de la imagen. Son espacios de no representación, sin imágenes, a fin de poder ver, recibir la visión.

Abu Ali

Duar Msuar, septiembre 2016.

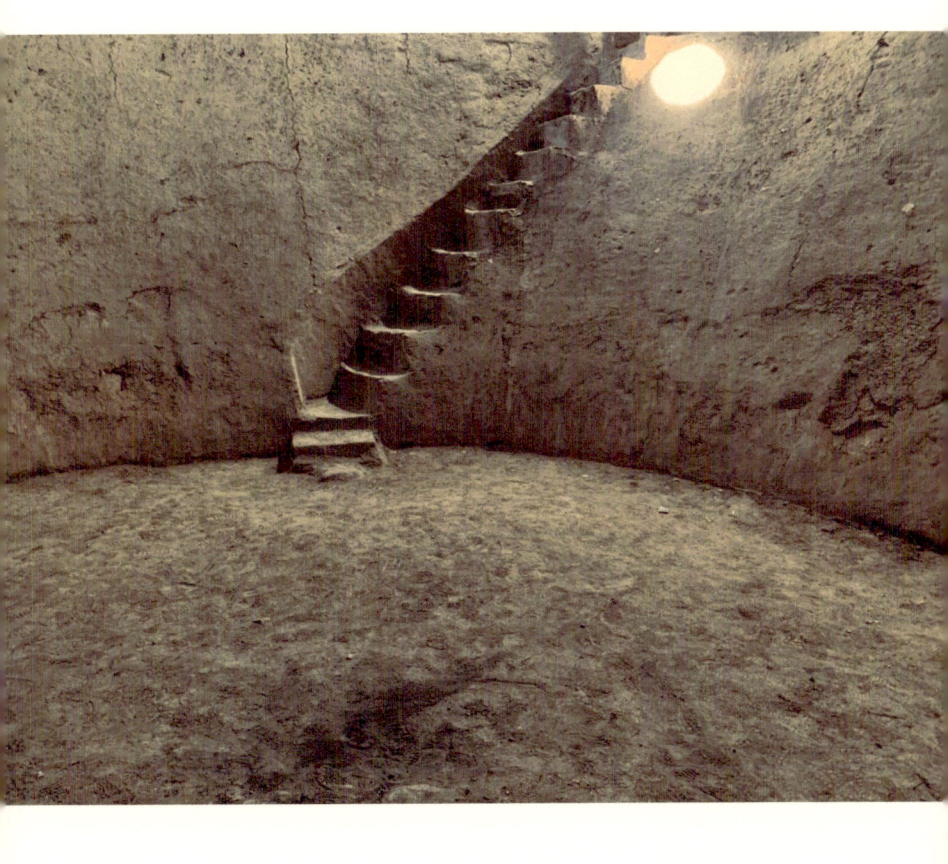